21세기 교회의 성인 목회

Ministering to Today's Adults

Kenn Gangel

Copyright © 2001 TIMOTHY PUBLISHING HOUSE
A division of PAIDION MISSION
Translated and Published by Permission
Printed in KOREA
Originally published in the U. S. A. under the title
Ministering To Today's Adults
Copyright © 1999 by Word Publishing
All rights reserved.

이 책의 한국어판 저작권은 Word Publishing과의 독점판권 계약에 의해
도서출판 디모데에 있습니다. 저작권법에 의하여 한국내에서 보호를 받는 저작물이므로
무단 전재와 무단 복제를 금합니다.

21세기 교회의 성인 목회

케네스 O. 갱글 지음

마영례 옮김

이 원고를 준비하는 동안

예수님께서 본향으로 불러가신

나의 사랑하는 친구 데이비드 에드워드 박사를 추념하며 이 책을 바친다.

그는 성인 교육의 일인자라 할 수 있는 교육자였으며

달라스 신학대학원에서 동료 학장으로 재직하면서

나와는 거의 25년 동안

신뢰하는 소중한 친구로 지냈다.

차례

추천의 글
서문

1부 성인 목회를 위한 기초

- 1장 성인들은 다르다 … 15
- 2장 유치원에서 대학원까지 … 29
- 3장 성경적인가? … 42
- 4장 성인들은 어떻게 배우는가? … 60
- 5장 누가 무엇을 필요로 하며, 왜 필요로 하는가? … 71
- 6장 발견 채널을 돌리지 말라 … 81
- 7장 학습 스타일에 맞는 교육 … 93

2부 성인 목회를 위한 연령 집단

- 8장 천년 세대가 밀려오고 있다 … 109
- 9장 엑스 세대 … 121
- 10장 중년의 사람들 … 132
- 11장 최상의 시기 - 최악의 시기 … 143
- 12장 사용 가능한 지혜 : 선배 어른들 … 158
- 13장 처음 사람에게 기여하는 마지막 사람 … 170

3부 가정 목회와 성인 목회

- 14장 늘어나는 독신
- 15장 가정을 도맡아 뛰어야 하는 독신 · 189
- 16장 부모와의 협력 · 203
- 17장 성경적인 가정의 개발 · 215
- 18장 경건한 가치 기준의 확립 · 229
- 19장 부모가 되기 위한 준비 · 242
- 20장 자녀들에게 책임 의식을 가르치는 일 · 253
- 21장 하나님의 은혜와 자녀 양육 · 266
  · 278

4부 성인 목회를 위한 프로그램

- 22장 서로에게 배우는 학습
- 23장 식탁 차리기 · 291
- 24장 신발 맞추기 · 309
- 25장 실행하라 · 326
  · 344

각 주
참고 도서 · 358
  · 364

■ 추천의 글

"효과적인 교사는 먼저 마음으로 경청한다"라고 한 어거스틴의 말은 케네스 갱글(Kenneth Gangel)의 삶과 사역에 잘 어울리는 표현이다. 나의 좋은 친구이며 동료였던 갱글 박사는 마음으로 경청하는 일에 헌신해왔기 때문에 수십 년 동안 매우 효과적인 교사의 역할을 할 수 있었다.

먼저, 그는 문화의 소리에 귀를 기울여왔다. 그는 현실을 무시한 채 앉아서 머리로만 연구하는 일을 거부하고 현대 사회와 연관된 신선한 기독교 교육에 관한 수많은 자료들을 교회에 제공해왔다. 사람들이 실제로 알고 싶어 하는 문제들에 대한 해답을 제시해주지 못하는 학문적 이론으로 가득 찬 교과서들은 사실상 별 도움이 되지 않는다. 갱글의 저작 활동은 실제적이다.

둘째, 그는 자신의 소리에 귀를 기울여왔다. 당신이 지금 손에 들고 있는 이 책은 성인 교육에 관한 신학적인 이론들과 방법들을 섞어 만들어낸 잡동사니 주머니와 같은 책이 아니다. 나는 그가 모든 사람을 즐겁게 해주고 싶은 유혹을 기꺼이 거부한 것을 기쁘게 생각한다. 그리고 마음으로부터 우러나는 확신과 경험을 바탕으로 책을 쓰는 그의 의지력에 찬사를 보낸다. 그 결과 그는 성인 목회 철학의 지침을 필요로 하는 사람 누구에게나 조용하면서도 확신을 갖게 해주는 권위 있는 글을 쓰고 있다. 따라서 갱글의 저작 활동은 확실하다.

셋째, 그는 하나님께 귀를 기울여왔다. 성경을 자신의 지침서로 삼은 그는 하나님께서 그의 백성들에게 어떻게 말씀하시고 어떻게 그들을 가르치시며 빚으시고 인도하시는지를 이해할 수 있게 해주는 성인 교육이 이루어지도록 우리를 준비시켜준다. 이 책을 조금만 읽어보아도 많은 존경을 받아온 학자이며 교육자인 그가 또한 목사이며 목자였음을 금방 깨닫게 될 것이다. 그는 자신이 기독교 교육에 관한 글을 쓰고 있다는 사실을 결코 잊지 않는다. 다년 간 지역 교회를 섬겨온 경험이 그의 저서들에 남긴 독특한 공헌은 말로 다 표현할 수 없다. 다른 사람들에게 진정한 영향을 미칠 수 있는 유일한 길은 성령님의 능력에 자신을 온전히 내맡길 때라는 그의 확신을 당신도 공유하고 있을 것이다. 따라서 갱글의 저작 활동은 영적이다.

  이 책은 앞에서 언급한 모든 내용들을 담고 있으며, 실제적이고 확실하며 영적이다. 그래서 나는 이 책을 추천한다. 읽고 되새기고 반응하라. 그리고 무엇보다 자신이 기록한 글에 대해 삶으로 모범을 보여준 사람에게 귀를 기울이고 그로부터 배우라.

- 찰스 스윈돌(Charles R. Swindoll)

■ 서문

거의 40년 동안 나는 대학과 대학원 수준의 학생들에게 성인 목회와 관련된 과목을 가르쳐왔다. 이 책은 보다 넓은 범위의 복음주의 공동체들에게 정보를 주기 위해 내 강의안을 각 장별로 재구성한 것이다.

지난 십여 년 간 우리 사회의 성인 수는 실질적인 증가를 보여왔다. 고맙게 유지된 평화와 건강 수준의 질적 향상으로 금세기 초까지만 해도 50세 이상 살 것을 그리 기대하지 않았던 수백만의 노인층이 우리 사회의 한 부분을 형성하게 되었다. 동시에 베이비붐 시기(미국의 경우 출생율의 급격한 상승을 보였던 1940년대 중반부터 1960년대 중반까지의 시기 - 역자 주)에 태어난 사람들이 가정과 교회와 삶에 대한 매우 다른 시각을 가지고 중년층을 이루고 있다.

이 책에서 나는 독자들이 일반적인 의미에서의 성인뿐 아니라 연령과 경험에 따른 다양한 계층에 속한 성인들의 필요들을 이해하는 데 도움을 주고자 한다. 이 책의 내용은 성인 목회의 기초부터 시작해서 모두 4부로 구성되어 있다. 제 2부에서는 대학생으로부터 노인에 이르기까지 다양한 연령층에 속해 있는 성인 목회를 설명하고 있다. 제 3부는 성인을 위한 중요한 목회 프로그램의 중추라고 할 수 있는 가정 생활 교육에 초점을 맞추고 있다. 3부를 구성하고 있는 다섯 개의 장은 몇 년 전 아내 베티(Betty)와 내가 공동으로 저작한 「가정(Your Family)」이라는 제목의 책을 개작한 내용들이다. 제 4부는 21세기에 실제로 활용할 수 있는 성인 목회 프로그램을 어떻게 계획할 것인지를 말해준다.

1993년에 짐 윌호이트(Jim Wilhoit)와 함께 24명의 저자들이 협력하여 「성인 교육에 관한 기독교 교육자 핸드북(The Christian Educator's Handbook on Adult Education)」을 펴낸 이후 나는 같은 주제를 다루는 또 다른 책을 쓰게 되리라고는 전혀 예상하지 못했다. 그러나 이번 책은 다르다. 지난번 책에서는 복음주의 전문가들이 성인 교육의 거의 모든 국면의 개관을 보여주는 학문적인 접근을 제시하고 있다. 그러나 이 책은 평신도 지도자들과 교회와 그리스도인 단체들을 위해 기록되었으며 학문적인 색채를 피하기 위해 의도적으로 노력했다. 그럼에도 불구하고 이 책의 독자들은 아마도 중요한 주제에 대한 보다 자세한 내용을 알아보기 위해 앞에서 언급한 핸드북을 참고하고 싶을 수도 있을 것이다.

몇몇 사람들에게 감사의 뜻을 전하고 싶다. 아내 베티는 각 장을 읽고 유익한 조언들을 해주었고, 앞에서도 밝혔듯이 다섯 장에 대한 공동 저자이기도 하다. 나의 비서인 캐시 하워드(Kathy Howard)는 본문을 능숙하게 타자하였고 또한 참고 안내하며 수정된 부분을 다시 타자해주었다. 헌신적인 이 두 여인이 없었다면 이 책은 만들어질 수 없었을 것이다. 그리고 많은 조언과 수정을 해준 로이 주크(Roy B. Zuck) 박사님께도 감사를 드린다.

성인 목회를 위한 기초

1부

21세기 교회의 성인 목회

월요일 아침 출근한 우리 딸 줄리는 유치원 아이들에게
"여러분, 오늘 무엇을 배우고 싶지요?
이번 주에는 무엇을 공부해야 한다고 생각하나요?"라고 묻지 않는다.
유치원 학생들은 그런 질문에 대답할 능력이 없다.
그러나 성인들은 대답할 수 있어야 한다.

| 제1장 |

성인들은 다르다

그들은 대부분의 복음주의 교회들이 사실상 이해하지 못하고 있는 상황,
즉 성인들은 다르게 배운다는 사실을 인식하지 못하고 있는
그런 환경 속으로 들어가 있었다.

● 많은 신혼부부들처럼 데비와 짐은 그저 가끔씩 예배를 드린다. 어릴 때는 둘 다 주일을 거른 적이 거의 없었다. 주일학교에서 어린 시절을 보냈고 다양한 청년회 활동을 했으며 그 속에서 두 사람의 만남이 이루어졌다. 그들을 알고 있는 대부분의 사람들은 그들을 신자라고 생각했으며 교회에 대한 그들의 둔감해진 태도를 염려하는 부모들은 그들이 단지 새로운 생활에 적응하기 위한 과도기를 지나는 것이라 여겼다. 그것은 잘못된 진단은 아니었다.

20대 초반에 결혼한 두 사람은 직장이 있는 약 240킬로미터 가량 떨어진 인구 약 5만 명 정도의 도시로 이사를 했다. 두 사람은 함께 일주일에 100시간 정도 일을 했고, 대부분의 경우 외식을 했으며, 시장 보는 일과 가끔씩 하는 골프와 일주일에 두 번씩 하는 운동 시간을 간신히 내고 있었다. 토요일 저녁이 되면 두 사람은 피곤에 지쳐 녹초가 되었고, 주일날 아침 가끔씩은 교회에 가려고 노력을 해보았지만 쉽지가 않았다.

그들의 신학이 달라졌거나 하나님께서 그들의 삶을 인도하셔야만 하며 기도 생활을 통해서뿐 아니라 공중 예배를 통해서도 하나님과 교제해야 한다는 생각을 저버린 것은 아니었다. 그러나 설교는 그들의 생활과는 별 상

관이 없는 듯했고, 또 성인들을 위한 주일 성경 공부 모임에도 처음으로 참석해야 하는 부담을 안고 있었다. 그들은 대부분의 복음주의 교회들이 사실상 이해하지 못하고 있는 상황, 즉 성인들은 다르게 배운다는 사실을 인식하지 못하고 있는 그런 환경 속으로 들어가 있었다.

학습 모델

이 책을 읽어가면서 성인 목회의 몇 가지 모델들을 발견하게 될 것이다. 그리고 우리는 그 사역의 핵심 단어, 즉 필요에 대한 강조로부터 시작하고자 한다. 이 책이 세속적인 관점을 가지고 쓰여졌다면 바로 필요로부터 시작해서 철학으로 나아간 다음 프로그램으로까지 단계를 높여갔을 것이다. 그러나 '신학적 기초'가 이 책의 접근 방식을 지배하는 요소가 된다. 나중에 다시 필요로 돌아가 어떻게 그것을 측정할 것이며, 진단된 필요(prescribed needs)와 느끼는 필요(felt needs) 사이의 차이를 어떻게 평가할 것인지를 살펴볼 것이다. 그러나 여기서는 기독교 교육은 언제나 건전한 신학적인 기초 위에 세워진다는 사실을 강조해두고 싶다.

"그렇다면 곧바로 신학적 기초로부터 시작해서 나중에 필요를 다루지 않는 이유는 무엇인가?"라고 의아해할 사람도 있을 것이다. 그 훌륭한 질문에 대한 대답은 모델의 출발점에 놓여 있다. 30년 전의 성인 교육은 성경으로부터 시작한 다음 사람들의 필요에 미치는 성경의 영향을 고찰했다. 그러나 현대 성인들에게 효과적인 영향을 미치려면 그들의 필요와 어려움을 분석하는 일이 요구된다. 그런 다음 우리 시대의 문제들에 대한 성경적인 해답을 찾기 위해 성경을 살펴보아야 한다. 교회를 다니는 많은 성인들은 성경 공부에 관심이 있을 수도 있고 그렇지 않을 수도 있지만 필요에 대해서는

도식 1 신학적 기초

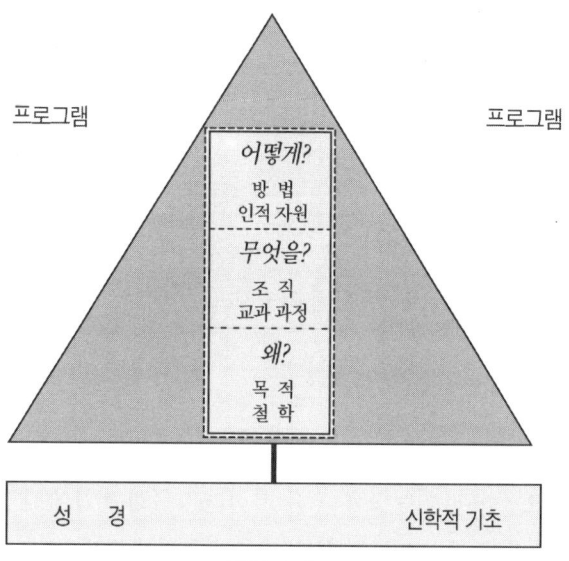

모두 이해하고 있다. 위의 〈도식 1〉은 우리가 신학적 기초의 격자망을 통해 사람들의 필요를 보아야 한다는 사실을 말해주고 있으며 그 자세한 내용에 대해서는 3장에서 다시 다루게 될 것이다.

이 장에서는 왜, 무엇을, 어떻게라는 세 종류의 질문 속에서 다루어지고 있는 도식 중앙 부분의 여섯 개의 구성 요소들을 살펴볼 것이다. 이 도식은 아래에서 위로 읽어 올라가야 함을 염두에 두라.

'왜' 를 묻는 질문들

'왜' 를 묻는 질문들은 성인 학습의 목표가 나오게 되는 성인 교육 철학으로 우리의 초점을 맞추게 한다. 이미 말한 바와 같이 우리는 먼저 성인에 대해 알려주고 있는 성경의 정보에 따라 성인들의 필요를 조사한다. 왜라는 질문의 대답을 찾는 데 많은 시간이 걸리기 때문에 우리는 때로 어려움을 느낀다. 그보다는 '어떻게' 라는 질문에 바로 뛰어드는 것이 훨씬 쉬워 보인다. 어떻게 사람들을 교회에 나오게 할 수 있을까? 어떻게 그들이 집에서도 성경을 공부하게 할 수 있을까? 어떻게 성경 공부 시간을 보다 더 흥미롭게 준비할 수 있을까? 등과 같이 사람들은 본성적으로 어떻게라는 질문에 대해 어떻게 해야 한다는 대답이 주어지기를 원한다.

물론 이런 질문은 중요하다. 그러나 처음부터 물어야 할 질문이 되어서는 안 된다. 왜라는 질문을 하기 전에 어떻게라는 질문을 먼저 한다면 목회 철학을 왜곡시키게 된다. 앞에서 보았던 도식은 성인들을 위한(다른 사람들을 대상으로 하지 않고) 사역을 하기 위해 왜 특정한 목회 철학을 채택하게 되었는지, 그리고 왜 지향하는 목표들을 설정하고 기록하게 되었는지를 자문해볼 것을 요구한다. 어떤 교회는 왜 자신들은 목회 철학에 대해 생각해보지 않았는지 혹은 왜 자신들의 목표에 우선 순위가 정해져 있지 않은지 등을 물어보고 싶을 수도 있을 것이다. 어떤 경우이건 그 질문들은 여전히 왜를 묻는 질문들이다.

'무엇을' 과 관련된 질문들

'무엇을' 과 관련된 질문과 '왜' 를 묻는 질문 둘 다 '어떻게' 를 묻는 질문보다 앞선다. 성인 목회 프로그램을 효과적으로 수행하기 위해서는 어떤 조직이 필요한가? 출판된 교과 과정 중 우리의 목회 철학과 신학에 일치하는 자료는 어떤 것인가? 그 교과 과정은 어떤 차례로 구성되어 있으며 어떤 범위까지 다루고 있는가? 이 모든 일에 목사와 교역자들은 어떤 역할을 하게 될 것인가? 교회의 전반적인 사역과 성인들을 위한 사역 프로그램은 어떤 관계를 갖게 될 것인가?

'어떻게'를 묻는 질문들

'어떻게'를 묻는 질문들에 대답하면서 사역을 수행하게 될 사람들과 그들이 일하게 될 방법들을 결정하게 된다. 이 여섯 단계를 철학, 목적, 교과 과정, 조직, 인력, 방법 등의 순서로 조합해나갈 때 의미 있는 프로그램을 형성할 수 있게 된다. 이 모델은 모든 교육에 사용될 수 있지만 특히 성인 교육을 위한 전략이 될 수 있는데 그 이유는 그 근간에 '필요'라는 구성 요소가 있기 때문이다. 물론 어린이와 청소년들에게도 필요가 있기는 하지만 이 책은 성인 학습자의 필요에 초점을 맞추고 있다.

우리 딸 줄리(Julie)는 자기 어머니의 대를 이어 유치원에서 가르치고 있다. 줄리의 학생들은 학습의 필요를 이해하지 못한다. 그들은 그런 문제들을 생각조차 하지 않는다. 그들은 단지 쉬는 시간이 빨리 오기를 기다린다. 그리고 시각 자료를 보이면서 이야기를 들을 때 흥분한다. 그들은 쉬는 시간이 왜 이렇게 안 오나 혹은 점심으로 무엇을 먹게 될까 궁금해한다. 그러나 배워야 한다는 자신들의 필요에 대해서는 생각하지 않는다. 따라서 유치원에서 그 필요에 대한 인식은 전적으로 교사에게 주어진 일이다.

그러나 그들이 자라서 고등학교에 진학하면 자신들의 필요에 관심을 갖게 되기를 우리는 바란다. 예를 들어, 자신들의 학문적 소양을 입증해주는 우등 과정(보통 개개의 연구에 종사하는 독립 과정-역주)을 공부함으로 원하는 대학에 입학할 수 있다. 아니면 축구 팀에 소속될 수 있는 자격을 받기 위해 보다 쉬운 과정을 선택할 수도 있을 것이다. 이 두 경우 모두에서 우리는 그들이 스스로 인식하게 된 필요들을 볼 수 있다.

한편, 성인들은 일반적으로 필요에 초점을 맞춘다. 그리고 그렇게 되도록 돕는 것이 사역 지도자들의 과제다. 성인들이 필요에 대해 많이 생각하거나 이야기하지 않을 수도 있지만 스스로 인식하고 있는 학습에 대한 필요는 매우 중요하다. 피라미드형 도식의 꼭대기로부터 주어진 여섯 개의 구성 요소들을 보고 "우리의 프로그램이 성인들의 필요를 채워주고 있는가?"라고 물어보아야 한다. 그리고 물론 하나님의 말씀이 그 모델을 지배해야 한다.

성인 학습을 위한 기본적인 지침들

20세기 최고의 성인 교육 지도자들 중에 말콤 노웰즈(Malcolm Knowles)가 있다. 광범위한 그의 저서 속에서 그는 성인들을 가르치기 위한 '지침들'이 될 수 있는 4가지 요소를 제안하고 있다. 그는 일반 학계의 교육자였기 때문에 그의 제안들이 성경을 근거로 하고 있지는 않다. 그러나 20세기 후반의 성인 교육에 관한 다양한 연구 조사들은 그의 일반적인 '지침들'을 뒷받침해주고 있다. 이 '지침들'은 불변의 원리나 법칙이 아니라 성인 목회라는 길을 따라 세워져 있는 이정표로 융통성 있게 사용될 수 있다.

자발적인 참여

성인들은 자발적으로 학습 활동을 시작해야 한다는 것이 노웰즈의 첫번째 지침이다. 다시 말해서 데비와 짐은 그들 스스로 배워야 한다는 것이다. 의존 생활을 벗어나 독립된 생활을 하게 된 변화가 아마도 이 신혼 부부가 교회에 나가지 않게 된 이유일 것이다. 그러나 그것은 오히려 동기를 부여해주는 요소로 전환될 수도 있다. 월요일 아침 출근한 우리 딸 줄리는 유치원 아이들에게 "여러분, 오늘 무엇을 배우고 싶지요? 이번 주에는 무엇을 공부해야 한다고 생각하나요?"라고 묻지 않는다. 유치원 학생들은 그런 질문에 대답할 능력이 없다. 그러나 성인들은 대답할 수 있어야 한다.

그러나 현대의 성인 학습 현장에서는 자율적인 학습 과정을 억압하거나 아니면 그 개발이 결코 허락되지 않는다. 대학생 그리고 심지어는 대학원생들까지도 자신들의 학습 활동을 스스로 책임져야 할 경우 상당한 어려움을 느낀다. "논문의 분량은 어느 정도가 되어야 합니까? 종강 시험 범위는 어디까지입니까? 참고 도서는 몇 권 이상이어야 합니까?"라고 묻는 일이 그보다 얼마나 더 쉬운 일인지 모른다.

특정한 분량의 과제물을 내주고, 시험은 외워서 쓰게 하고, 모든 내용을 구체적으로 지시해주는 교사는 학생들의 의존적인 기간을 더 연장시킬 뿐이다. 이런 면에서 교육은 다음 도식에서 볼 수 있듯이 학생들이 전적인 의존 상태로부터 적절한 독립 상태로 나아갈 수 있도록 도와주는 자녀 양육과 상당히 비슷하다.

도식 2 자율적 학습

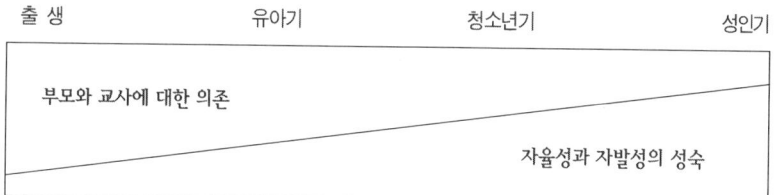

우리는 대학생과 대학원생들이 자율적인 학습 자세를 개발하기 바라며 실제로 많은 사람들이 그렇게 하고 있다. 그러나 그들의 삶과 생활 방식은 종종 실제 세상과 상당히 격리되어 있는 경우가 많다. 대학원생들이 묻는 많은 질문들은 버스 운전사나 증권 거래소 중개인, 혹은 생활 설계사들이 묻는 질문들과 다르다. 현대 교회에서 성인 교육을 다룰 때 우리는 신학교를 졸업한 학생들이나 대학원생들의 신학적 관점이 아니라 일반인들의 견해를 채택해야 할 필요가 있다.

축적된 경험

노웰즈의 연구 조사를 바탕으로 한 두번째 지침은 성인들은 폭넓고 다양한 경험을 가지고 학습에 임한다는 사실이다. 어떤 경우에는 간단히 나이의 문제라고 말할 수도 있다. 더 오래 살면 살수록 더 많은 경험을 축적하게 되기 때문이다. 그러나 성인들은 또 자신들의 경험을 체계화할 수 있는 대단한 능력을 가지고 있다. 다시 말해서 그들은 적절하게 구분된 단위들, 즉 사건들로 이루어진 작은 상자들 속에서 자신들의 삶을 볼 수 있다. 우리는 그들이 그 모든 사건들을 성경에 입각한 경건한 그리스도인의 생활 양식으로 통합할 수 있게 되기를 기대할 수 있다. 그리고 성인 목회가 지향하는 가장 중요한 목적 중의 하나는 그 통합하는 열쇠를 찾도록 사람들을 돕는 일이다.

성인들이 배우기 위해 모일 때 그들은 자신들이 축적한 많은 경험들을 함께 가지고 온다. 어떤 여성은 40년 간의 아내로서의 경험과 35년 간의 어머니로서의 경험 그리고 10년 간의 할머니로서의 경험을 갖고 올 수 있다. 또 7년 동안 기계 설비를 판매하는 가게를 운영하면서 축적된 일반적인 사업 감각을 가지고 오는 사업가도 있을 수 있다. 기독교 계통의 학교에서 3학년 학생들을 가르치는 젊은 여교사와 그 도시에서 가장 규모가 큰 창고 보관업을 감독하는 중년의 관리인이 될 수도 있다.

전통적인 교육 체제는 이런 모든 요소들을 배제하고 주일 아침 모든 사람들을 똑같이 가르치도록 했다. 나는 어른들을 가르치는 주일 성경 공부 교사가 "지난 한 주 동안 일어난 일은 모두 잊어버리고 오늘 성경 본문에만 집중하도록 합시다"라고 말하는 것을 들은 적이 있다. 그러나 누가 그렇게 할 수 있겠는가? 사이버 세계에서 빠르게 움직이는 성인들의 두뇌 활동은 그들이 누구이며 무엇을 하고 있는지를 계속적으로 그들에게 상기시켜주는 요소들의 공세를 받고 있다.

왜 성경을 사람들의 경험으로부터 단절시키려 하는가? 하나님의 백성들에게 '세속적인' 일이란 없으며 모든 삶은 거룩하다는 사실이 기독교의 신관을 이루는 초석들 중의 하나다. 교사는 교실에서 정보가 되는 자료들을 학생들에게 제공하고, 학생들은 조용히 앉아 있어야 한다는 생각 속에 우리 자신을 가두어 두어서는 안 된다.

여덟 살 된 아이들에게도 경험이 있는가? 물론이다. 그 아이들은 나무를 타고 올라봤고, 동네 아이들과 축구 경기를 해보았으며, 스케이트보드를 타고 온 동네를 돌아다녀보기도 했다. 그리고 아마도 컴퓨터를 상당히 잘 다룰 수 있을 만큼 배웠을 것이다. 그러나 스물여덟 살 된 사람의 경험과 비교해볼 때 그들의 이런 경험들은 그리 중요하지 않은데 그것은 한 사람의 경험의 양과 다양성과 체계화가 그 사람의 학습 환경을 만들어주기 때문이다.

현실과의 관련성

교육에 대한 노웰즈의 연구 조사에서 성인들은 어린이들이나 청년들과는 다른 차원의 준비된 모습을 가지고 학습에 임한다고 설명한다. 성인들은 아이들과는 다른 자아상과 다양한 경험을 가지고 있다는 사실은 이미 살펴보았다. 이런 차이점은 이제 학습에 대한 준비된 모습 속에서 드러나게 된다. 성인들은 '선택권'이 주어질 때 훨씬 더 자발적이며 자율적인 모습을 보인다. 그러므로 성인 교육의 동기 부여는 우리가 '주인 의식'이라고 부르는 것과 뗄 수 없는 관계를 맺고 있다. 성인들은 학습 활동이 삶에 직결된다는 사실을 분명하게 이해해야 하며 우리는 그들이 단일화된 기계적인 기능을 계속해서 수행하도록 해서는 안 된다.

이 부분에 잘 어울리는 또 하나의 개념으로 개발적 과업(developmental tasks)이 있다. 개발주의자들은 성인들은 한 주제나 행동 혹은 기술의 다양한 국면들을 먼저 배운 다음 다른 것으로 넘어간다고 말한다. 테니스를 배우거나 외국어를 정복하는 일이나 컴퓨터를 사용하는 일, 또 그밖에 실제로 교회에서나 혹은 그 외 다른 곳에서 성인들을 대상으로 하는 모든 학습은 개발적인 과업이라고 볼 수 있다. 개발적 설계는 성인 교과 과정의 범위와 차례를 분명하게 설정해준다. 범위는 주어진 학습 활동(주일 아침 성경 공부, 주말 세미나, 4개월 훈련 과정, 한 주일 동안의 회의 등)을 통해 얼마만큼의 자료들을 다루어야 할 것인지를 묻는 것이며, 순서는 교과 과정이 구성된 차례를 말한다. 대학 졸업생들은 방대한 범위를 가진 과목이나 혹은 불합리해 보이는 순서로 짜여진 과목들에 대해 적어도 한 번쯤은 의아해했던 일을 기억해낼 수 있을 것이다.

실생활에서의 적용

성인들은 문제 중심의 사고 틀을 가지고 학습 활동에 임하게 되며 일반적으로 직접적인 일에 관심을 보인다. 그들은 삶이 해결해야 할 문제와 도전의 연속으로 이루어진다고 생각하지 시험을 치르기 위해 기억해야만 하는 내용들로 구성된다고 생각하지 않는다. 바울은 디도에게 "근신함과 의로움과 경건함으로 이 세상에서 살"도록(딛 2:12) 다른 사람들을 가르치라고 말했다. 성인들(특히 성인 초년생들과 중년층)은 다른 어떤 나이 층의 사람들보다 현재 중심적인 듯하다. 교육과 현실과의 밀접한 관계 때문에 그들은 교육 과업의 실질성과 구체적인 문제 해결을 중요시한다.

성인들의 일에 대한 직접적인 관심은 그들이 '난 아주 바쁜 사람이다. 지금 바로 사용할 수 있는 것을 제시해주지 않는다면 난 이 수업을 받고 있을 시간이 없다'라고(비록 그렇게 말하지는 않을지라도) 생각하게 한다.

중학생들에게 왜 대수를 가르치는가? 매일의 생활 속에서 대수 공식을 사용하는 성인이 얼마나 있는가? 대수를 가르쳐야 한다는 전통적인 주장은 다음 해에 기하학으로 넘어가야 한다는 염려 속에서 나온다. 우리는 학생들에게 기하학을 배우기 위해서는 대수를 알아야만 한다고 말한다. 아이들의 초기 학교 생활은 나중에 나오게 될 것을 대비해 지금 특정한 내용을 배워야 한다는 생각을 기초로 한다.

그러나 성인의 경우는 그렇지 않다. 그들은 모든 것이 삶에 관련되어 있는지를 알고 싶어한다. 생활에서 나온 문제들은 다시 생활 속으로 돌아가 적용되어야 한다.

성인들의 학습 원리

성인들의 학습 원리로 앞에서 살펴본 4가지 지침 외에 6가지를 더 생각해 볼 수 있다.

성인들은 스스로 주도권을 가짐으로 학습이 이루어진다

학습 내용이 너무 압도적인 반면 그 체계가 너무 빈약해서 스스로 학습을 하지 않을 수 없었던 그런 수업을 받아본 적이 있는가? 매우 탁월한 교수님이 상당한 열정을 가지고 강의했지만 학생들은 도대체 교수님이 무슨 말을 하고 있는지 도무지 감을 잡을 수 없었던 경험이 있다. 그래서 학생들은 스스로 주도권을 가지고 교수님이 주신 정보를 바탕으로 밑그림을 그리기 위해 수업이 끝난 후 소그룹으로 모이기 시작했다. 나는 그 분이 성인 교육 이론에 정통하셨으며 우리에게 학습에 대한 책임감을 갖게 하려는 의도로 우리를 그렇게 유도했다고 정말 믿고 싶지만 사실은 아니었다. 성인 교육은 배우고자 하는 내적인 욕구가 순수하게 표출되어야 한다. 그리고 그 욕구는 동기를 부여해주는 적절한 기초가 된다.

성인들은 학습의 중요성을 알고 싶어한다. 정보화 시대에서 우리는 어느 곳에서나 정보의 폭탄 세례를 받고 있다. 어른들은 주일 성경 공부 모임에 (심지어는 예배 시간에도) 참석해 '여기서 가르치는 것들 중 어떤 것을 내가 사용할 수 있을까?' '내가 이 모임에 참석하는 것이 시간을 지혜롭게 사용하는 것일까?'라는 생각을 한다.

사람들은 광고 우편물과 TV 상업 광고에 너무나 익숙해져 있기 때문에 정말로 소중한 정보 자원들까지도 외면해버리기 쉽다. 때때로 정규 학교 교육을 통해 의존적이 된 어른들에게 어떻게 스스로 배워야 하는지를 가르쳐주어야 할 필요가 있다.

성인들은 개념과 사상을 이해하는 과정을 통해 배운다

어른들은 숫자나 이름을 외우는 것보다 개념과 사상을 다루며 상호 작용하는 일을 선호한다. 그렇기 때문에 학습을 증진시켜주는 수많은 도식과 도표들을 이 책 전체에 걸쳐 보게 될 것이다. 우리 문화는 목록표를 선호한다. 그러나 그림 도안들은 성인 학습의 근간이 되는 개념적인 사고에 활기를 띠게 해줄 수 있다.

성인들은 창의적인 참여와 개인적인 적용을 통해 배운다

어떤 과정에 참여하는 일은 학습을 증진시킨다. 창의적인 참여는 학생들이 학습 환경과 동료 학생들과 학습 내용을 어떻게 대하고 있는지를 설명해준다. 그리고 개인적인 적용은 성인들이 습득한 정보들을 어떻게 활용하는지를 보여준다.

성인들은 역할 모델의 긍정적인 특성들에 동화됨으로 학습이 이루어진다

이 점에 있어서는 성인들이 어린이들이나 청소년들과 크게 다를 바 없다.

성숙해가는 과정 속에서 우리는 부모와 교사, 목사, 청소년 지도자, 친구 등을 통해 배운다. 요즘은 멘토링(mentoring)이 지역 교회 안에서 일반적인 절차가 되어가고 있다. 멘토링은 지도자 배출에 도움이 되는데 그것은 멘토링이 성경적이며 또한 실제적이기 때문이다. 이 주제에 대해서는 나중에 다시 다루게 될 것이다.

성인들은 습득한 내용의 실천을 통해 배운다

히브리서의 기자는 "멜기세덱에 관하여는 우리가 할 말이 많으나 너희의 듣는 것이 둔하므로 해석하기 어려우니라 때가 오래므로 너희가 마땅히 선생이 될 터인데 너희가 다시 하나님의 말씀의 초보가 무엇인지 누구에게 가르침을 받아야 할 것이니 젖이나 먹고 단단한 식물을 못 먹을 자가 되었도다 대저 젖을 먹는 자마다 어린아이니 의의 말씀을 경험하지 못한 자요 단단한 식물은 장성한 자의 것이니 저희는 지각을 사용하므로 연단을 받아 선악을 분변하는 자들이니라"(히 5:11-14)고 썼다.

이미 가르치는 사람들이 되어 있어야 할 히브리서의 원 독자들은(수신자들) '하나님의 말씀의 초보'(히 5:12)조차도 누군가에게 다시 배워야 했다. 한 사람이 어떻게 유아기로부터 성숙한 사람, '젖'(히 5:13)을 먹는 사람으로부터 '단단한 식물'(히 5:14)을 먹는 사람으로 자라는가? 히브리서 기자는 성숙한 사람들은 계속적으로 단단한 식물을 먹음으로 '연단을 받아 선악을 분변하는 자들' 이라고 서슴없이 말하고 있다. 여기 우리의 문제가 있다. 사람들은 교회에 와서 조용히 듣고 앉아 있다가 실생활로 돌아가기 위해 다시 문을 나선다. 이런 불행한 사태를 막으려면 내용을 전달하는 것으로부터 실제 생활에서의 적용으로 우리의 초점을 옮겨야 한다.

어떻게 그 일을 가능케 할 것인가? 이 장에서 다룬 내용들을 어떻게 성인 목회 프로그램에 실제로 사용할 것인가? 학습자의 관점에서 모든 학습 활동들을 바라보는 '학습 주기'를 따라 교육하는 것이 그 한 방법이 될 것이다. 다음의 도식은 이 방법이 필요를 근간으로 탐구에 들어가는 것임을 보여준다. 효과적인 탐구는 발견이라는 열매를 맺게 되고, 그 열매는 성인 학습자가 적절한 성경의 진리를 찾아 그 진리를 삶 속에 적용시키게 해줄 수 있다. 실제로 그렇게 할 때 그들은 자신들의 학습과 하나님의 말씀을 따라 사는 삶에 책임감을 갖게 된다.

도식 3 학습 주기

성경을 배우고 성경의 가르침을 따라 사는 일은 매우 고귀한 목적이 될 수 있다. 그러나 성인들은 다르게 배운다는 기본적인 진리를 이해하고 그 이해를 토대로 행동하지 않는다면 이 목적이 실현되는 것은 거의 불가능하다.

제 2 장

유치원에서 대학원까지

교회의 교육 지도자들이 성인들이 자신들의 필요를 이해하고 그 필요들을
교회 안에서 배울 수 있는 기회와 연결시키도록 돕기 위해 할 수 있는 일은 무엇인가?

● 20세기에서 21세기로 넘어선 시대를 살고 있는 우리는 그 어느 때보다 성인 학습에 대해 많은 것을 알고 있다. 성인들의 정보 처리와 그 사용에 대한 이해(종종 '성인 교육학'이라 불림)는 지난 30년 간 성인들의 수가 계속 증가함에 따라 엄청난 주목을 받아왔다. 1장에서 언급했듯이 아이들을 가르치는 것처럼 성인들을 가르치려 해서는 안 된다는 것이 성인 교육의 핵심이다. 청소년은 아이들과 어른들의 특성을 모두 가지고 있는 중간층을 말하지만, 성인들을 가르치는 사람들은 그 나이층에 가장 잘 맞는 학습 과정을 인식하고 있어야 한다.

과거에는 일반적으로 모든 가르침을 '아이'라는 뜻의 헬라어 단어 파이도스(paidos)에서 파생된 '교육(pedagogy)'이라고 불렀다. 그러나 지금은 두 방법의 차이점을 강조하는 교육자들이 많다. 이에 대해 노웰즈는 "자발적인 학습은 성인을 뜻하는 헬라어 단어(anēr)에서 파생되었으며 '성인 교육학(Andragogy)'이라 불린다. 따라서 그것은 성인들의 학습을 돕는(인간을 성숙하게 하는) 일반적인 지식 체계라고 규정할 수 있다"[1]라고 설명했다.

이 두 방법을 좋고/나쁜 혹은 어른/아이 등과 같이 이분법적으로 구분해

야 한다는 뜻은 아니다. 그보다는 특정한 상황에 있는 특정 학습자를 대상으로 하는 전제들의 연속을 의미한다. 하나의 교육적 전제가 특정한 환경에 적합하다면 그 때 교육적 전략들이 사용될 수 있다. 예를 들어 한 학습자가 전혀 생소한 영역을 배우게 될 때 그는 자발적인 연구를 시작할 수 있을 만큼의 충분한 내용을 습득하게 되기까지는 교사를 의존하게 될 것이다.

성인 교육 - 어린이 교육

스탄(Stan)과 수잔(Susan)의 이야기를 잠시 생각해보자. 그들은 어릴 때 여름 캠프를 통해 그리스도를 만난 후 신실하게 교회 생활을 해왔다. 이제 40대가 되었고 두 명의 십대 자녀와 여섯 살짜리 '막둥이'를 둔 그들은 오랫동안 해왔던 대로 주일 성경 공부 모임에 꾸준히 참석하고 있다. 달라진 점이 있다면 참여도가 훨씬 줄었다는 것이다. 성인들의 학습 방법을 잘 알고 있는 성도들에게는 그 모임이 가지고 있는 세 가지 문제점이 자연스럽게 드러났다. 첫째, 그들의 교사가 자율적인 학습을 위해 편의를 제공하는 역할에 대해 아무것도 모르고 있었다. 둘째, 스탄과 수잔은 그들이 어릴 때 배웠던 방법과 지금 그들이 배울 수 있는 방법의 차이에 대해 전혀 들어보지 못했다. 셋째, 문제가 인식된다 하더라도 그들의 교사가 최선의 성인 교육 방법을 사용해서 모임을 이끌어가기 위해 훈련을 받는 일이 남아 있다. 일방적 교수법(pedagogy)에 관련된 다음의 문제점들을 생각해보라.

피동적인 학습자가 되게 한다

일방적 교수법은 교회 안에서 방관자적인 자세를 취하게 한다. 사람들은 교사를 존경하고 경청하면서 어떤 경우에는 기록까지 한다. 그러나 교회에서의 성인 학습 활동의 대부분은 실생활에 적용할 수 있도록 설계되어 있지 않다.

학습자의 풍성한 경험을 사용하지 못하고 있다

35세에서 50세에 이르는 약 30명의 사람들로 구성된 반을 상상해보라. 평균 나이를 42세라고 볼 때 1,260년의 경험을 가지고 와서 매주 말없이 앉아 있는 사람들에게 40-50년의 경험을 가진 한 사람이 이야기를 하는 격이다.

교사에게 학습의 책임을 돌린다

교사에게 의존하는 것이 결국은 성인 학습자의 동기와 참여를 파괴시킬 수 있기 때문에 성인 교육은 길을 잃게 된다. 많은 성인들은 교사에게 책임을 전가하기 원한다. 그리고 많은 성인 교사들 또한 다양한 이유 때문에 두드러진 영향력을 가질 수 있는 자신들의 역할을 기꺼이 유지하며, 자발적인 학습으로 전환하려 하지 않는다.

몇 년 전 나는 일리노이에 있는 한 교회에서 설교를 하기로 되어 있었는데 주일 성경 공부반이 시작되는 오전 9시 30분 경에 그곳에 도착했다. 그 교회 목사와 사무실에서 이야기를 나누고 있는 동안(약 9시 35분 경) 성경 공부 모임을 담당하고 있던 교육부장이 달려 들어와 교사가 오지 않은 한 반을 좀 맡아줄 수 있는지를 물었다. 나는 그렇게 하기로 하고 2-3분 정도 준비를 한 다음 교실로 향하는 계단을 올라갔다.

나는 늘 성경 속에 가르칠 내용을 요약한 쪽지를 가지고 다녔고 보통 그중 하나를 사용하곤 했다. 그러나 계단을 올라가면서 '이 사람들은 의욕 있게 참여하는 사람들일까 아닐까? 어쨌든 초반부터 참여를 주도해야겠지' 라는 생각을 했다.

나는 두세 개의 질문으로 시작했다. "최근에 어떤 내용을 공부하셨나요?

구약에 있는 건가요 아니면 신약인가요? 지난 주에 공부한 내용을 누가 좀 이야기해주시겠어요?" 나이는 기억력을 감퇴시킨다. 한 사람이 대답하게 될 때까지 나는 7개의 질문을 해야 했다. 그러나 그들의 침묵은 '지금은 당신이 말하고 우리는 들어만주는 성경 공부 시간이에요. 전에 성경 공부 모임에 가본 적 없어요?'라고 외치고 있었다. 그들은 피동적이었고 자신들의 학습에 대해 책임을 지려는 의도가 전혀 없었다.

아이들과 성인들이 배우는 방법 비교

스탄과 수잔이 다니는 교회가 성인 학습 과정에 박차를 가할 수 있도록 '성인들을 가르치는 교사들을 위한 세미나'를 개최하기 원한다고 가정해보자. 그들이 알아야 할 필요가 있는 것들은 어떤 것들인가? 적용하기보다는 이해하기가 좀 더 쉬운 다음의 〈도표 1〉로 시작하는 것이 좋을 듯하다. 노엘즈에게서 인용해온 이 도표는 아이들과 성인들의 서로 다른 학습 과정의 요소들과 학습에 대한 서로 다른 전제들을 설명해준다. 도표로부터 나온 12개의 개념이 아이들을 가르치는 일과 성인들을 가르치는 일 사이에 놓인 협곡을 건널 수 있는 다리 역할을 해준다. 그 개념들 중 어떤 것들은 개별적으로 또 어떤 것들은 그룹으로 살펴보게 될 것이다.[2]

학습자의 자아상

교육의 본질적인 첫번째 요소는 학습자가 학습 현장에 일종의 자아상을 가지고 온다는 사실을 우리에게 상기시켜준다. 배우기에 너무 나이가 많다고 생각하거나 심각한 성경 공부에 시간을 투자할 이유가 없다고 생각할 수 있다. 아이들에게서 그 자아상은 교사가 고안한 학습 계획을 따르는 의존

학습에 관한 전제들과 학습 과정의 요소들　　　　　　　　　　　도표 1

전 제 들

	일방적 교수법	성인 교육법
학습자의 자아상	의존적	자발성의 증대
학습자의 경험	장래 학습을 위한 기초로 사용되기 위한 것임.	자신 혹은 다른 사람들에 의한 학습 자원으로 사용되기 위한 것임
학습 준비도	연령층과 교과 과정에 의해 획일화됨	인생의 문제와 과업에 의해 개발됨
학습의 방향	과목 중심	과업 혹은 문제 중심
학습 동기	외적인 상벌에 근거함	내적인 의욕과 호기심에 근거함

학습 과정의 요소들

요 소 들	일방적 교수법	성인 교육법
학습 환경	긴장, 낮은 신뢰도, 형식적, 냉랭함, 고립적, 권위적	편안함, 상호 신뢰, 상호 존중, 비형식적, 따뜻함, 협조적, 지지적
학습 계획	기본적으로 교사가 계획	학습자와 편의 제공자(facilitator)에 의한 상호 계획
학습 필요의 진단	기본적으로 교사에 의해 이루어짐	상호 평가에 의해 이루어짐
학습 목적의 설정	기본적으로 교사에 의해 설정됨	상호 협상에 의해 설정됨
학습 계획의 고안	교사가 내용과 강의 요강과 논리적 연계를 설계함	학습 협약(learning contract), 학습 프로젝트, 학습 준비 정도에 따라 진행되도록 고안함
학습 활동	전달 기법, 주어진 독서	탐구 프로젝트, 독립적 연구 경험 기법(Experiential techinques)
평 가	교사에 의함 (성적 곡선표상에 나타남)	동료들과 편의 제공자와 전문가와 평가 기준에 의함, 상황을 고려한 기준에 의해 인정되고 학습자가 수집한 증거에 의함

적인 성향으로 나타난다. 그러나 성인들의 경우 우리는 학습에 대한 접근이

보다 자발적이기를 바란다. 그 자발성은 교사가 학생들의 참여를 증진시킬 수 있는 기술을 활용하거나, 아니면 학습자가 자신에게 돌아올 결과에 대해 의도적으로 책임을 지려는 두 경우에 의해서만 생겨날 수 있다.

학습자의 경험

우리는 계속해서 이 요소로 되돌아오고 있다. 아이들이나 청소년들에게도 경험은 있지만 앞에서 보았듯이 매우 적을 뿐 아니라 통합되지 못한 상태로 남아 있는다. 아이들은 새로운 경험을 그 이전에 배웠던 것들과 연관시킬 수 있는 방식으로 자신들의 삶을 조합(유화)시키지 못한다. 반면에 어른들은 새로운 학습 내용을 과거에 배운 내용에 추가해서 자기 자신과 전체 학습자에게 풍성한 자원을 제공한다.

학습 준비도

아이들을 가르치는 사람들은 그들의 학습 자세가 의욕적이며 변동적이라는 사실을 알고 있다. 3학년 학생들은 높은 참여 의식을 보이지만 학습 내용이나 목적에는 집중하지 않을 수도 있다. 일반적으로 성인들은 그들의 사회적 역할에 의해 형성된 준비된 자세를 가지고 학습에 참여한다. 그들은 복잡한 문화적, 가정적, 경제적 관심사들로부터 자신들을 분리시키지 않는다. 그런 사회적 역할과 축적된 경험을 그들이 배우게 될 내용과 결합시킨다. 생활 양식을 결정하는 고정관념을 가지고 있기 때문에 새로운 아이디어들은 벨크로(단추 대신 쓰는 접착 테이프, 상표명-역주)처럼 달라붙을 수 있는 것이어야 한다.

이런 특징은 대학생들과 중년의 성인들 사이의 차이점에도 적용된다. 대학생들은 실제로 정해진 사회적 역할이 주어져 있지 않다. 그리고 많은 경우 졸업 후 할 일에 대해서도 잘 알지 못한다. 반면에 스탄과 수잔은 가정이 있고 가족과 직장이 있다. 그런 것들은 그들의 학습 준비도에 상당한 영향을 미친다.

학습의 방향

아이들에게는 언어, 사회, 산수, 지리 등 모든 것이 과목 중심이다. 놀랍게도 신학생들의 경우도 헬라어, 히브리어, 신학, 교회사 등 상당히 비슷하다. 그러나 성인 학습 이론은 성인들이 과목 중심에서 과업 혹은 문제 중심의 사고 틀로 옮겨간다는 사실을 우리에게 상기시켜준다. 이 시점에서 당신이 속한 교회의 교육 프로그램을 평가해본다면 어떤 점수를 줄 수 있다고 생각하는가? "에스겔서 공부하러 오세요" "우리 교단의 역사를 복습할 거예요" 등등 많은 성인 학습 활동이 주제나 과목 중심으로 고착되어 있다고 평가한다면 불공평하다고 생각하는가? 성인들은 문제 해결 중심의 사고 틀을 가지고 학습 현장에 오기 때문에 현재 자신들의 삶에 변화를 줄 수 있는 내용을 배우고 싶어한다. 물론 에스겔서와 교단의 역사를 배우는 것도 생활과 관련될 수 있다. 그러나 그렇게 하는 일은 그런 과목을 가르치는 교사들이 맡아야 할 어려운 과제다.

학습 동기

여기서 우리는 다시 두 교육 방법의 중요한 차이점을 보게 된다. 우리는 일반적으로 아이들의 성취에 대해서는 연필이나 별 스티커 혹은 상장 등과 같은 포상을 준다. 실제로 성인들도 상장이나 상패와 같은 공개적인 인정을 받기 위해 보다 열정적으로 일할 수 있다는 사실을 보여주는 조사 결과가 있다. 학습자들이 독립적으로 그들이 설정한 학습 목표를 추구하고, 그 목표를 달성하기 위한 동기를 찾게 될 때까지는 실제로 진지한 학습으로 나아가는 경계선을 넘지 못하고 있는 것이다.

학습 환경

경험 있는 교사들은 모두 교실 안에서 일종의 환경을 조성하고 싶어한다. 노웰즈의 설명이 상당히 부정적인 것처럼 들릴 수도 있지만 '권위주의적'이고 '경쟁적'이라는 말에는 분명히 동의할 수 있다. 이런 말들은 교회 안의 많은 성인 교육과 대학의 강의실 모습도 잘 묘사하고 있다고 할 수 있다. 그러나 편안하고 서로를 신뢰하는 성인 학습 현장 속에서는 학습자들 사이와 학습자와 교사 사이에 형성되는 상호 존중을 기대한다. 그런 환경은 '비형식적이고, 따뜻하며, 협조적이고, 보완적'이라고 정직하게 묘사될 수 있다.

스탄과 수잔은 이런 특성들을 지닌 학습 환경에 어떤 반응을 보일 것인가? 그들이 〈도표 1〉에 요약된 조사 연구에 부합한다면 더 잘 배울 수 있을 뿐 아니라 더 잘 배우려는 열정까지도 갖게 된다. 그들을 돌아오게 하는 데 시간이 좀 걸릴 수는 있지만 일단 이런 학습 환경의 흐름 속에 들어오게만 되면 그들은 같은 나이 또래의 사람들의 호감을 사는 도화선이 될 수 있다.

필요를 기초로 한 학습 계획과 학습 목표의 설정

이 두 요소는 두 교육 방식에서 너무 비슷하게 보여지기 때문에 함께 다루기로 한다. 어린이 교육에서는 계획과 필요의 진단과 목표의 설정이 모두 기본적으로 교사의 손에서 이루어진다. 그러나 성인 교육에 있어서는 학습을 위한 편의를 제공하고 평가하고 협상하기 위한 의도적인 상호 관계가 개발되어져야 한다.

여기서 우리는 교사 편에서의 독단성과 개방성의 중요한 차이를 볼 수 있다. 성인들도 교사 자신의 의견과 성경으로부터 순수하게 지지를 얻을 수 있는 가르침 사이의 차이를 의식하지 못하고 아이들처럼 듣고 있는 경우가 상당히 많다. 나는 학생들에게 어떤 내용을 성경적으로 주장할 때와 해석적인 관점을 제시할 때를 구분해주는 것이 유익하다는 사실을 보게 된다. 우리에게 오류가 없는 성경은 있지만, 오류가 없는 성경 해석자는 없다.

학습 계획과 학습 활동

어린이 교육의 중요한 학습 계획들 속에는 우리가 '전달 기법(transmittal techniques)'이라 부르는 교육 방법이 반영되어 있다. 그러나 성인들을 교육하는 교사들은 성숙한 학생들을 학습 과정의 중심으로 끌어들이는 '경험 기법(experiential techniques)'을 사용할 수 있기를 바란다.

평가

어른들과 교사들은 아이들에게 나중에 필요하기 때문에 지금 배워야 한다고 끊임없이 말한다. 그것은 사실이며 어린이 교육에 적합하다. 그러나 성인들에게 있어서는 즉각적인 적용이 중요하다. 물론 많은 성인들이 여전히 '지금 배워서 나중에 사용하지'라는 생각을 가지고 있다. 그것은 그들이 일방적인 교수법 체제에 익숙해져 있기 때문이다.

어린이 교육에서 평가는 거의 배타적으로 교사들이 고안한 평가 도구에 의해 이루어지며 거의 언제나 점수로 표시된다. 이런 체계를 흠잡지 않으면서 우리는 성인 교육에 있어서의 평가는 동료들과 교사들에 의해 가장 잘 이루어질 수 있다는 사실을 인식해야 한다. 학습 협약(learning contract)이 성인 교육 평가 방식으로 적절하다는 것을 여기서 볼 수 있다. 즉 성경 공부 모임을 인도하는 교사는 교육 부장이나 교육 담당 목사와 자리를 같이해서 한 해 동안 다루게 될 교육 증진을 위한 계획을 세운다. 그리고 그 해의 한 시점 혹은 그 해 말에 연초에 세웠던 목표들을 기초로 교사의 진보를 평가하는 것이다.

성인 교육 형태의 개발

사람들의 개발적 성장(developmental growth)을 살펴보면서 우리는 자연적인 성장률(일반적으로 나이에 의해 측정됨)과 학생들을 일정 등급에 속하게 하는 문화적인 설정에 의한 성장률 사이의 차이를 잘 구분해볼 수 있었다. 전자는 하나님께서 고안하신 것이며 후자는 주어진 문화(변화하는 문화 속에서 분명히 다른)에 의해 덧붙여진 것이다. 1장에서 보았듯이 사람들은 성장하면서 의존 상태에서 독립 상태로 옮겨간다. 어린 시절과 청소년기를 지나며 의존적인 상태가 서서히 줄어들다가 대학에 들어갈 때쯤이나 직장 생활을 시작할 때쯤인 10대 후반에 이르면 급격히 줄어든다. 문제는 부가된 문화적 성장 곡선이 자연적 성장 곡선 아래로 너무 급강할 때 생겨난다. 중요한 점은 어린아이들을 위한 학습 방법(일방적 교수법)을 십대 전반에 걸쳐 조금씩 서서히 줄여가면서 상당히 적절하게 사용할 수 있다는 점이다.

실제로 부모들은 자녀 양육에 있어서 서로 비슷한 성격의 두 가지 실수를 종종 한다. 그 하나는 너무 오랫동안 의존적인 상태가 되도록 묶어두는 것이며, 다른 하나는 너무 빨리 독립하도록 풀어주는 것이다. 어머니나 아버지와 상의하지 않고는 그 어떤 결정도 하지 못하는 16세 된 청소년을 대해야 한다는 것은 얼마나 슬픈 일인지 모른다. 그러나 더 놀라운 일은 6-7세 된 아이가 내려서는 안 될 결정을 내리고 주어지지 않은 권좌에 앉아 가족들을 좌지우지하는 것이다. G. K. 체스터톤(Chesterton)은 미국을 방문한 후 "부모들이 얼마나 아이들에게 잘 복종하는지 정말 놀라웠다"라고 말했다.

여기서 중심이 되는 용어는 과정이다. 독립을 보여주는 곡선이 자녀들이 실제로 독립을 하게 되는 18-20세에 이르기까지는 급격한 상승이나 하락을 보이지 않고 자연적 성장 곡선과 조화를 이루며 나아가도록 해주어야 한다.

스탄과 수잔을 생각하며 〈도표 1〉을 다시 보도록 하자. 그들의 나이를 일방적 교수법/성인 교육학 과정에 연결시켜 생각해보라. 어떤 학습 활동이 그들에게 가장 도움이 될 것인가? 그들이 당신이 다니는 교회에 온다면 당신은 어떤 교사가 그들의 반을 맡아주기 원하는가?

학습 기회

자녀를 양육하며 우리는 학습 기회라는 이 자극적인 문구를 아주 평범하게 사용한다. 설명을 통한 그 어떤 학습 활동도 실제 생활의 생생함에는 비할 수 없다. 박람회에 가는 일이나 아이가 처음 갖게 된 애완 동물 등과 같은 긍정적인 경험들은 가정 내에서 기본적인 가치들을 가르치는 데 매우 좋은 기회를 제공해준다. 애완 동물의 죽음이나 가벼운 자전거 사고 등과 같은 부정적인 경험들의 경우도 마찬가지다. 지혜로운 부모는 끊임없이 자녀들의 학습 기회들을 놓치지 않으려 주의를 기울이는데 그 이유는 그런 기회들이 삶을 배우는 교실의 역할을 해주기 때문이다.

그러나 이런 실제적인 요소들의 중요성을 잘 알면서도 그와 같은 학습 기회들이 어른들에게도 적용될 수 있다는 사실을 우리는 종종 잊고 지낸다. 학습 기회는 우리가 이해하고 있는 위기와는 다르다. 결정을 내려야 하는 전환기에 적절한 학습 기회를 제공해주어야 한다. 이런 요소들이 이 책 전체를 통해 자주 논의하게 될 개발적 과업들이다. 실제로 그 내용들은 성인을 구성하는 다양한 나이층을 공부하면서 반복해서 나오게 될 것이다. 여기서는 가족, 또래, 친구, 교사 그리고 우리 자신이 지혜와 지식 안에서 자랄 수 있도록 제공된 학습 기회의 중요성에만 초점을 맞추었다.

직장 생활을 시작할 때

대학을 다녔건 다니지 않았건 직장 생활의 시작은 가치 있는 학습 활동이 된다. 하나님께서 내게 어떤 은사를 주셨는가? 내가 어떤 일을 하기 원하시는가? 나는 정말 이 일을 좋아하는가? 인생의 중요한 시점에서 학습을 증진시켜줄 수 있는 이와 같은 수많은 질문들이 머리 속을 메우게 된다.

결혼할 것인지 독신으로 살 것인지에 대한 선택을 해야 할 때

많은 사람들에게 있어서 결혼을 할 것인지 말 것인지를 결정하는 데 오랜 시간이 걸린다. 어떤 사람들에게는 50-60년이 걸리기도 한다. 그 결정을 밤낮 끊임없이 해야 하는 것은 아니다. 그러나 막 성인이 된 사람들이 장래의 배우자가 될 가능성이 있는 상대를 만나고 관계가 발전되면서 그 결정을 중심으로 한 학습 기회가 반복적으로 생겨나게 된다.

부모가 될 때

부모가 될 것인지 아닌지를 결정하는 일 역시 학습의 기회가 된다. 새 생명을 세상에 탄생시킨다는 기대와 한 아이마다 18년이라는 세월을 양육에 투자해야 하는 일은 모든 성인들에게 진지한 학습의 필요를 일깨워준다.

경제적 책임을 감당해야 할 때

오늘날에는 경제적 책임을 남편의 의무로만 돌릴 수 없다. 배우자 없이 자녀를 양육해야 하는 경우가 다반사이고 또 부부가 모두 수입을 유지하고 재정을 관리해야 하는 임무를 감당해야 한다. 남편이 없는 여성의 경우 이 문제는 인생에 있어서 진정한 위기를 경험하는 가장 극적인 학습 기회가 될 수 있다.

위에 언급한 경우들 외에도 새로운 친구를 선택할 때, 사춘기, 노년 생활에 대한 적응 등등 수없이 많은 기회의 목록들을 더할 수 있다. 중요한 것은 목록을 늘이는 데 있는 것이 아니라 이런 각각의 경험들이 우리 자신과 하나님께서 교회 안에서 우리에게 맡겨주신 사람들을 위해 어떤 학습 기회를 제공해주는지를 이해하는 것이다.

교회의 교육 지도자들이 성인들이 자신들의 필요를 이해하고 그 필요들을 교회 안에서 배울 수 있는 기회와 연결시키도록 돕기 위해 할 수 있는 일은 무엇인가? 좀 더 요점적으로 말해서 당신의 교회가 할 수 있는 일은 무엇인가?

| 제 3 장 |

성경적인가?

교회는 그 구성원들이 특별히 성인들이 "구주 예수 그리스도의 은혜와
저를 아는 지식에서 자라 갈"(벧후 3:18) 때 건강해진다.

● 지난 40년 동안 내가 성인들을 다르게 가르쳐야 한다는 이야기를 할 때 그 반응은 대체로 고무적이었다. 그 이유는 너무나 많은 교회들이 성인들을 위한 성경 공부 모임에 대한 관심과 학습 결과에 만족할 수 없었기 때문이라고 생각된다. 자발적이고 자신들의 학습에 대해 책임을 지는 성인들에 대한 아이디어는 상당히 신나는 얘기로 들릴 수 있다.

그러나 전에 들어보지 못했던 새로운 일을 시도하는 데는 일체 관심이 없는 부정적인 사람들이 언제나 있게 마련이다. 어떤 사람들은 이 책이 요구하는 그런 급격한 변화에는 아주 많은 수고가 따른다고 말할 수도 있다. 또 다른 사람들은 교회의 경험 있는 선배들이 이 성인 교육법의 접근 방식에 어떤 반응을 보일지 염려하면서 실용성을 숙고한다. 그러나 최종적인 리트머스 검사라 할 수 있는 정당하고도 정직한 질문은 이 장에서 우리가 살펴볼 '성경적인가' 라는 질문이다.[1]

성경은 성인을 위해 성인이 기록한 성인의 책이다라는 간단하고 기본적인 전제로부터 시작한다. 물론 성경에는 청소년들과 아이들을 위한 좋은 구절들도 있다. 물론 우리는 그들이 성경을 읽고 이해하기를 바란다. 그러나 성경의 가르침의 가장 큰 몫은 - 아마도 95퍼센트 정도라고 주장할 수 있을

것이다 - 성인들을 그 대상으로 하고 있다는 사실을 거부할 수 없다. 그래서 크레타 섬(디도서에는 '그레데'로 표기되어 있는 지중해 동남부에 있는 그리스령의 섬-역주)에서 있었던 성인 교육을 보여주는 신약 성경의 한 장을 살펴보고자 한다. 현대 연구 양식들을 감히 성경으로 해석하려는 것은 아니다. 그러나 그 구절이 우리가 접근하게 될 학습 방법과 특별히 초기 교회들이 그들의 학습 현장 속에서 성인들을 다루었던 방식에 대해 어떻게 말하고 있는지를 볼 수 있다. 우리가 디도서 2장에서 발견하는 내용이 크레타 섬에 있었던 교회에만 적용되는 것은 분명히 아닐 것이다. 그 원리는 다른 신약 성경 구절들, 특별히 바울 서신서들의 대부분을 상당히 반영하고 있는 것으로 보인다.

한 장을 취하는 방식은 단지 한 예가 될 뿐이다. 성인 교육을 위한 성경적인 신학 중에서 취하기 위해 여러 가지 방법을 선택할 수 있을 것이다. 예수님께서 제자들을 가르치신 방법이나 바울이 자신의 선교 팀의 구성원들을 다루는 방식을 살펴볼 수도 있을 것이다. 로이 주크(Roy B. Zuck)는 이 두 영역을 모두 탐구했다. 이 책의 독자들에게 예수님과 바울의 교육 방식에 관한 그의 훌륭한 작품을 권한다.[2]

아니면 가정과 교회를 위한 확실한 그림인 구약과 신약을 통해 나타난 하나님의 언약 모델을 공부할 수도 있을 것이다. 세번째 방법으로 교육을 다루고 있는 많은 신약 성경 구절들을 종합해볼 수도 있을 것이다. 이 세 방법은 모두 꽤 복잡하고 상당히 학문적이다. 여기서 우리는 학습 과정의 6가지 기본 요소들(4장의 '교육 주기'를 참조하라)을 취하고 그 요소들을 마치 격자망처럼 이 신약 성경의 한 장에 포개놓되 성경 본문을 부자연스러운 모양의 격자망 속에 억지로 밀어넣지 않는 방법을 취할 것이다.

성인 교육의 필요성

디도서 2장의 헬라어 본문에는 교훈에 해당하는 단어가 11번 사용되었고 영어 본문에서는 13번 사용되었다. 맨 첫 구절과 마지막 구절은 가르침을 강조하고 있고 본문 전체는 각기 다른 부류의 성인들을 다루고 있다. 어린 목사인 디도의 부르심에 확신을 주면서 그 지역 교회에 관련된 어려움을 묘사하고 있는 디도서 1장을 배경으로 바울은 디도에게 '바른 교훈에 합한 것을 말할' (딛 2:1) 것을 부탁했다.

늙은 남자

디도서 2장에는 다섯 부류의 사람들이 언급되어 있는데 그 첫번째는 전형적인 신약 성경의 출발점을 보여준다. 바울은 "늙은 남자로는 절제하며 경건하며 근신하며 믿음과 사랑과 인내함에 온전케 하고"(딛 2:2)라고 썼다. 이 구절은 전도나 예배에 대해서는 아무런 언급도 하지 않고 교육을 구체적으로 다루고 있다. 그 때나 지금이나 성경은 늙은 남자들에게 건강한 그리스도인을 배출하기 위한 바른 교훈을 요구하고 있음을 볼 수 있다. 성숙한 사람은 분명히 절제와 경건과 사도행전 6장에 나오는 일곱 집사를 선택하는 사건에서 볼 수 있듯이 존경받을 만한 모습을 사람들에게 보여준다. 디도서 2장 2절에서 '온전케 하다'라는 단어는 '건강하게'라고 번역될 수도 있다. 영적으로 건강한 가르침은 영적으로 건강한 그리스도인을 만든다. 그러므로 모든 교회는 이 일에 관심을 가져야만 한다.

오늘날 '건강한 교회'의 필요성을 강조하는 복음주의자들이 많이 있다. 애석하게도 대부분의 책자들이 건강을 영적인 성숙보다는 크기나 양적인 성장과 같은 것으로 말하고 있다. 바울이나 그 어떤 다른 성경 기자도 그같은 실수를 한 사람은 없다. 교회는 그 구성원들이 특별히 성인들이 "구주 예수 그리스도의 은혜와 저를 아는 지식에서 자라 갈"(벧후 3:18) 때 건강해진다.

늙은 여자

성숙한 여인은 교회 안에서 젊은 여성들을 가르칠 수 있어야 한다. 간단히 말해서, 소문을 퍼뜨리고 술에 취하는 함정을 피하고, 가정 밖으로까지 도움의 손길을 뻗치고, 젊은 여성들을 훈련하는 일에 박차를 가해야 한다(딛 2:3-5). 이 구절이 이렇게 분명하게 말하고 있는데 왜 경험을 가진 나이 든 여자들이 젊은 여성들이 알아야 할 것들을 가르칠 수 있는 유기적인 체제를 갖추고 있는 교회는 거의 없는 것인가? 진지한 교회들이 이 말씀의 훈계를 따르는 체제를 고안하는 일을 어려운 일로 받아들일 필요는 없다.

젊은 여자

나이 든 여자들은 7개의 영역에서 젊은 여성들이 성숙하는 일을 도와줄 수 있다. 이 본문은 젊은 그리스도인(결혼을 한) 여성들은 근신하며 순전하며 선하며 복종적인 모습으로 가정에서 남편을 사랑하고 자녀를 사랑하며 하나님을 섬겨야 한다고 말하고 있다.

4-5절이 여자들에게 직업을 가져서는 안 된다고 말하는 것은 아니다. 단지 남편과 아이들과 가정이 희생되어서는 안 된다고 말하고 있다. 리디아나 브리스길라와(행 16:14, 18:2-3) 같이 직업을 가진 여성들이 사실상 신약 성경의 가장 눈부신 여걸들이다. 그러나 그들은 가정에서의 여자의 역할을 자신들의 배경으로 하고 있다. 신약 성경 학자들은 1세기 기독교가 특별히 여성들의 영향력에 의해 그 평가를 받아왔다는 사실을 우리에게 상기시켜주고 있다. 디도가 직접 여성들을 가르치도록 되어 있지 않다. 그것은 그 상황이 야기할 수 있는 유혹 때문이었다. 그래서 나이 든 여성들에게 그들을 가

르치도록 했다.

따라서 크레타 섬에서의 초기 교회의 성인 교육 프로그램은 경건한 여성들로 성숙하게 하고 그들을 통해 가정을 개발하는 데 초점을 두었다. 히버트(Hiebert)는 "그리스도인 아내들이 이 요구들을 무시하고 그들의 문화가 요구하는 좋은 아내의 역할을 업신여긴다면 복음이 비그리스도인들에 의해 비난과 경멸과 좋지 못한 평판을 받게 될 것이다. 기독교는 특별히 여성들에게 미친 영향에 의해 그 평가를 받아왔다. 따라서 사려 깊고 건전한 삶을 살아감으로 하나님의 계시가 모독을 받지 않게 하는 것이 여성들이 해야 할 의무이다. 그리스도인들은 그리스도 안에 있는 하나님의 복음의 메시지인 '하나님의 말씀'을 저해하는 그 어떤 생활 방식도 정당화하려 해서는 안 된다"[3]라고 썼다.

젊은 남자

이 부류의 사람들을 위한 사역에 관해 언급할 수 있었던 모든 내용들 중에서도 바울은 디도 목사에게 특별히 '젊은 남자들을 권면하여 근신하게' (2:6) 하라고 말했다. 앞에서 살펴본 바와 같이 로마 제국에 미친 가장 큰 영향 중의 하나는 교회가 보여준 가정 생활이다. 그 모습은 이방인인 로마인들의 문란함과 대조를 이루었다. 건강한 가족 관계는 사람들에게 복음에 대한 관심을 불러일으키는 데 교회에서의 예배보다 훨씬 더 중요한 역할을 한다. 젊은 여성들이 그들의 정숙함과 가정을 향한 헌신으로 두드러진 모습을 보여주었다면 그리스도인 젊은 남자들은 절제가 그 특징을 이루었다. 젊은 남자들은 여전히 다소간 성급하고 충동적인 경향을 띠고 있기 때문에 하나님의 성령께서 그들의 행동 개발에 따르는 이 부분에서의 구체적인 학습 필요에 초점을 맞추셨다.

자신을 절제하지 못하는 젊은이를 본 적이 있는가? 몇 년 전 어떤 집사들의 모임에 참석했을 때 있었던 일이 기억난다. 한 집사가 방금 전에 승인을 받은 어떤 일에 대해 아주 흡족해했다. 그가 벌떡 일어나 의자를 넘어뜨린 다음 자기가 가지고 있던 서류들을 급히 모아 쿵쿵거리며 방을 나가자 문이 꽝 하고 닫혔다. 그는 절제하지 못하는 사람이다. 더 큰 문제는 그가 절제하지 못하는 교회의 지도자라는 점이다. 디모데전서 3장 1절-13절에 나오는 교회 지도자들에 대한 성경적인 자격 요건들을 진지하게 고려하지 않는 교회들은 일반적으로 하나님께서 그들에게 있기 원하는 지도자들이 아니라 결국 자신들에게 맞는 지도자들을 갖게 된다. 절제가 전 교과 과정을 이루는 내용은 아니지만 분명히 그 중심을 대표하는 것임에는 의심의 여지가 없다.

종

노예 제도는 악하고 잘못된 것이다. 성경의 일반적인 어조는 그 사실을 분명히 해주고 있다. 그러나 복음이 지중해 연안에 전파되었을 때 로마 제국에는 6천만 명의 노예들 중 수천 명이 그리스도를 믿게 되었다. 따라서 크레타 섬 교회의 성인 교육 프로그램은 정말로 주인들을 기쁘게 해주려고 노력하고, 논쟁이나 거역을 피하며, 정직함을 순수하게 실천하면서 매력적이고 경건한 삶을 개발하는 일들을(딛 2:9-10) 포함해 노예들의 필요를 채워주기 위해 고안된 듯하다.

골로새서 3장 22절이 이 부분에 유익한 정보를 제공해준다. 디도서와 골로새서는 둘 다 자발적으로 노예들을 해방시켜주는 일에 대한 바울의 개인적인 바람이 표현된 빌레몬서와는 반대의 입장을 취해야 했다. 다시 말해서 그리스도인 된 종들은 자신들의 위치에서 성경의 가르침을 따라 그 역할을 수행할 책임이 있었다. 그러나 빌레몬과 같은 상전들은 한 발 더 나아가 종들을 형제 자매로 대함으로 당시의 사회 제도에 도전할 것이 요구되었다. "종들아 모든 일에 육신의 상전들에게 순종하되 사람을 기쁘게 하는 자와 같이 눈가림만 하지 말고 오직 주를 두려워하여 성실한 마음으로 하라 무슨 일을 하든지 마음을 다하여 주께 하듯 하고 사람에게 하듯 하지 말라 이는 유업의 상을 주께 받을 줄 앎이니 너희는 주 그리스도를 섬기느니라 불의를 행하는 자는 불의의 보응을 받으리니 주는 외모로 사람을 취하심이 없느니라 상전들아 의와 공평을 종들에게 베풀지니 너희에게도 하늘에 상전이 계심을 알지어다"(골 3:22-4:1).

크레타 섬의 이 다섯 부류는 그 때나 지금이나 교회의 성인 교육을 위한 완전한 메뉴는 아니다. 그러나 비록 철저한 목록은 아니라 할지라도 그 구분은 필요를 근거로 한 분류에 따라 교회 내의 성인들을 바라보는 방법의 한 예를 제공해준다. 이 구절로부터 21세기 교회에 이르는 동안 거쳐온 변화는 엄청나다. 그러나 그 사실 때문에 한 목사(디도)가 오래 전에 어떻게 했는지를 살펴보는데 이 구절의 유용성이 떨어지는 것은 아니다.

성인 교육의 목표

경건한 생활의 기초에 관한 흥미로운 묘사가 디도서 2장의 실제적인 권고들 중간에 들어 있다. 그 묘사는 크레타 섬에서의 성인 교육 프로그램의 목적에 관련된 긍정적인 지시와 부정적인 지시를 둘 다 해주고 있다. 물론 좋은 교육 목적은 간단하고, 분명하고, 구체적이며, 학생들의 성취 면에서 표현되어져야 한다. 탁월한 교육자 바울이 그보다 못한 것을 제시하리라고는 그 누구도 기대하지 않을 것이다.

경건치 않은 것에 대한 거부

디도서 2장의 후반부를 펼치면서 우리는 하나님의 은혜가 파이디아

(paidia), 즉 구원을 전하고 학생들에게 경건한 삶을 추구하도록 인도하는 교사라는 사실을 배우게 된다(딛 2:11-14). 교육자들은 경건치 않은 것을 거부하도록 가르치는 것을 교육의 '인지적' 목적이라기보다는 '정서적' 목적이라 부른다. 즉 지식보다 자세를 다루고 있다는 뜻이다. 하나님의 은혜의 훈련 사역은 세속적이고 경건치 않은 삶의 자세를 버리는 일이 신자들의 의지적인 행동으로 나타나게 되는 흡족할 만한 정도의 성숙이 이루어지도록 노력하는 것이다.

근신하는 경건한 삶

12절에는 '근신하는, 의로운, 경건한'의 세 형용사가 들어 있다. 우리가 그리스도인 성인들을 교육하는 일에 초점을 맞추어 이 구절을 살펴볼 때 이 세 단어가 안과 밖과 위를 향하고 있음을 볼 수 있다. 안으로 향하는 시선은 개인적인 영적 생활, 곧 하나님과 동행하는 그리스도인의 개인적인 삶을 말한다. 밖으로 향하는 시선은 그리스도인들이 그 삶을 연출해야 하는 불경건한 세상 속에서 드러내는 의로운 행동들을 의미한다. 위를 향하는 시선은 모든 교육과 삶을 가능케 하는 하나님과 그분의 은혜에 대한 신뢰를 요구한다.

그리스도의 재림을 기다림

바울은 가정과 교회에 관한 실제적인 교훈을 주는 구절들 바로 한 가운데에 재림의 신학을 툭 던져주고 있다. 사도는 그리스도의 신성을 단언하면서 배우고 사는 일이 '이 현 세대'에서 이루어지고 있긴 하지만 또한 이 모든 일들은 우리가 주님의 재림을 기다리는 동안에 일어난다는 사실을 지적해 주고 있다(딛 2:12-13).

선한 일에 힘씀

14절에서 바울은 디도에게 구원은 죄와 심판으로부터의 구속을 가져다주므로 하나님의 성령께서 신자들이 의로운 삶의 열매를 맺게 해주신다는 사실을 상기시켜주었다. 그 과정을 통해 하나님께서 선한 일에 힘쓰는 그 분께 속한 새로운 사람을 만드신다.

이제 바울이 디도에게 간결하고 구체적이며 분명한 삶 중심의 목적들을 제시해주었다고 생각하는가? 말할 것도 없다. 바울의 가르침은 주 예수님, 그분의 본보기를 중심으로 구성된 놀라운 하나의 단락 속에서 교리와 행실과 교육과 삶을 연결시켜주고 있다. 현대 교회를 위해 이보다 더 실제적인 또 다른 가르침이 있을 수 있겠는가?

성인 교육의 교과 과정

회중의 필요를 파악하고 교육 목표를 설정한 다음에는 학습 과정의 내용을 결정해야 한다. 디도서 2장을 "너는 이것을 말하고 권면하며"(2:15)라고 마무리한 것을 볼 때 바울은 자신이 학습 과정의 내용을 말해주었다고 생각한 것이 분명하다. '이것'은 1절에서 언급한 대로 '바른 교훈'(건전한 가르침)을 말한다. 그러나 학습 목표들과는 달리 자세하게 교과 과정을 언급하고 있는 구절을 찾을 수는 없다. 하지만 그것은 문단 전체를 통해 드러나 있다. 11-14절에 설명된 목표들을 이루는 데 필요한 내용들뿐 아니라 각기 다른 나이층의 사람들에게 가르쳐진 모든 내용들은 모두 '중심 교과 과정'으로 여겨져야 한다.

이제 우리는 이 '교과 과정'에 지시된 3가지 행동 영역을 살펴보고 그 3가지를 성인 교육 프로그램이 목표로 하는 과녁으로 삼을 수 있을 것이다.

하나님과 관련된 영역들

다음에 주어진 〈도식 4〉에서 볼 수 있듯이 과녁 밖에서부터 안으로 향해 들어가는 것이 아니라 과녁의 중심을 겨냥한 다음 바깥쪽으로 나아가면서 성인 교육의 학습 내용을 제공한다. 이 도식은 '중심 교과 과정'을 보여주는 것이다. 사람들은 먼저 하나님과의 관계가 바로 정립되지 않고는 가정이나 교회 내에서 다른 사람들과 잘 어울려 지낼 수 없다. 목사들은 수많은 가정 상담을 하면서 남편과 아내와 자녀들이 직면하는 문제들이 종종 그들 서로 간의 관계에서보다는 하나님 아버지와의 개인적인 관계로부터 시작된다는 사실을 알고 있다. 먼저 수직적인 관계가 이루어지고 그 다음에 수평적인 관계가 따른다. '거룩한, 순전한, 근신하는, 의로운, 경건한' 등의 단어들과 '친백성이 되다'라는 표현은(딛 2:3, 5-6, 12, 14) 모두 성인 신자의 생활 속에서 인격적인 거룩함을 열매 맺게 하기 위한 성경적인 목표들을 말해준다.

도식 4 크레타 섬에서 이루어진 교육의 중심 교과 과정

인간과 관련된 영역들

디도서 2장 2-6절에 나오는 다섯 부류의 사람들은 어떻게든 다른 그리스도인들과 관계를 맺도록 교훈을 받고 있다. 그렇기 때문에 우리는 근신, 사랑, 친절, 순종, 충성, 정직 등의 표현들을 보게 된다. 다섯 부류의 성인 그룹 각각에 대한 구절들 속에서 우리는 그들이 그 교회 안에 있는 다른 사람들을 어떻게 대해야 하는지를 말해주는 기준들을 찾아볼 수 있다.

가정에 관련된 영역들

복음주의 교회 안에서 가정 생활에 대한 교육의 중요성은 아무리 강조해도 지나치지 않다. 디도서 2장에서는 가정 생활에 대한 교육의 중요성이 젊은 여성들에 대한 직접적인 교훈 속에서 표면적으로 드러나 있고, 또한 나이 든 남자와 여자에 대한 존경과 함께 언급된 자녀와 남편 그리고 친족에 대한 강조로 나타나 있다. 이 모든 것들은 1세기 그리고 21세기 교회 안에서 가족 관계를 중심 내용으로 고안된 교과 과정에 초점을 맞추게 한다.

이 책에서 보여주고자 하는 것처럼 가정 생활에 대한 교육은 어느 교회에서나 성인 교육의 중요한 한 구성 요소가 된다. 〈도식 4〉에 주어진 세 개의 교과 과정 요소들을 중심으로 우리 삶의 기초가 되는 '고용, 사회, 문화적 환경' 등과 같은 단어들을 사용해 다른 원들을 그 주위에 추가할 수 있을 것이다.

지난 40여 년 동안 전국적으로 교회를 찾아다니며 강의를 한 결과 나는 복음주의 공동체의 기본적인 문제는 신학과는 비교적 관계가 없다는 사실을 확신하게 되었다. 신학적인 부분보다는 부부 간에, 가족들 사이에, 교회 내에서 그리고 보다 넓은 사회 조직들 속에서 서로 잘 어울리지 못하는 문제로 우리는 더 많은 어려움을 겪고 있다. 성인 그리스도인들이 바울 사도가 빌립보서에서 휘날렸던 연합의 깃발 아래 모이기를 맹세한다면 많은 문제들이 거의 하룻밤 사이에 해결될 수도 있다. "그러므로 그리스도 안에 무슨 권면이나 사랑에 무슨 위로나 성령의 무슨 교제나 긍휼이나 자비가 있거든 마음을 같이 하여 같은 사랑을 가지고 뜻을 합하여 한 마음을 품어 아무 일에든지 다툼이나 허영으로 하지 말고 오직 겸손한 마음으로 각각 자기보다 남을 낫게 여기고 각각 자기 일을 돌아볼 뿐더러 또한 각각 다른 사람들의 일을 돌아보아 나의 기쁨을 충만케 하라 너희 안에 이 마음을 품으라 곧 그리스도 예수의 마음이니"(빌 2:1-5).

성인 교육의 리더십

2000년 전에 기록된 글만큼이나 긴 세월의 간격을 지닌 것처럼 보이지만 사실상 우리는 그들이 살았던 크레타 섬과 비슷한 환경 속에서 활동하고 있는 수천의 교회들과, 디도와 다를 바 없는 수많은 젊은 목사들과 함께 21세기에 들어섰다. 가장 이상야릇한 소설을 사실이라고 믿던 1세기 사람들의 문화에 대한 바울의 묘사가 놀라울 만큼 정곡을 찌르는 듯하게 들린다. "복종치 아니하고 헛된 말을 하며 속이는 자가 많은 중 특별히 할례당 가운데 심하니 저희의 입을 막을 것이라 이런 자들이 더러운 이를 취하려고 마땅치 아니한 것을 가르쳐 집들을 온통 엎드러치는도다 그레데인 중에 어떤 선지자가 말하되 그레데인들은 항상 거짓말장이며 악한 짐승이며 배만 위하는 게으름장이라 하니 이 증거가 참되도다 그러므로 네가 저희를 엄히 꾸짖으라 이는 저희로 하여금 믿음을 온전케 하고 유대인의 허탄한 이야기와 진리를 배반하는 사람들의 명령을 좇지 않게 하려 함이라 깨끗한 자들에게는 모든 것이 깨끗하나 더럽고 믿지 아니하는 자들에게는 아무것도 깨끗한 것이 없고 오직 저희 마음과 양심이 더러운지라 저희가 하나님을 시인하나 행위로는 부인하니 가증한 자요 복종치 아니하는 자요 모든 선한 일을 버리는 자니라"(딛 1:10-16).

목사의 역할이 중요하다

신약 성경의 여러 책에서 볼 수 있는 것과 같은 대중적인 편지를 크레타 섬의 회중에게 쓰는 대신 바울은 그 교회의 목사에게 개인적인 편지를 썼다. 사도는 목사의 지지와 축복 없이는 그 어떤 성인 교육 프로그램도 효과적으로 개발될 수 없다는 사실을 잘 알고 있었다. 교회 안에서의 성인 교육은 대화, 가르침, 훈련, 권면, 지시, 책망 등으로 구성된다. 디도서 2장의 첫 구절과 마지막 구절은 디도의 사역을 묘사하기 위한 북엔드(책이 쓰러지지 않게 양끝에 세우는 것-역주) 역할을 하고 있다. "오직 너는 바른 교훈에 합한 것을 말하여… 너는 이것을 말하고 권면하며"(2:1, 15). 디도가 이 역할을 수행하지 않고는 크레타의 교회 안에서 효과적인 성인 교육이 이루어질 수 없었음을 바로 감지할 수 있다.

그러나 이것이 주일 성경 공부 모임 시간에 목사가 예배당 안에서 모든 성인들을 교육하는 것을 의미한다고 해석할 수는 없다. 목사가 성인 교육의 한 반을 직접 맡을 수도 있고 성인 교육 위원회의 한 구성원이 될 수도 있다. 그러나 목사의 지속적이고 눈에 보이는 지원이 있을 때 이 책에서 언급하는 사역이 가능해진다.

주목되는 제자 훈련

우리에게 잘 알려진 제자 훈련이라는 용어를 사실상 디도서에서는 찾아볼 수 없다. 그러나 바울은 제자 삼는 일을 교육의 기술로 확실하게 강조하고 있다. 디도서 2장 7-8절을 보라. "범사에 네 자신으로 선한 일의 본을 보여 교훈의 부패치 아니함과 경건함과 책망할 것이 없는 바른 말을 하게 하라 이는 대적하는 자로 하여금 부끄러워 우리를 악하다 할 것이 없게 하려 함이라." 성인들을 가르치는 효과적인 교사는 성경적인 리더십에 순수한 관심을 가지고 있으며 삶이 강의보다 앞서고, 참견하기 전에 먼저 본을 보인다.

예상되는 반대

바울은 디도에게 '대적하는 자'(2:8)에 대해 경고했다. 그 대적하는 자는 누구를 언급하는 것인가? 유대인들? 영지주의자들? 배교자들? 나는 개인적으로 그 대상의 범위를 제한하지 않은 히버트의 견해를 좋아한다. 그는 "바울은 또 하나의 목적절을 가지고 디도에게 보내는 자신의 개인적인 의견을 마무리했다. '대적하는 자'라는 애매한 표현은 모든 종류의 비난자들을 포함할 수 있는 여지를 남겨두기 위해 의도적으로 사용한 것이다(원문에도 '반대자, 적수' 등을 의미하는 단수로 되어 있다). 반대하는 자들의 비난을 조사해볼 때 나타나게 될 결과는 그 비난자가 개인적으로 자신의 행실에 수치를 느끼거나 아니면 입증할 만한 증거가 없기 때문에 어리석어 보임으로 부끄러움을 당하게 되는 것이다"[4]라고 설명했다.

성인 교육의 방법

이미 논의했듯이 편의 제공자로서의 역할을 수행하는 교사가 전통적인 방법으로 지식을 전달하는 교사보다 더 많을 것들을 성취할 수 있다. 그것은 학습자들의 참여를 강조하는 방식을 채택하기 때문이다. 디도서 2장은 구체적인 교육 방법들은 별개의 문제로 제쳐놓고 성인 교육에 어떻게 접근할 것인지에 대한 두 가지 실마리를 제공해주고 있다.

중요한 그룹들을 목표 대상으로 삼으라

바울은 늙은 남자, 늙은 여자, 젊은 여자, 젊은 남자, 종의 다섯 부류로 나누어진 특정한 성인 그룹들을 언급하고 있으며 크레타 섬에서의 교육 프로그램은 그 그룹들을 목표 대상으로 짜여져 있다. 오늘날 거의 대부분의 교회에는 그 크기와 상관없이 이 다섯 그룹의 첫 네 부류에 속하는 사람들이 있다. 종의 개념을 오늘날의 피고용인에게 적용시킨다면 연령별 그룹들(그 자체의 특징적인 필요를 가진)과 오늘날의 직업 양상을 기초로 그 필요에 따라 구분된 그룹들에 속한 성인의 대부분이 사실상 종의 부류에 해당될 것이다. 우리가 자문해야 할 더 중요한 질문은 우리 교회에는 어떤 중요한 그룹들이 있는가 하는 것이다.

본을 보이는 일을 강조하라

바울은 디도에게 "선한 일의 본을 보여야" (2:7) 한다는 사실을 상기시켜 주었다. 본을 보이는 일에 대한 강조는 우리 자신의 학습과 영적인 일관성에 끊임없는 주의를 기울여야 할 것을 요구한다. 성인 교육을 맡은 지도자와 교사는 행실, 성경 공부, 기도, 섬김, 친절 그리고 성인 학습자들에게서 개발되어지기 원하는 다른 많은 자질들에 본이 되어야 한다.

진지하라

존경받을 만하고(semnos) 진지해야(semnotes) 한다는 내용이 바울이 디도에게 한 권면의 특징을 이루고 있다(딛 2:2, 7). 기독교 사상의 두번째 특징을 이루는 샘노스(semnos)는 빌립보서 4장 8절에서도 '경건하다'라고 번역되었다. 오늘날 교회에서 이루어지고 있는 너무나 많은 그리스도인 성인 교육이 실제로 심각한 영적 전쟁을 대비하도록 사람들을 준비시키는 일을 하지 못하고 있다. 다만 음식과 교제를 제공하면서 학습자에게 열매 맺는 일에 대한 부담을 떠맡겨버리고 있는 실정이라 할 수 있다.

「인생의 계절(The Seasons of a Man's Life)」에서 다니엘 레빈슨(Daniel Levinson)은 무의식적으로 드러나는 심리적, 육체적 무능력뿐만 아니라 자신의 운명을 극복해보려는 의식적인 인간의 노력을 묘사하는 '개인 생활의 구조'를 강조했다[5].

레빈슨이 옳다면 모든 사람은 일반적으로 4-8년을 한 주기로 일련의 안정기와 변화기를 거친다. 그리고 변화기 동안에 자기 인생의 구조를 세우고, 변경하고, 다시 세우는 일을 한다.

그 과정에서 영적 양식을 공급해주는 일에 교회가 손을 대지 못하고 있다. 교회 안에서 이루어지는 학습 과정에 참여하는 많은 성인들이 그 과정들을 진지하게 생각하지 않는 것이 사실이다. 성경 공부 모임, 특히 성인들을 대상으로 한 모임의 부진한 출석율은 실제로 사람들이 중요하게 생각하는 일들에 대한 실용적인 학습과 적용이 이루어지지 않고 있음을 말해주는 것은 아닌가? 그리고 일반적인 부주의까지도 인정해야 하는 것은 아닌가? 바울은 '진지한'이라는 단어를 사용해서 그리스도인들이 절대로 웃거나 즐거워해서는 안 된다는 의미를 전하려 한 것은 결코 아니었다. 그는 "디도, 성인 교육을 심각하게 생각해야 해. 그리고 사람들도 그 일을 진지하게 생각하도록 만들어야 해"라고 말한 것이라고 나는 생각한다.

성인 교육의 평가

교육 모델을 보여주는 〈도식 1〉로 돌아가 보자. 성경의 정보들을 이해하고 목적을 설정하고 프로그램을 짠 다음에는 그 일들이 얼마나 잘 이루어져 가고 있는지를 자문해보아야 한다. 디도서 2장에는 평가에 대한 구체적인 언급은 없지만 바울은 분명히 그 결과를 강조했다. 교회가 성인 교육 프로그램을 올바로 수행했을 때 어떤 일이 일어나는가? 일반적으로 교회와 가정이 서로를 따뜻하고 효과적으로 지원하게 될 것이다. 교회는 지나치게 많은 프로그램이나 끊임없는 참가를 요구하지 않으면서 드러난 모든 필요들을 채워주기 위한 사역들을 고안하게 될 것이다. 그리고 교인들은 하나님의 은혜와 성령께서 성경을 통해 그들에게 가르쳐주신 일들의 결과를 보게 될 것이다. 디도서 2장에 따르면 세 가지 결과가 나타난다.

사람들이 하나님의 말씀을 훼방할 수 없게 된다(딛 2:5). 본문에서 젊은 아내들의 방종하는 행실 때문에 하나님의 말씀이 훼방을 받게 될 수 있는 것으로 보인다. 아마도 구원받지 않은 남편들이(오늘날뿐 아니라 1세기에도 상당수가 되었던) 그런 일을 야기시켰기 때문에 복음이 비난을 받게 되었을 것이다. 세상은 그 어떤 종교도 교리 자체보다는 그 교리가 사람들의 삶에 미치는 영향 때문에 훨씬 더 많은 비판을 가한다. 신약 성경은 신자들의 경건한 삶이 복음에 대한 비난을 사라지게 한다는 사실을 분명하게 보여주고 있다.

가정이 건강해진다(딛 2:4). 성인 교육과 가정 생활과의 밀접한 관계를 또다시 강조할 필요는 없다. 수년 전 로렌스 리차드(Lawrence Richards)는 "부모의 태도, 대화 등등 가정에서 일어나는 모든 일들은 교육적인 것들이다. 그리스도인의 성장이 가정 예배나 성경 공부 등과 같이 따로 정해진 시간에만 이루어진다고 생각하는 것은 위험하다. 가정 생활의 모든 부분이 우리가 고백하는 믿음을 반영하는 것이어야 한다 … 우리는 각 교회의 사역과 부모의 사역을 연결시켜야 한다 … 교회 프로그램은 가정에서 이루어지는 그리스도인으로서 훈련을 방해하기 위해서가 아니라 돕기 위해서 운영되어야 한다"[6]라고 주장했다.

사람들이 복음에 매력을 느끼게 된다(딛 2:10). 젊은 아내들의 행실 때문에 하나님의 말씀이 훼방을 받지 않게 되고, 또한 교회에서의 성인 교육 프로그램의 결과로 나타난 종들의 경건한 행실은 사람들에게 우리 구주 하나님에 관한 가르침에 매력을 느끼게 해줄 수 있다. 앞에서 제안했듯이 적용면에 있어서(해석이 아니라) 신약 성경에 있는 종에 관한 구절은 현대의 피고용인들과 관계가 있다. 따라서 그 가르침은 실제로 교회 내의 모든 성인들에게 해당된다. 모든 성인들이 일터에서 구세주에 관한 교훈이 매력적인 것으로 드러날 수 있도록 행동할 경우 그들이 우리 사회에 미치게 될 영향을 상상해보라.

| 제 4 장 |

성인들은 어떻게 배우는가?

성인들은 다양하고 폭넓은 경험을 학습 현장으로 가지고 오며 그런 경험들이
학습에 영향을 미친다. 그리고 성인들은 다른 자세를 가지고
학습 활동에 임하며 즉각적인 활용을 중요하게 여긴다.

● 성인 목회와 성인들에 의한 사역 전반을 개선하려는 한 교회가 있다고 가정하자. 그들은 성인 목회 위원회를 구성하고 성인 학습 이론에 관한 정보와 교과 과정 자료들을 수집함으로 그 일을 시작할 수 있을 것이다.

교육 주기

그 위원회가 처음부터 생각해야 할 한 가지는 로이스 르바(Lois LeBar)가 개발한 교육 주기라는 개념이다. 진 게츠(Gene Getz)와 나는 교회 교육 사역에 관해 우리가 쓴 글에서 그 아이디어를 다루었다. 다음 페이지에 나오는 〈도식 5〉는 내가 쓴 교회 교육을 위한 리더십(Leadership for Church Education)에서 인용한 것이다.[1] 교육 주기는 종합된 계획안을 교육 사역 체제 속에서 프로그램화하는 한 방식이며 각 구성 요소들의 상호 관계와 주기 속에서의 순서가 매우 중요한 역할을 한다.

성경적 명령들

'서로 사랑하라' '내 양을 먹이라' '쉬지 말고 기도하라' 등과 같은 권고로 시작하는데 그 이유는 이런 명령과 신약 성경이 말하는 또 다른 절대적인 요구 사항들은 모든 교회에서 강조되어야 하기 때문이다. 다르게 해석하는 경우도 있겠지만 우리는 이런 일들을 해야 하며 다른 사람들도 하도록 가르쳐야 한다는 사실에 모두 동의한다. 성경이 말하는 명령들이 어떻게 교육 주기 속에서 떨어져 나와 있는지 그리고 해마다 이루어지는 평가 대상에서 어떻게 제외되어 있는지를 주의 깊게 살펴보라.

도식 5 교육 주기

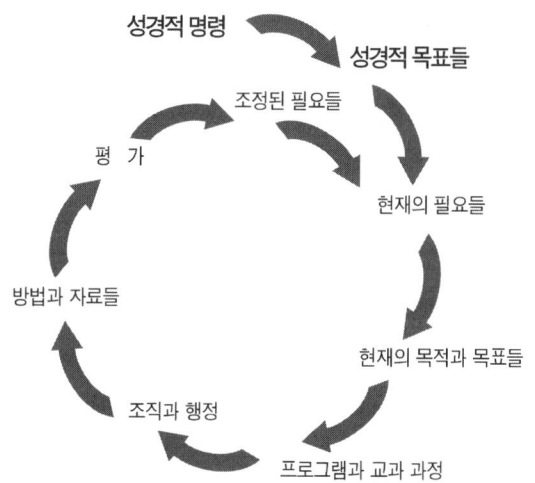

성경적 목표들

복음주의자들에게 있어서 모든 교육은 성경의 명령에 그 기초를 두고 있으며 그 명령으로부터 성경적 목표들을 설정하게 된다. 이 두번째 단계는 첫번째 단계의 명령을 풀어서 다시 말하는 단순한 방식으로 볼 수도 있다. 그러므로 '서로 사랑하라'는 명령은 이제 '학생은 교회 안에서 다른 사람들을 사랑하는 것을 배워나갈 것이다'와 같이 표현될 수 있다.

물론, 모든 교인들이 다른 사람을 향해 지속적인 사랑을 보이는 것은 아니다. 예를 들어 로마서 12장 5절이 사람들에게 별 의미를 주지 못하는 것처럼 보인다. 그것은 이 시대 문화의 이기적인 속성이 '각 구성원은 모두 서로에게 속해 있다'라는 생각으로부터 사람들을 돌아서게 하기 때문이다. 그러나 그 구절은 그 필요가 분명하고 성경적인 기초가 확실할 뿐 아니라 성인들을 위한 실제적인 학습 활동으로 전환될 수 있다.

현재의 필요들

성경적 명령들은 변하지 않는다. 그러나 목표들은 현재의 필요에 따라 변한다. 교회들은 1970년대에 진단된 필요들을 기초로 21세기 교육 프로그램을 운영하는 것이 얼마나 무익한지를 인식할 필요가 있다. 따라서 현재의 필요에 대한 고려는 교회 사역에 신실한 신자들로 구성된 핵심 그룹과 정기적으로 교회에 출석은 하지만 사역에 참여하지 않고 있는 사람들로 이루어진 접촉 그룹, 그리고 지리적으로 보다 광범위한 지역이나 도시로 규정될 수도 있지만 작은 마을 내에서 아직 교회에 다니지 않는 다른 모든 사람들을 포함할 수 있는 사회 그룹 등에 초점을 맞추게 한다.

현재의 목표들

현재의 필요들로부터 이제 목표들로 옮겨갈 필요가 있다. 성경적인 목적들은 성경적인 명령들을 기초로 나온 것이며 사역 프로그램을 위한 일반적인 보호막의 역할을 한다. 현재의 목표들은 현재의 필요들이라는 눈을 통해 성경적인 목적들과 관계를 맺게 된다. 이것은 1장의 〈도식 1〉에 주어진 교육 모델과 약간 차이가 있지만 성경의 진리 선상에서 필요를 해석하고 채워주는 최종적인 결론은 같다. 차이가 나는 이유는 신학적 모델이 아니라 교육 주기가 다루어지고 있기 때문이다.

프로그램과 교과 과정

성경이 무엇을 말하고 있으며 성경이 말하고 있는 바에 대해 우리는 사람들이 어떻게 해주기를 바라는지 알고 있어야 한다. 그리고 우리가 설정한 목표들이 현재 이곳과 어떤 관계를 가지고 있는지를 알아야 한다. 그런 다음에 프로그램을 기획하고 교과 과정을 선택하거나 계획할 준비가 된다. 교과 과정에 대해서는 24장에서 다시 다루게 되므로 여기서는 간단하게 '학습 진로'라 부르기로 한다. 그것은 우리가 사용하는 용어가 경기장을 묘사하는 라틴어 단어에서 파생된 용어이기 때문이다. 프로그램이란 단어는 과도하게 사용되는 용어이기는 하지만 여기서는 특정한 목적을 달성하기 위해 편성된 구조적 체제란 의미로 분명하게 사용되고 있다.

조직과 행정

프로그램과 교과 과정에서 조직과 행정으로 넘어간다. 조직과 행정은 프로그램화된 교과 과정의 실행을 가능케 해준다. 프로그램은 그 스스로 유지되지 않는다. 프로그램이 사용될 수 있도록 책임지는 사람이 누군가 있어야 한다.

방법과 자료들

이 요소들은 학습 현장과 직결된다. 성인 목회를 위해 누가 지도자로 섬겨줄 것인가? 강의실에서 진리를 전달해주는 사람이 아니라 편의 제공자의 역할을 해줄 수 사람은 누구인가? 그런 사람들을 어떻게 훈련시킬 것인가? 어떤 교육 방법을 추천할 것인가? 성인들이 어떻게 배우는지에 대해 우리가 알고 있는 바를 만족시켜줄 수 있을 만큼의 중점을 두고 있는 적절한 자료들은 어디서 구할 수 있을 것인가? 여기는 실제로 학습 활동이 일어나는 곳이다. 계획과 프로그램과 조직과 행정 이 모든 것들은 강의실이나 학습 모임에서 그것들을 사용하게 될 최전방에 선 병사가 없이는 아무런 소용이 없게 된다.

평가

주기의 마지막 단계는 중요한 질문들을 던진다. 프로그램은 제대로 진행되고 있는가? 우리가 계획한 대로 그 역할을 하고 있는가? 이 사역 프로그램을 통해 사람들의 필요가 채워지고 있다는 증거가 있는가? 프로그램 실시 결과 우리가 설정한 목표들이 달성되고 있다는 증거는 있는가? 다음 해를 위해 우리가 계속 유지해야 할 것은 무엇인가? 버려야 할 것은 무엇인가? 바꾸어야 할 것은 무엇인가?

조정된 필요들

마지막으로 다음 주기로 넘어가는 다리가 되어주는 필요를 다시 살펴보게 된다. 어떤 교회가 1년을 단위로 이 교육 주기를 사용할 경우 해마다 필요와 관련되는 약간씩의 변화를 보게 될 것이다. 그런 변화들은 가정 사역을 조정하는 데 중요한 영향을 미칠 수 있다. 만일 한 교회가 그런 변화를 고려한 가정 프로그램을 시작한다면 참여와 필요를 채워주는 일을 강조할 수 있고 그 점에 매력을 느끼는 30대 후반과 40대 초반의 젊은 층들이 참석하기 시작할 것이다. 그렇게 되면 35세에서 50세에 이르는 연령층, 특히 고등학교와 대학을 다니는 자녀들을 둔 사람들에게 초점을 맞춘 반을 시작할 수도 있게 될 것이다.

그러나 성인 목회를 위해 반드시 기억해야 할 격언과도 같은 한 가지는 사역을 위해 성인들을 구분할 때 나이보다 관계를 더 중요하게 다루어야 한다는 사실이다. 보다 구체적으로 말해서 35세의 결혼한 자녀가 없는 성인은 자녀를 세 명 둔 35세의 성인보다는 자녀가 없는 25세의 결혼한 성인과 보다 더 가깝다고 할 수 있다. 그 이유는? 필요와 사회적 목표가 우리 사회를 지배하고 있기 때문이다.

대부분의 교회들은 교육 프로그램을, 구체적으로는 성인 목회를 이 교육 주기의 지침에 따라 평가할 수 있어야 한다.

교사들을 위한 중요한 질문들

당신에게는 아마 이런 일이 없겠지만 내 서류철에는 내가 문서화할 수 없는 몇 가지 정보가 있다. 다음의 6개의 질문도 그 중에 속한다. 목록은 제롬 부르너(Jerome Bruner)로부터 인용한 것 같은데 그 출처를 찾아낼 수는 없다.

나는 학생들이 무엇을 배우기 원하는가?

학습의 다른 면모들에 대해서는 나중에 다시 살펴보게 될 것이다. 여기서는 구체적으로 범위에 초점을 맞추고자 한다. 많은 교회들이 나이별로 혹은 내용별로 구분된(선택적인) 13주로 된 성경 공부반을 운영하고 있다. 각 교사는 수업을 준비하면서 "나는 학생들이 어떤 것을 배우기 원하는가?"라는 질문에 일차적인 관심을 두어야 한다. 예를 들어 마가복음을 공부하면서 주어진 기간 안에 모든 구절을 다 주석적으로 다룰 수 있는 교사는 없다. 중요한 것은 우리가 얼마나 할 수 있느냐가 아니라 학생들이 무엇을 배우기를 원하는가 하는 점이다.

나는 왜 학생들이 이것을 배우기 원하는가?

이 질문은 약간 어려운 단계로 올라간다. 대학 교수 아무에게나 학생들이 무엇을 배우게 되기를 원하는지 물어보라. 그는 강의 요강을 꺼내 어느 정도 정확하게 대답해줄 것이다. 그런데 왜 다른 것이 아니고 그것인지를 물으면 대답은 다른 과정을 위한 예비 단계를 제공해주기 위해서(헬라어 중급 과정을 위한 기초로서 배워야 할 초급 과정)라는 대답으로부터 교사 자신이 관심 있는 분야를 연구 조사하기 위한 기회를 가지기 위해서라는 대답에 이르기까지 다양하다. 모든 교사는 특정한 내용은 포함시키고 또 특정한 내용을 남겨두어야 한다. 그리고 그 구분은 "나는 왜 학생들이 이것을 배우기 원하는가?"라는 질문에 대답함으로 보다 쉽게 결정할 수 있다.

나는 그들이 배움을 통해 무엇을 하기 원하는가?

고등 교육에서는 이것을 결과를 기초한 교육 방법이라고 부른다. 마가복음을 13주 동안 가르친다면 당신은 학생들이 그 책에 대한 기초적인 토대를 쌓아서 스스로 귀납적인 공부를 해나갈 수 있게 되기를 바라는가? 아니면 그들이 마가복음에 나오는 전도와 제자 훈련에 관한 요소들을 이해하고 그들의 매일의 생활 속에서 그 가르침을 실천에 옮기기 바라는가? 아마 둘 다 일 것이다. 그리고 더 있을 것이다. 그러나 학생들이 강의실에서 얻은 정보를 강의실 밖으로 어떻게 가지고 가느냐에 대한 바른 견해를 갖기 전까지는 교육의 목표를 명쾌하게 말할 수 없을 것이다.

나는 배움을 통해 그들이 얼마나 오랫동안 그것을 보유할 것이라고 기대하는가?

강의실에서의 학습 방법에 대한 한 연구는 시간적으로 보다 더 오랫동안 지속될 수 있는 목표를 설정하면 할수록 교육이 진행되는 과정에 더 많은 영향을 미칠 수 있다는 제안을 하고 있다. 다시 말해서 한 학기의 마지막 부분에 학습 목표가 이루어지고 그것으로 끝나게 하고자 한다면 어떤 방법을 사용한다 해도 문제가 되지 않는다는 말이다. 교사들은 강의를 하고, 질문을 하고 질문에 답하며 그룹 토의를 하게 하거나 비디오를 상영해줄 수 있겠지만, 단기간의 학습 목표 달성을 위해서는 그 어떤 방법을 사용한다 해도 별 차이가 없다.

그러나 학생들이 배운 것을 강의실을 떠난 후 5년 혹은 그 이상을 보유할 수 있도록 가르치고자 한다면 우리가 사용하는 방법에 따라 큰 차이가 나게 될 것이다. 이 경우 참여를 통한 체험 방식이 강의를 통한 방식보다 훨씬 더 좋은 점수를 얻을 수 있다. 이 사실은 우리가 앞에서 성인 교육(andragogy)이라 불렀던 방식을 다시 생각하게 해준다. 성인 중심의 학습은 성인들의 필요가 즉각적으로 채워지고 학습된 내용이 장기적으로 보유될 수 있게 해준다.

내가 세운 목표들은 확인이 가능한 것들인가?

이 질문은 대부분의 교회에서 이루어지는 성인 목회 프로그램과 관련해 잘 묻지 않는 질문이다. 그것은 교사들에게는 시험이 주어지지 않기 때문이다. 안 그런가? 내 경우에는 필기 시험을 다양하게 이용했지만 지역 교회 내에서는 별 의미가 없다. 정말 중요한 것은 변화된 삶이다. 그리고 그것은 시간이 걸린다. 만일 한 교회가 성인반에게 기도를 가르친다면 13주 동안의 교육 기간 중 교사는 실제로 사람들이 기도 생활에서 자라가는 것을 보는 일이 상당히 가능하다. 아마도 처음으로 사람들은 매일 규칙적으로 가족들과 기도하는 시간을 실천하거나 혹은 모임에서 대표 기도를 기꺼이 하게 될 수도 있다. 어떤 사람들은 하나님의 응답을 확인하기 위해 기도 노트를 작성하기 시작할 수도 있다. 그러나 어떤 경우에는 그런 변화들이 쉽게 드러나지 않고 확인되지 않을 수도 있다.

학습 능력의 변화를 위해 나는 무엇을 해줄 수 있는가?

한 반을 맡게 될 때마다 우리는 각기 다른 배경과 경험과 학습 능력과 학습 스타일을 가진 사람들을 보게 된다. 예를 들어 학생들이 얼마나 빨리 배울 수 있는지 습득 속도를 생각해보라. 어떤 사람들은 금방 배우지만 또 어떤 사람들은 새로운 아이디어를 숙고해 그 자세한 내용들을 알아내는 데 한참 걸린다. 또 학습 방식을 생각해볼 수 있다. 어떤 사람들은 다른 사람이 말하는 것을 들으며 가장 잘 배운다. 또 어떤 사람들은 소그룹 토의를 통해 가장 잘 배운다. 학습 동기도 고려해야 한다. 성인 교육의 강의실에서 동기를 부여해주는 일은 교사의 임무는 아니다. 대신 교사는 학생들이 느끼는 필요들을 기초로 동기를 부여해야 한다.

최근의 연구에 의하면 성인들은 방법, 경험, 미디어의 사용 등과 같이 우리가 오랫동안 알아온 요인들 외에도 교사를 좋아할 때 더 잘 배운다. 나는 이 사실에 상당한 매력을 느끼는데 그것은 아이들에게는 이 요인을 종종 적용시켜왔지만 성인들에게는 거의 무관한 것으로 생각해왔기 때문이다. 사람들이 교사에게 잘 적응하고 그의 방식을 인정하게 되면 학습 내용에도 호감을 가지게 된다. 대학원에서 한 과목의 등록이 쉽게 마감되는 것을 통해 그 한 예를 보게 된다. 학습 내용과 학점 혹은 평가 방법까지도 모두 같다. 물론 다른 요일과 시간이 한 가지 이유가 될 수는 있다. 그러나 그보다는 특정한 한 교수와 공부하기를 학생들이 원하기 때문이다.

세 가지 중요한 관심사들

교육 주기를 살펴보고 교사들이 자문해보아야 할 중요한 질문들을 고려한 다음에는 성인들을 위한 학습 프로그램을 고안할 때 항상 나타나는 또 다른 변수들을 생각해보아야 한다. 이 세 가지 요소를 자세하게 다루지는 않겠지만 그러나 출발점은 되어줄 것이다.

학습 환경

성인들을 가르치는 교사는 학습자에게 친밀감을 주는 학습 환경을 어떻게 만들어야 하는지를 알 필요가 있다. 비형식적이며 편안하고 성경을 늘 사용할 수 있으며 반대 의사를 자유롭게 표현할 수 있는 등등 여러 가지 요소들이 훌륭한 성인 학습장의 분위기를 만들어준다. 모든 교사들은 사람들이 효과적으로 배울 수 있으려면 어떤 일이 벌어져야 하는가라는 질문을 반드시 해야 한다.

학습 내용의 편성

우리는 계속해서 학습 내용의 범위와 차례의 문제로 돌아오게 된다. 조직신학을 가르치는 한 대학원 강의실을 생각해보자. 거의 대부분의 대학원은 보다 광범위한 내용을 다루는 과목을 천사론, 범죄론, 구원론, 종말론 등등으로 상세하게 구분한다. 차례를 결정하는 일은 무엇을 먼저 가르쳐야 할 것인가, 그 다음에는 무엇을 가르쳐야 하는가, 마지막으로 가르쳐야 하는 것은 무엇인가, 어떤 과목을 앞에 두고 또 어떤 과목은 뒤에 두어야 할 것인가 등의 질문을 요한다. 많은 신학자들은 성경이 하나님으로부터 시작하고 있기 때문에 하나님에 관한 교리로부터 시작해야 한다고 주장할 수 있을 것이다. 또 다른 사람들은 우리가 알고 있는 하나님에 관한 모든 내용은 성경으로부터 나왔기 때문에 성경에 관한 교리로 시작해야 한다고 주장할 수도 있다. 신학 교수들과 지역 교회의 교육 담당자들은 모두 학습 프로그램을 어떤 순서로 배열하는 것이 최선일 것인가라는 같은 문제에 직면한다.

적절한 포상

성인들에게 상을 주는 문제에 대한 논의는 언뜻 보기에는 다시 어린이 교육으로 되돌아가는 것처럼 보일 수도 있을 것이다. 그러나 1장에서 이미 성인들도 공적인 인정에 상당한 관심을 보인다는 사실을 살펴본 바 있다. 자질구레한 상품 같은 것들이 아니라 학생들의 성과를 인정해주는 상장이나 상패 같은 것으로 포상할 수 있다. 어떤 교회들은 3년 간(12 과목)의 과정을 이수한 사람들에게 졸업증서 같은 것을 수여하기도 한다.

성인들은 다르다는 사실, 특히 다르게 배운다는 사실을 염두에 두고 요약해보도록 하자. 그들의 다른 필요들이 개발적 과업을 기초를 이룬다. 교육적인 목적이라는 관점에서 볼 때 특정한 필요가 학생들이 느끼는 필요로 드러나게 되기까지는 실제로 필요라고 말할 수 없다. 성인들은 다양하고 폭넓은 경험을 학습 현장으로 가지고 오며 그런 경험들이 학습에 영향을 미친다. 그리고 성인들은 다른 자세를 가지고 학습 활동에 임하며 즉각적인 활용을 중요하게 여긴다.

성인들의 경험은 교회가 무엇을 가르쳐야 할 것인지를 알려주는 그들의 필요를 만들어준다. 그렇기 때문에 가정과 사회에 관한 문제들 역시 연구되어져야 한다. 성인들이 학습 현장으로 가지고 오는 독자성과 상호 의존성을 고려하기 때문에 다른 방식으로 그들을 가르치는 방법을 선택해야 한다.

| 제 5 장 |

누가 무엇을 필요로 하며, 왜 필요로 하는가?

사람들이 느끼는 필요는 그들 자신의 필요를 어떻게 이해하고 있으며
또 얼마나 기꺼이 그런 필요들을 인식하려고 하는지를 말해주는 것이기
때문에 '참여를 위한 출구'가 되어준다.

● 성인 목회 위원회가 회의를 진행하고 있는 방에 우리의 귀를 기울여 보자. 전반적인 성인 목회를 어떻게 재구성할 것인지를 논의하면서 그들은 그동안 성인 목회 전역에 걸쳐 계속해서 드러난 필요와 목적이라는 이 두 문제를 보다 자세히 알아보기로 결정했다. 그들 중 한 사람이 말콤 노웰즈가 쓴 「성인 학습자: 잊혀진 사람들(The Adult Learner: A Neglected Species)」이라는 제목의 책을 가져와 '학습 필요란 특정한 능력과 관련해 현재 처한 상태와 앞으로 처하게 되기를 원하는 상태 사이에 놓여 있는 간격이다'[1]라고 한 필요에 대한 정의를 읽어주었다. 위원회의 위원들은 광범위하게 정의된 필요가 거의 모든 성인 학습에 해당될 수 있다는 사실을 바로 알 수 있었다. 그 정의는 스키를 배우는 일이나, 외국어를 배우는 일 혹은 성경 공부를 깊게 하는 일에까지 모두 적용될 수 있었다. 한 그리스도인 성인이 그리스도를 섬기기 위해 개발해야 할 사역 기술의 수준을 묘사해줄 수도 있었다. 물론 모든 성인이 학습 필요의 개념을 이해하는 것은 아니다. 그리고 개인적인 필요들을 표현하고 개발할 수 있는 것도 아니다. 그렇기 때문에 우리가 '느끼는 필요'에 대해 이야기하는 것이다.

필요에 대한 평가

사람들이 느끼는 필요는 그들 자신의 필요를 어떻게 이해하고 있으며 또 얼마나 기꺼이 그런 필요들을 인식하려고 하는지를 말해주는 것이기 때문에 '참여를 위한 출구'가 되어준다. 어떤 면에서 느끼는 필요는 어떻게 효과적인 가정 예배를 드릴 수 있는지, 어떻게 하면 일터에서 감정을 터뜨리지 않을 수 있는지, 복잡한 소선지서들을 어떻게 이해해야 할 것인지, 장로로서 어떻게 효과적으로 일해야 하는지 등등의 해결해야 할 문제라고 할 수 있다. 문제 혹은 도전은 효과적인 학습 경험의 발사대가 된다. 따라서 어떻게 하면 성인들에게 배움에 대한 도전을 줄 수 있는가라는 질문에 대해서는 그들이 느끼는 필요를 그들이 이해할 수 있도록 도와주면 된다라고 간단하게 대답할 수 있다. 앞에서도 보았듯이 동기는 우리가 성인들을 위해 제공하는 교육의 기회들을 통해 그들이 자신들에 대해 알고 있는 내용을 기초로 드러나게 된다.

진단된 필요들

진단된 필요들은 기본적으로 성경에 기초하고 있다. 그리고 성인 교육에 관한 다양한 책자들에서도 다루어지고 있다. 짐 윌호이트(Jim Wilhoit)는 그리스도인 성인들이 생소한 문화 속에서 영적 생활을 어떻게 다루는지와 관련된 4가지 필요들을 설명했다.

- 그리스도인은 지배적인 문화와 보조를 맞추는 삶을 추구하지 않는다는 사실에 대한 결의
- 영적인 생활은 외적으로 흉내낼 수 없다는 사실에 대한 인식
- 영적인 지지와 도전 모두를 제공해야 할 필요

- '사람들이 현재 처한' 상태에 맞으면서도 하나님과의 보다 깊은 교제를 가능케 하는 삶을 소개할 수 있는 헌신된 생활 모습을 찾는 일의 중요성[2]

성인 교육에 관련된 필요에 대한 평가는 느끼는 필요와 진단된 필요를 보여주는 〈도식 6〉에서 볼 수 있듯이 서로 겹쳐지고 있는 모습으로 표현될 수 있다. 이 도식은 느끼는 필요와 진단된 필요가 서로 만날 때만이 진정한 필요를 다룰 수 있다는 사실을 보여준다. 이 도식에서 두 개의 타원은 서로를 당길 수도 있고 서로를 밀어낼 수도 있다고 가정할 수 있다. 두 원이 서로 당겨질수록 실제적인 필요들이 더 많이 다루어질 수 있다. 그리고 서로 멀어지면 질수록 성인들이 정말로 느끼고 있는 그들의 필요와 우리의 교육 노력은 더 적게 연계된다.

도식 6 성인 교육에 관련된 필요에 대한 평가

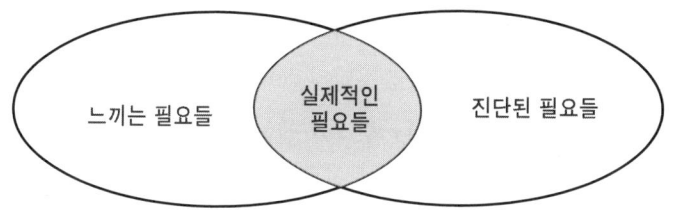

느끼는 필요들

성인 교육의 중요한 한 영역, 곧 가정 생활의 향상에 대해 생각해보자. 내가 수년 동안 가르친 한 과목 시간에 나는 학생들에게 느끼는 필요들에 관한 목록들을 가지고 각자의 교회를 조사하게 했다. 가장 최근의 보고서들 중에는 매일 묵상하는 시간에 대한 필요가 놀라울 정도로 많이 드러나 있다. 우리는 그 필요가 성경적으로 주어진 '진단된 필요'가 되어야 한다는 사실을 알고 있다. 따라서 느끼는 필요가 진단된 필요와 겹쳐지는 것을 보며 흥분하지 않을 수 없다. 마치 우리 아이가 지쳐서 "너무 피곤해서 자야겠어요"라고 곧 말하리라는 사실을 알게 되는 것과 비슷하다.

측정된 필요들

성인 교육에 관한 책들에 나타난 연구들 외에도 우리가 실제로 조사해볼 수 있다. 위에서 내가 언급했던 학생들의 프로젝트는 각기 다른 교회로부터의 반응들을 통해 적어도 10가지 영역에서의 느끼는 필요들을 보여주었다. 이런 조사에서는 조사 자료의 질과 반응의 정도가 중요한 역할을 한다. 정확한 답변을 할 수 있는 분명한 질문을 해야 하며, 교회의 모든 성인들을 대상으로 하고, 적어도 반 이상이 조사에 응해줄 것을 목표로 해야 한다.

그러기 위해서는 조사 자료 설문지를 우편으로 발송하고 응답해주기를 기다리는 것보다는 모임 장소에서 설문지를 작성하도록 부탁하는 방법을 선택하는 것이 좋다. 설문지에는 응답자의 의견을 자유롭게 표현할 수 있는 공란이 있어야 하지만 각 영역별로 응답자들의 생각을 자극해줄 수 있는 진단된 필요들을 열거해주어야 한다. 한 교회에서는 성인 목회 위원회가 하나의 설문지 샘플을 만들어 각 성인에게 집으로 가져가 배우자와 함께(결혼하지 않은 경우는 혼자서) 작성하게 했다. 그리고 그 설문지는 마지막 조사 결과를 정리하는 데 사용되었다.

어떤 사람들은 느끼는 필요들을 확신시켜줄 수 있는 가정적인 상황을 기초로 한 사례 연구와 같은 결정적인 사건 해결 연습 등을 효과적으로 사용해왔다. 그들은 성인들에게 배우자와의 대화나 나이가 들어가면서 느끼는 두려움, 내적 갈등 등과 같이 공부하게 될 문제들에 대한 질문을 한다. 그리고 성인들이 그런 주제들에 대한 간단한 사례를 토의하는 동안 위원들은 그들의 이야기를 들으며 가상적으로 주어진 인물의 필요를 성인들이 어떻게 인식하게 되는지에 관한 정보들을 얻어낸다.

어떤 경우는 공개 토론이 효과적으로 사용될 수 있다. 성인들을 식사에 초대하고 프로그램의 한 부분으로 학습 필요에 대한 공개 토론이 이루어지게 한다. 정보를 수집하는 한 방법으로서의 이런 공개 토론의 유용성은 사람들의 개방적인 자세와 주어진 상황을 다룰 수 있는 지도자들의 기술에 따라 좌우된다. 사람들의 반응은 자주 변하지 않기 때문에 공개 토론의 결과는 유용한 정보가 될 수 있다. 사람들의 반응은 각 세대마다 다양하며 때로는 5년 혹은 10년 등과 같이 짧은 기간 차이에 의해서도 달라질 수 있다. 그러나 공개 토론은 교회가 성인 목회를 위한 효과적인 프로그램을 시작하는 것과 21세기 한 세기를 위한 장기 계획을 설정하는 데 유익한 많은 자료들을 수집하는 데 도움이 될 수 있다.

목표의 설정

잘 계획된 모든 교육 활동 속에서 교사와 성인 학습자들은 그 목표에 대해 항상 생각하게 된다. 교육 목표는 서로 다르긴 하지만 깊은 연관을 맺고 있는 파장 속에서 펼쳐지는 경향이 있다. 우리는 그것들을 인지적, 정서적 그리고 의지적 영역의 목표들이라 부른다.

교육 철학의 내적 활동 영역의 그물에 걸리는 일을 피하면서 벤자민 블룸(Benjamin Bloom)의 잘 알려진 학습 목표에 대한 접근 방식(도식 7)을 살펴볼 수 있다. 가장 낮은 첫번째 단계는 정보를 알고 인식하고 암기하는 등의 지식의 단계다. 블룸은 지식은 엄청나게 중요하기는 하지만 이해와는 매우 다르다는 사실을 우리에게 상기시켜주고 있다.

이해는 학습의 보다 높은 단계를 말한다. 많은 그리스도인들은 성경 구절을 인용할 수는 있지만 그 의미를 이해하지는 못한다. 그것이 이해가 없는 지식을 보여주는 한 예다. 사람들이 지식의 단계에만 머물러 있을 때에는 더 많은 정보를 제공해준다 해도 문제가 해결되지 않는다. 그들이 다음 단계로 올라갈 수 있도록 도와주어야 한다.

도식 7 블룸(Bloom)이 분류한 인지적 영역의 목표들

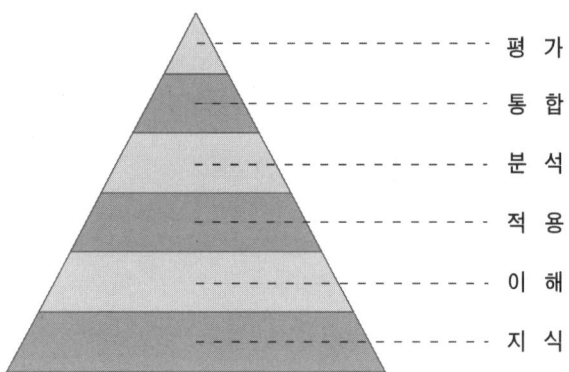

세번째 단계는 적용의 단계다. 이 단계는 분명한 해결책이 구체화되어 있지 않을 때 이론적인 원리들을 바로 사용하는 일과 관계가 있다. 블룸은 이 단계 이상 올라가지 못하는 학습자들이 많다고 지적했다.

분석은 어떤 것을 보고 그 의미를 파악해낼 수 있는 능력이다. 성경을 가르치는 책임을 진 사람들은 특별히 이 단계에 관심을 기울여야 한다. 해석학은 우리가 볼 수 있는 관계와 형태가 되도록 개념들을 세분화하는 일에 초점을 맞추고 있기 때문에 해석학이라는 학문 전체가 이 분석을 기초로 하고 있다.

통합은 전체를 만들기 위해 각각의 부분들을 모아 조합하는 것을 말한다. 학생들이 기말 보고서를 작성하거나 목사가 설교를 준비할 때 그들은 이 통합 작업을 하게 된다. 설교를 위한 연구는 분석이 중심을 이루겠지만 원고나 개요를 준비하는 일은 통합 작업이다.

블룸은 가장 높은 여섯번째 단계를 평가 단계라고 불렀다. 이 단계에서 학습자들이 개념이나 아이디어에 대한 가치를 평가하게 되기 때문이다. 평가를 요하는 효과적인 성인 학습 경험에는 교재나 학습 자료물을 읽고 반응을 보이는 활동이 포함될 수 있다. 학생들은 성경에 나타난 어려운 구절들의 해석에 대한 자신들의 의견을 제시할 수도 있을 것이다.

이 모든 단계에서 놓쳐서는 안 되는 중요한 몇 가지를 관찰할 수 있다. 첫째, 각 단계는 바로 그 전 단계를 의존한다. 지식이 없는 이해는 있을 수 없으며, 이해하지 않고 적용이 이루어질 수 없다. 둘째, 이어지는 각 단계는 그 전 단계보다 한 단계 높은 수준을 의미한다. 애석하게도 많은 성인 학습 활동이 수년 동안 지식과 이해의 단계에서만 이루어져왔다.

정서적 영역의 목표들

교육 과정에 관한 정규적인 훈련을 받지 않은 많은 사람들은 정서적인 목표들에 대해 전혀 생각하지 않는다. 알고 이해하고 분석하는 등의 단어는 우리가 이해하는 학습과 잘 들어맞는 것처럼 보인다. 그러나 정서적인 면은 감정과 태도와 관계가 있으며 학습 현장에서 일어나는 일들을 받아들이고 주의를 기울이려는 자발성을 설명해주는 요소가 된다. 기꺼이 반응하면서 교육 과정의 한 부분이 되려고 하기 때문에 과목 그 자체뿐 아니라 다른 사람들에 대한 관심도 정서적인 요소 중의 하나가 된다. 따라서 자세가 핵심 단어가 된다.

정서적인 목표들은 또한 사람들이 어떻게 가치를 받아들이고 그 가치에 헌신하게 되는지에 관한 문제를 다룬다. 우리는 모든 성인들이 그들의 삶을 지배하는 가치 체계를 개발하기 원한다. 그래서 인지적인 영역뿐 아니라 정서적인 목표들도 설정함으로써 학습을 통한 정보의 전달과 학습자의 자세까지도 다룬다.

의지적 영역의 목표들

행동 영역의(나는 의지적 영역이라는 표현을 선호한다) 학습 목표들이라 불리는 또 하나의 영역이 있다. 이 용어는 수행 능력을 기초로 한 기술을 다룬다. 간단히 말해서 인지적 학습은 성인들이 알고 있는 내용을 다루고, 정서적 학습은 학생들의 느낌과 관련된 부분을 다루며, 의지적 학습은 그들이 무엇을 할 수 있는가 하는 측면을 다룬다.

이 세 가지 측면에서의 목표들은 학생들의 필요로부터 나오는 학습 목표와 교육 목표를 고려함으로 균형을 유지할 필요가 있다. 이 일은 쉬운 일은 아니지만 성인들을 효과적으로 가르치기 원한다면 반드시 해야 할 일이다.

학습 목표와 교육 목표는 몇 단계에 걸쳐 이루어진다는 사실을 기억할 필요가 있다. 기본적인 목표들은 전반적인 성인 목회 프로그램을 위해 개발될 수 있지만, 그 프로그램의 각 교사와 혹은 지도자는 각각의 특정 그룹과 매 학습 단위(그 길이는 다양할 수 있다)를 위한 목표들도 설정해야 한다. 이 목적들은 간단하고 분명하며 구체적이고 측정 가능해야 하며 학생들 입장에서 표현되어져야 한다. 여기 몇 가지 예들을 소개한다.

1. 학생들은 로마서에 나오는 구원에 관한 중요한 구절들을 알게 될 것이다(지식).
2. 학생들은 동정녀 탄생에 관한 교리가 기독교 교리와 어떻게 일치하는지를 이해하게 될 것이다(이해).

3. 학생들은 다음 6개월 동안 기도에 대해 자신들이 이해한 내용을 구체적인 방법으로 적용하게 될 것이다(적용).
4. 학생들은 요한일서의 성경 신학을 규정하기 위해 요한일서를 분석하게 될 것이다(분석).
5. 학생들은 믿지 않는 사람들에게 복음을 증거하는 데 사용할 수 있는 간증문을 작성하게 될 것이다(통합).
6. 학생들은 이단적인 신학을 조장하는 글을 평가하고 하나님의 말씀을 기초로 그 글을 비평하는 글을 쓰게 될 것이다(평가).

정서적 영역에 관한 예
1. 학생들은 하나님을 보다 친밀하게 알고 그분과 보다 인격적인 대화를 나누고 싶어하게 될 것이다.
2. 학생들은 그 어느 때보다 가족들을 깊이 그리고 보다 적극적으로 사랑하게 될 것이다.

의지적 영역에 관한 예
1. 학생들은 예배를 효과적으로 인도할 수 있게 될 것이다.
2. 학생들은 강의실에서 설명된 도구를 사용해 다른 사람들과 복음을 나눌 수 있게 될 것이다.

이 장의 활용

성인 목회 위원회는 이제까지 한 예로 사용되어왔다. 그 위원회는 성인들의 진단된 필요와 느끼는 필요들을 이해하려는 노력으로부터 시작했다. 진단된 필요에 대한 정보를 얻기 위해 그들은 교육에 관한 책들을 조사하고 그 주제에 관한 성경 본문들을 살펴보았다. 그런 다음 필요를 평가하기 위해 작성 시간이 15분 이상 걸리지 않는 4쪽으로 된 설문지를 조심스럽게 만들어 사용했다. 그런 다음 같은 날 모든 성인 성경 공부 모임에서 설문 조사를 실시했고, 그 결과 앞으로 나아가는데 견실한 기초가 되어줄 수 있는 74퍼센트라는 놀라운 응답을 받을 수 있었다.

거기서부터 그들은 1장에(도식 1) 소개된 교육 모델의 계단을 밟아 올라갔다. 필요와 그 필요들을 어떻게 채워줄 것인지에 대한 성경적인 실천에 대한 이해를 가지고 그들은 철학으로부터 목적, 교과 과정, 조직, 인적 자원, 방법 등을 체계적으로 다루어 올라갔다. 이 모든 작업들을 수행하는데 거의 6개월이 걸렸다. 12월에 그들은 새해 초에 새로운 프로그램을 시작하는 것은 현명하지 않다고 생각하고 대부분의 교회들이 새로운 교과 과정을 시작하는 때라고(9월 1일) 생각하는 시기가 오기까지 기다렸다. 그 결과 그들은 중요한 문서들을 작성하고 자료를 주문하고 적절한 교사와 학습 공간을 준비하고 실제적인 학습 활동들이 다른 사회 활동들과 상호 보완을 이루어 전체적인 목적에 유익이 되도록 조정하는 일을 할 수 있는 8개월이라는 시간을 벌 수 있었다. 그 계획이 이루어진 해는 그 후 10년 혹은 20년 동안 그 교회의 성인 목회에 혁신적인 변화를 일으키기기에 아마도 충분했을 것이다.

| 제 6 장 |

발견 채널을 돌리지 말라

참여가 목표를 이루는 수단으로 사용되어질 수 있다고 생각하는 한 참여적인 학습 현장 모델은 가능한 일일 뿐 아니라 선호되어야 할 일임을 보게 된다.

● 말콤 노웰즈는 자신이 칼 로저스라는 교사의 학생이었던 시절에 일어났던 재미있는 이야기를 해주었다. 그는 학생들이 이미 동그랗게 앉아서 서로 이야기를 나누고 있던 성인 교육 강의실에 들어갔다. 그리고 교사를 알아보는 데 며칠이 걸렸다고 한다. 이름을 듣기는 했지만 그 수업의 비형식적인 분위기 때문에 로저스를 알아볼 수가 없었다. 로저스는 참여와 독자적인 학습을 강조하는 강의실 전략가로서 헌신되어 있었던 사람이 분명하다. 그는 사실상 편의 제공자의 역할을 했다(25장을 보라).

어떤 사람들은 시대적 제한을 받지 않는 절대적인 진리인 성경을 가르치는 일은 다른 내용을 가르치는 일과 너무 다르기 때문에 자유로운 토론을 통해서는 학습이 이루어질 수 없다고 말할 것이다. 그러나 사실상 예수님께서는 제자들과 바로 그렇게 하셨다. 참여가 목표를 이루는 수단으로 사용되어질 수 있다고 생각하는 한 참여적인 학습 현장 모델은 가능한 일일 뿐 아니라 선호되어야 할 일임을 보게 된다.

두 가지 교육 방법

다음 페이지에 있는 〈도식 8〉은 교사, 내용, 학습자의 세 구성 요소로 이루어진 서로 다른 두 개의 접근 방식을 보여준다.

도식 8 · **성인 학습 : 전통적인 접근 방식과 현대적인 접근 방식**

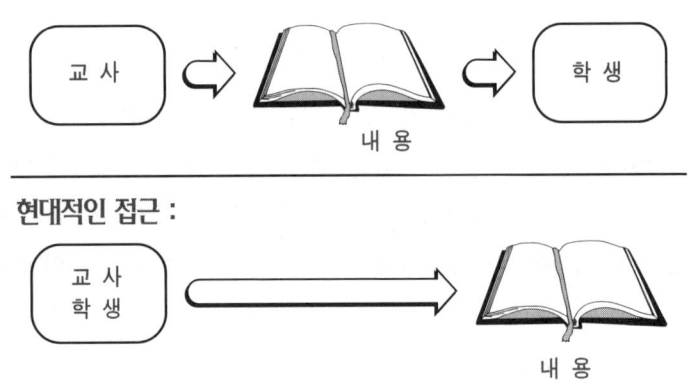

이 도식의 윗부분에서 우리는 교사가 내용을 공부해서 학생들에게 그 내용을 전달하는 전통적인 방식을 보게 된다. 복음적인 교회에서 대부분의 교육이 오랫동안 이와 똑같은 방식으로 이루어져왔다는 사실에 동의할 수 있는가?

전통적인 강의

데일 오웬(Dale Owen)은 이 방식으로 젊은 성인층을 가르치고 있다. 그는 성경과 교사 지침서가 딸린 교과 과정 교재와 자기 앞에 있는 강단 위의 작은 책 받침대를 사용한다. 주중에 공부를 해서 그 내용을 교실로 가져와 하나님의 말씀의 보따리를 풀어놓는다. 수업의 90퍼센트는 강의 혹은 일방적 전달 방식으로 이루어진다. 이런 전통적인 방식에 사람들 대부분은 편안함을 느낀다. 그래서 이 방식이 교육 전략이 되어야 한다고 생각한다.

현대적인 참여 방식

그러나 현대적인 방식을 따르려면 데일은 성경을 철저하게 공부하고 이해한 다음 그가 배운 것을 재구성해서 학생들에게 그와 함께 성경 본문에 접근할 것을 요구해야 한다. 물론 내용을 알고 있다는 점에서 교사와 학생이 같은 수준이라는 뜻은 결코 아니다. 그러나 성인 교육에 대해 우리가 알고 있는 바를 기초로 생각해볼 때 진리를 생활 속에 적용하는 독자적인 접근 방식이 훨씬 더 일리가 있다.

다각적인 적용

다각적인 적용에 대한 언급을 놓치지 말라. 과거의 교육 전략 체제 속에서 우리는 서론부터 시작해서 적용을 포함한 결론을 향해 나갔다. 그러나 적용 단계에 이르기 전에 시간이 끝나버리는 암초에 계속 걸렸다. 따라서 우리는 성경 교사는 수업 시간 동안 매 10분마다 학습 내용의 일부를 적용시켜야 한다는 사실을 이해하게 되었다. 귀납법적 성경 공부의 세 가지 기본 질문들을 - 성경 본문은 무엇을 말하고 있는가? 본문의 의미는 무엇인가? 본문이 말하는 내용에 대해 나는 어떻게 할 것인가? - 감히 잊은 것은 아니다.

참여와 적용을 강조하기 위해 전통적인 강의식으로부터의 전환을 시도하면서 데일은 발견 학습(discovery teaching)이라는 새로운 세계로 용감하게 뛰어들어가기 시작했다. 자신의 성경 공부를 심각하게 생각하는 교사들은 늘 발견의 기쁨을 경험하고 있다. 그러나 학생들에게도 그 기쁨을 누리도록 해주고 있는가? 다음 모델은 통합된 진리라는 궁극적인 목표를 향해 데일이 어떻게 강의실 분위기를 재구성하는 일부터 움직여나갈 수 있었는지를 설명해주고 발견 학습의 요소들을 보여준다.

발견 학습의 요소들

친근감을 주는 분위기

데일 오웬은 강의실을 편안하게 만드는 전략을 개발하고 싶었다. 그는 사람들이 두려움을 느끼지 않고 자신의 속도에 따라 자신이 배우고 싶은 부분에 초점을 맞추고 면박을 받게 되리라는 두려움 없이 질문할 수 있는 학습 분위기로 시작했다.

도식 9 **발견 학습의 요소들**

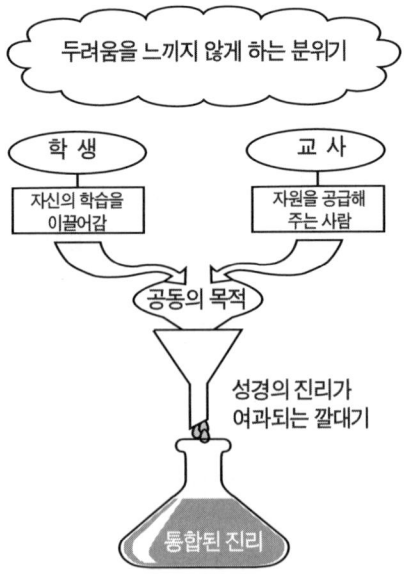

재조정된 역할

여전히 교사와 학생이 있기는 하지만 학생이 자신의 학습을 이끌어나가고 교사는 일차적으로 자원을 제공해주는 사람의 역할을 하게 된다. 실제로 학생들이 학습을 주도하고 특별히 학습의 주제를 선택하고 수업을 준비하는 일을 스스로 해나간다고 말할 수 있다. 이것은 교회 교육 현장에서 자주 보게 되는 피동적인 학습자의 모습을 탈피하는 중요한 역할 변화가 있음을 말해준다.

공동의 목적

역할의 변화로 학생들과 교사는 일정한 공동의 목적을 갖게 된다. 이 일은 학생들이 학습 경험을 통해 자신들이 배우기 원하는 것이 무엇인지를 분명하게 생각할 때만이 가능해진다.

성경적 진리가 여과되는 깔때기

위의 도식에서 성경적 진리가 여과되는 깔때기는 우리가 성경에서 배운 교훈을 의미한다. 어떤 주제에 대한 토론이 벌어지면 학생들은 하나님 말씀에 대한 관찰과 그들의 의견을 일치시키도록 격려를 받고 강요를 받기까지 한다. 깔때기는 학습 활동 속에서 인간의 실수와 이방 문화의 영적인 오류들로부터 보호를 받을 수 있는 보호 장치가 되어준다. 우리의 삶을 어떻게 성경에 일치시킬 수 있는지, 즉 성경을 어떻게 효과적으로 사용하는지를 발견함에 따라 설정된 공동의 목표가 통합된 진리와 함께 용기를 채우게 되어 있다.

통합된 진리

통합의 첫번째 단계는 진리의 내용에 초점을 맞춘다. 데일이 맡았던 반은 우연히 자녀 양육에 관한 내용을 다루게 되었는데 그가 읽은 대부분의 참고 서적이나 심지어는 수업을 위한 자료 서적까지도 성경적인 진리를 늘 상술하고 있지는 않았다. 그래서 데일과 학생들은 그들이 읽은 자료와 알고 있는 성경을 연결시키는 일이 필요하게 되었다.

두번째 단계는 진리를 생활에 접합시키므로 학생들이 배운 것을 수업이 끝난 후에도 오랫동안 적용할 수 있게 하는 일과 관련된 작업이다. 매주 그는 성경이 학생들의 생활에 관련된 중요한 특정한 주제들을 언급하고 있다는 사실을 알고 있었기 때문에 그리스도인으로서 그들이 어떻게 살아야 하는지를 상기시켜주었다. 그리스도인들은 역사, 철학 그리고 영화와 음악까지도 다르게 본다. 자녀 양육과 같은 주제에 대해 학생들은 성경이 요구하는 내용들과 지침들을 상당히 많이 찾을 수 있다.

세번째 단계는 이 중요한 과정 속에 학생들이 참여하는 일과 관계가 있다. 교사가 말하는 것을 의존하기보다는 학생들이 성경의 우물을 길어 마셔야 한다. 그래서 데일이 하는 말이나, 목사의 생각이나 혹은 주어진 주제에 대한 다른 신자들의 생각을 계속 의지하지 않고도 성경에 합당한 삶을 살아갈 수 있게 된다.

데일은 이 문제로 고민을 해왔다. 그도 오랫동안 전통적인 방식을 사용해 왔기 때문에 협동을 통한 진리의 통합으로 전환하는 일은 여전히 그의 한계를 넘어서는 것처럼 보인다.

조사를 통한 학습의 4단계

성인 목회는 참여와 조사를 요구한다. 아마도 '자기 참여'라는 표현이 보다 적절할 것이다. 성인 학습의 원리를 이해해나가면서 데일은 수업 시간은 교사인 자신의 시간인 만큼이나 학생들의 시간이기도 하다는 사실을 학생들이 인식하고 교사를 의존하기보다는 학습의 결과를 스스로 책임지게 되기를 바랄 것이다. 다음은 발견 학습의 4단계를 보여준다.

바른 질문하기

어떤 주제이건 우리는 학생들이 학습 내용이나 본문에 관해 바른 질문을 해주길 바란다. 전통적인 방식에서는 교사가 질문을 하고 학생들이 대답을 했다. 그러나 현대적인 방식을 취하는 교사는 비록 더 많은 연구를 필요로 하는 대답을 얻어내기 위해 일주일을 기다려야 하는 일이 생긴다 하더라도 학습에 대한 책임을 학생에게 넘겨준다.

사용 가능한 자료의 제시

일단 학생들이 바른 질문을 하면 교사는 곧바로 답을 주려는 유혹을 뿌리쳐야 한다. 말할 것도 없이 많은 학생들은 바로 대답을 듣고 싶어한다. 또 그렇게 하면 신속하게 학습 진도를 나갈 수 있다. 그러나 그 방법을 따르면 학생들이 어떻게 성경과 다른 자료들을 독자적으로 사용해야 하는지를 배우지 못하게 된다. 교사가 하나의 질문에 하나의 대답을 해주면 그 문제는 그것으로 끝이 나는 경우가 많다. 그러나 한 질문에 대해 다른 질문으로 대답하는 것은 학생들이 진리를 더 잘 이해할 수 있도록 도움을 줄 수 있다.

효과적인 방법의 사용

많은 문제들에 대해 데일 그 자신도 난관에 부딪히곤 한다. 질문에 대한 일반적인 대답을 가지고는 있지만 어떤 자료를 참고해야 할지를 결정할 필요가 있다. 용어 색인? 성경 용어 사전? 성경 백과 사전? 주석? 아마도 그저 관련 성경 구절들을 찾아보거나 용어에 대한 해설 등을 통해 답을 찾을 수도 있을 것이다. 데일은 이런 작업을 해야 할 책임이 있을 뿐 아니라 학생들에게 그런 자료와 도구들을 어떻게 사용해야 하는지를 가르쳐주어야 할 책임도 있다.

의미와 적용에 대한 평가

세상에서의 일반 교육은 중요한 본문에 손상을 가하는 적용을 너무 많이 강조하고 있는 듯하다. 그러나 기독교 교육은 그와는 반대되는 폐단으로 고통을 당하고 있다. 단지 학생들이 무언가를 하게 되기를 바라고 기도하면서 너무나 많은 성경의 정보들을 한꺼번에 쏟아 부어준다. 물론 바라고 기도해야 한다. 그러나 행동도 수반되어야 한다. 이런 상황에서는 생활 속에서 의미를 찾을 수 있는 추가적인 과제물이 큰 도움을 줄 수 있다.

편의 제공자로서의 교사

성인 교육에 대한 자료의 대부분이 편의 제공자로서의 교사의 역할을 강조하고 있다. 편의를 제공하다라는 단어는 편하게 해주다라는 뜻을 가지고 있다. 데일의 역할은 지나치게 학구적으로 보여지면서 자신의 깊은 연구로 다른 사람들을 혼란에 빠뜨리는 것이 아니라 본문을 펼치고 성령님께서 매일의 연구에 빛을 비추어주시도록 하는 것이다. 이 부분에 대해서는 25장에서 다시 다루기로 하고 여기서는 간단하게 소개만 할 것이다.

편의 제공자가 하는 일

편의 제공자는 사람들이 편안하게 느끼고 질문을 할 수 있는 그런 분위기를 만들어준다. 그는 학습을 위한 최상의 육체적, 심리적 분위기를 조성하기 위한 학습 활동을 고안한다.

그는 또 학습 방법과 교과 과정을 계획하는 일에 학생들을 참여하게 한다. 그리고 학생들이 자신들의 학습 필요를 진단하게 도와준다. 그 어떤 필요도 받아들이기에 너무 전통에 벗어난 그런 필요는 없다.

그는 학생들이 스스로 학습 목표들을 세우도록 격려해준다. 격려라는 단어가 중요한데 그 이유는 강요하거나 떠미는 것이 아니기 때문이다. 그는 또 학생들이 자료를 확인하고, 자신들의 질문에 대답하며, 그들의 필요를 채워주는 전략을 계획하도록 격려해준다.

그는 학생들이 기본적으로 양보다는 질적인 방법들을 사용해 자신들의 학습을 평가하는 일을 하게 한다. 다시 말해서 '얼마나 많이' 했느냐가 아니라 '얼마나 잘' 했느냐를 평가하게 한다.

스테판 부룩필드(Stephen Brookfield)는 '자발적인 학습을 증진시켜주는 방법'이라는 매우 유용한 목록을 제시해주었다. 만일 데일이 이 방법들을 활용한다면 그 역시 매우 효과적인 편의 제공자가 될 수 있을 것이다.

자발적인 학습을 증진시켜주는 방법   도표 2

1. 교사에 대한 학습자의 의존도를 점차적으로 줄여가라.
2. 학습자가 학습 자료들을, 특별히 교사를 포함한 다른 사람들의 경험을 어떻게 활용해야 하는지, 그리고 다른 사람들과 상호 협조하는 학습 관계를 어떻게 맺어야 하는지를 이해할 수 있게 도와주라.
3. 학습자가 자신의 학습 필요를 명확히 규정할 수 있게 도와주라.
4. 학습자가 자신의 학습 목표를 설정하고, 학습 프로그램을 짜며, 자신의 진보를 평가하는 등의 중대되는 책임을 받아들이도록 도와주라.
5. 학습자가 현재 자신의 개인적인 문제와 관심사 그리고 이해의 정도 등과 관련

해 무엇을 배워야 할 것인지를 정리하게 하라.

6. 학습자의 의사 결정을 촉진하라. 학습자와 관련된 경험을 선택하고, 학습자의 선택의 범위를 확장시켜주며, 학습자가 다른 사람들의 관점을 볼 수 있게 도와주라.

7. 문제 제시와 문제 해결 방식을 활용할 수 있도록 편의를 제공해주라.

8. 학습자가 점진적으로 완전히 습득할 수 있게 하고, 피드백과 다른 사람들의 보완적인 평가를 알려줌으로써 지지하는 분위기를 조성해주며, 상호 도움을 주는 그룹을 사용함으로써 학습자가 학습자로서의 건강한 자아상을 가질 수 있게 도와주라.

9. 참가를 통한 학습 방식과 학습 협약을 강조하라.

— Understanding and Facilitating Adult Learning, Stephen D. Brookfield (San Francisco: Jossey-Bass, 1986), 36-37에서 인용해 수정을 가한 것임.

수업 계획안의 활용

데일의 반은 어떤 학습 목표들을 가지고 있는가? 그가 기록한 목표들은 어떤 가치를 지니고 있는가? 편의 제공자로서의 자신의 역할을 보다 진지하게 생각하게 되면서 데일은 수업 시간 동안 자신에게 지침이 될 간단한 수업 계획안(도표 3)을 가지고 수업에 임하고 싶어질 것이다. 그는 성인, 특히 젊은 성인들을 보다 잘 이해하는 일로부터 시작할 수 있을 것이다. 그는 그들이 처한 성장 단계와 개인적인 성격 등을 파악하고 그 반에서 활용할 수 있는 효과적인 학습 전략을 개발해야 할 것이다. 그리고 수업 계획안에 언제나 표시해야 하는 각 수업의 목표들에 특별한 주의를 기울여야 할 필요가 있다. 방법은 그가 강의실에서 하는 일(그리고 학생들이 하도록 격려해야 할 내용)에 대한 묘사이며 평가는 결과를 확인하기 위한 협력적인 한 방법으로 사용되어야 한다.

피드백을 통해서 모든 것이 절정을 이루게 된다. 평가와 피드백을 통해 나타난 결과에 따라 교육의 개선이 이루어지게 된다.

데일은 학생들이 무엇을 배웠는지 알 수 없다. 종종 학생들은 그의 노력을 칭찬해주거나 감사를 표할 것이다. 그러나 학생들이 얼마나 배웠는지에 대한 확실한 자료는 없다. 그는 자신이 가르칠 때마다 학생들은 배우게 되리라고 기대하지만 성인 학습 조사를 통해 우리는 항상 그렇지는 않다는 사실을 알고 있다.

대부분의 교사들은 이미 다양한 수업 계획안을 보아왔기 때문에 이것은 놀랄 만한 새로운 아이디어는 아니다. 그러나 나는 가르치면서 모든 반에 사용하는 하나의 공통된 수업 계획안을 사용하는 것이 강의실에서의 내 우선 순위를 결정하는 데 도움이 된다는 사실을 발견해왔다. 다음의 〈도표 3〉에서 보는 단순화된 수업 계획안은 우리가 수업 전략을 계획하면서 생각해야 할 필요가 있는 내용, 목표, 방법, 전달 수단, 적용의 다섯 가지 요소를 중심으로 짜여져 있다. 각 개인에 따라 이 요소들 중 한두 개를 하나로 묶거나 아니면 수정해서 사용하는 것이 더 좋을 수도 있다. 그러나 언제나 이 수업 계획안을 가지고 모든 수업에 들어가기로 마음을 정하라. 그리고 학생들과 함께 하게 될 여행을 위한 지도를 가지고 있다는 사실을 자신뿐 아니라 학생들도 분명히 알게 하라.

이 장에서 얻은 정보로 무엇을 할 수 있겠는가? 첫째, 전통적인 교육 방식과 현대적인 방식의 차이를 이해하라. 그렇다. 때로는 학생들의 수준이나 혹은 다른 중요한 이유 때문에 전통적인 방식을 선택해야만 할 때도 있다. 그러나 우리가 두 방식을 모두 이해하지 않는 한 의도적으로 둘 중의 하나를 선택하는 일을 할 수 없다.

둘째, 발견 학습 모델을 자세하게 공부하라.

셋째, 편의 제공자가 되라. 조사 학습의 개념을 연구하고 가치 있는 교육 모델을 기초로 한 수업 계획안을 어떻게 작성해야 하는지를 배우는 동안 당신의 가르침이 향상되고 학생들이 변화될 수 있다. 교육에 대한 당신의 헌신은(그리고 학생들은) 이런 결과로 주목을 받아 마땅하다.

수업 계획안　　　　　　　　　　　　　　　　　　　　　　　도표 3

날 짜 _____ 본 문 _____ 번 호 _____

주 제

내용의 개요 :

목 표 :

　　1.

　　2.

　　3.

방 법 :

전달 수단 :

적용(과제) :

제7장
학습 스타일에 맞는 교육

학습 스타일이라는 용어는 신비함이나 복잡성과는 아무런 관계도 없다.
단지 학습자가 학습 활동에 지속적으로 반응하는 방식을 의미할 뿐이다.

● 스티브와 쉐릴은 매주 일요일이면 저녁 식사를 하면서 때로는 밤늦게까지 그 날 아침 성경 공부 시간에 배운 내용을 서로 이야기한다. 쉐릴은 성경 공부 시간을 좋아한다. 그러나 스티브는 많은 의혹을 품고 있다. 쉐릴은 새로운 아이디어들을 얻어 종종 친구들에게 이야기도 하고 보통은 다음 주 성경 공부를 준비한다. 스티브는 교사에 대한 확신은 있지만 자신의 필요가 채워지지 않고 자신의 생각에 도전이 되지 않는다고 느낀다.

두 사람은 여러 면에서 비슷한 점이 많다. 그들은 둘 다 커피보다 차를 좋아한다. 같은 TV 프로그램을 좋아한다. 그리고 초록색을 좋아하는 것까지도 같다. 그런데 왜 성경 공부 모임 시간만은 두 사람에게 중요한 차이점이 되어야 하는가? 왜냐하면 스티브와 쉐릴은 배우는 스타일이 서로 다르기 때문이다.

성인 학습자에 대한 분석

학습 스타일에 대한 최근의 연구가 있기 오래 전부터 학자들은 학습 스타일의 차이를 언급했었다. 그 중 한 스타일은 쉐릴의 스타일을 잘 설명해주고 다른 하나는 스티브의 스타일을 잘 설명해준다.

목표 지향적 학습자

목표 지향적이라는 용어 자체가 쉐릴이 성경 공부반에 접근하는 방식과 잘 어울린다. 그리고 그녀가 대학을 다닐 때 강의에 접근했던 방식도 지금과 거의 다를 바 없었다. 그녀는 분명한 목적을 가지고 구체적인 학습 결과를 겨냥했고 그녀가 그 결과를 얻을 수 있도록 교사는 충분한 자료를 제시해 줄 것을 기대했다. 더 나아가 그녀는 가능한 한 그 목적을 빨리 달성하고 싶었고 그 목적을 달성하는 데 도움이 되는 방식이나 방법에는 별 신경을 쓰지 않았다. 예를 들어 몇 년 전 그녀는 라디오에서 선지서에 관한 메시지를 몇 차례 들은 후 선지서에 대한 관심을 갖게 되었다. 그래서 교회 도서실에서 책을 몇 권 빌리고 몇 가지 어려운 문제들에 대해서는 목사와 이야기를 나누었다. 그리고는 2-3개월 내에 아무 강의에 참석하지 않고도 선지서를 진지하게 공부하게 되었다. 스티브를 잘 아는 사람이라면 이런 방식은 그와는 전혀 맞지 않는다고 즉각적으로 말해줄 것이다.

활동 지향적 학습자

스티브는 과정을 중요하게 생각한다. 그렇다. 그도 학습 목적을 가지고 있지만 최종적으로 어떤 결과를 얻느냐가 중요한 만큼이나 어떻게 배우느냐 역시 그의 중대 관심사였다. 실제로 과정이 즐겁지 않으면 그는 결과를 얻게 되기 전에 종종 중도에 탈락해버리기도 한다. 그는 선지서에 관심을 보이는 쉐릴을 이해할 수가 없었다. 특별히 혼자서 그렇게 많은 시간을 투자하는 인내력은 더욱 그랬다. 교사는 다양한 방법을 거의 시도하지 않으며 교사가 선택한 방법은 스티브의 관심을 별로 끌지 못했기 때문에 지금 나가는 성경 공부 모임이 그에게는 힘들게 느껴진다.

내용 지향적 학습자

같은 모임에 있는 사람들 중에는 쉐릴이나 스티브와는 또 다른 사람들도 있다. 그들은 교육을 목적으로 교육을 원하는 것 같았다. 그들의 목적은 정보이며 정보를 얻게 될 때까지는 기꺼이 모임에 남아 있으려 한다. 한 주제에 대해 알게 되면 그들은 곧 다른 주제를 원한다. 이런 유형의 학습자는 학교에 오래 남아 결국 상당히 무거운 내용을 다루는 영역의 교수가 되기도 한다.

이렇게 다른 학습 스타일들이 있다는 사실을 알고, 교회와 그리스도인 조직체 내에서 실행되는 성인 목회에 이런 스타일들을 고려한다면 어떤 스타일을 가지고 있건 그것 자체는 문제가 되지 않는다.

우리는 지금 그 어느 때보다 성인 교육에 대해 잘 알고 있을 뿐 아니라 일반적인 성인들, 특히 젊은 성인층에 대한 통계적인 정보들을 많이 가지고 있다. 희석되어가는 직업 윤리가 미국 사회에 영향을 미치는 장기적인 추세 중 하나가 되어가고 있으며 사람들의 관심이 보수(급료와 상여금)에서 일을 통해 얻을 수 있는 유리한 입장으로 옮겨가고 있다. 이런 변화는 현재 우리 사회의 제일의 화폐 단위로서 돈보다는 시간이 그 우위를 점하고 있음을 보여준다.

또 다른 한 추세는 고객 유치를 위한 전화 판매 프로그램의 운영으로부터 금요일 밤 여가 시간에 이르기까지 생활의 모든 활동과 관계의 중심이 가정으로 되돌아가는 '고치' 현상이다. 문제는 교회가 이런 추세에 어떻게 대응할 것인가 하는 점이다. 스티브와 쉐릴에게 그들의 필요를 채워주고 그들의 개인적인 학습 스타일에 맞는 학습 기회들을 어떻게 제공해줄 것인가?

학습 스타일 격자도

쉐릴과 스티브는 총명한 젊은 성인층에 속하지만 자신들이 특정한 학습 스타일을 가지고 있으며 그런 차이가 성경 공부반에 대한 다른 평가를 내리게 만든다는 사실을 전혀 모르고 있다. 그것이 일차적으로 가장 큰 차이를 만들어냈다. 데이비드 콥(David Kolb)과 버니스 맥카티(Bernice McCarthy)와 다른 사람들이 함께한 조사는 성인 학습자들에게 있을 수 있는 4가지의 가능한 스타일을 보여주고 있다¹. 그러나 그 스타일들을 알아보기 전에 연구자들이 두 개의 스타일만을 언급할 때는 보통 분석적 학습자와 관계적 학습자로 나눈다. 분석적 학습자는 학습 내용과의 상호 교류를 중요시하고, 관계적 학습자는 다른 사람들과의 상호 교류를 중시한다.

이 분석은 좌우 두뇌 연구에 상당한 기초를 두고 있다. 왼쪽 두뇌가 발달된 사람은 사실, 구조, 조직 등에 초점을 맞추는 경향이 있고 오른쪽 두뇌가 발달된 사람은 학습과 사고에 접근하는 방식이 보다 직감적이고 관계 중심적이다. 학습 스타일이라는 용어는 신비함이나 복잡성과는 아무런 관계도 없다. 단지 학습자가 학습 활동에 지속적으로 반응하는 방식을 의미할 뿐이다.

분석적

모든 학습자가 분석을 한다는 것은 분명하다. 단지 다르게 분석할 뿐이다. 이 첫번째 유형은 '집중적 사고형' 혹은 '생각하는 형'의 사람들로 불린다. 그들은 주로 왼쪽 두뇌가 발달된 사람들이며 보고, 생각하며, 학습 내용의 순서를 철저하게 고수하는 것을 통해 배운다. 그들은 문제와 난처한 상황이나 딜레마 등을 이리저리 생각하는 즐거움을 누리며 학습 활동에 따르는 순서와 설계를 필요로 한다. 나는 이런 유형에 속한다고 할 수 있다. 내 사무실에서는 모든 것이 제자리에 있어야 한다. 책상 위에나 다른 곳에 서류철이 흩어져 있어서는 안 된다. 무질서는 나의 이성적인 균형을 뒤엎어놓는다. 누가 설교하는 것을 들을 때 나는 본문을 논리적인 순서를 따라서 그리고 그 순서 사이에 분명한 구분을 두고 차례대로 다루어주기를 원한다.

이런 청중은 또 시간을 의식한다. 이런 유형에 속한 사람들은 시간을 요하는 과정을 잘 견디지 못할 수도 있다. 그렇다고 과정을 중요하지 않게 생각하는 것은 아니다. 다만 이 생각하는 형의 사람들은 학습 활동의 과정을 우선 순위로 생각하지 않을 수 있다. 이런 사람들은 과정에 별로 신경을 쓰지 않고 배운다는 사실을 알고 있어야 한다. 그들이 가르칠 때는 과정을 강조함으로 다른 유형의 학습자들을 도와주고 자신의 성향을 극복할 수 있다. 지도자는 비록 자신이 선호하는 행동과는 맞지 않는다 할지라도 옳고 중요한 것을 행하는 훈련을 해야 한다. 성인들을 가르치는 교사는 모든 학생들이 교사와 같은 방식으로 배우지 않는다는 사실을 늘 염두에 두어야 한다.

이런 사람들에게는 어떤 교육 방식이 최선이 될 수 있겠는가? 일반적으로 논리적 순서를 따라 진행되는 강의가 잘 맞는다. 특정 문제나 본문을 연구해서 그 결론을 도출해 문제 분석 방식과 논리적인 패턴을 따르는 경향을 지닌 질의 응답 방식도 잘 맞을 수 있다. 그리고 연구나 프로그램화된 지시와 암기 역시 분석적 학습 스타일을 가진 사람들의 호감과 관심을 끌 수 있다.

역동적

이 유형에는 '쉽게 적응하는 사람'과 '감각적인 사람' 등이 포함될 수 있다. 이런 사람들은 기본적으로 행동하는 사람들이며 앉아서 기록하는 일에는 따분함을 느낀다. 그들은 기술 중심적인 경향을(잘 할 수 있기 때문에 좋아하는) 띠며 현재를 중시하고 실제적이고 학습 과정에 참여하기를 좋아한다. 지도자의 경우 분석적인 유형은 그들의 노력을 보완해줄 수 있는 이런 역동적인 유형을 필요로 한다. 그 반대의 경우도 마찬가지다.

이런 사람들을 위한 교육 방식에는 사례 연구, 그룹 활동, 표현을 요하는 활동, 브레인 스토밍, 빈번한 미디어의 사용 등이 포함될 수 있다. 이미 첫번째 이 두 유형을 비교하면서 좌측 두뇌에서 우측 두뇌로 옮겨왔음을 볼 수 있다.

혁신적

이 그룹에 속한 사람들의 특성은 분석적인 사람들과는 판이하게 다르며 감각적인 사람들과도 좀 다르다. 이 사람들은 사람 중심적이며 약간 덜 조직적이고 권위에 충성하며, 모든 사람들을 즐겁게 해주기 위해 노력하고 이야기하기를 좋아한다. 그렇기 때문에 이들은 학습의 과정을 중요시한다. 개인적인 이야기를 다시 하면 내가 분석적인 유형이라면 이 유형은 내 아내를 설명해준다. 어떻게 하면 내 아내와 같은 사람이 가장 효과적으로 배울 수 있겠는가? 개인적인 나눔, 소그룹, 이야기, 팀 활동 그리고 빈번한 시각 전달 매체의 사용 등이 모두 중요한 방법이 될 수 있다. 이 학습 전략은 다른 사람들을 위해서도 활용될 수 있지만 이 혁신적인 사람들에게 가장 적합하다. 이런 유형들을 구분 짓는 하나의 경계선을 정하지 말라. 그러나 학습 스타일에 대한 연구가 가치 있는 것이라면 중요한 차이점은 인식하는 것이 필요하다.

직감적

종종 '동화되기 쉬운 사람'이라 불리기도 하는 직감적인 사람들은 개인적이며 독립적이고 상당히 융통성이 있으며 변화 중심적이라 할 수 있다. 학습 과정에서 그들은 위험 부담을 떠맡으며 계속해서 새로운 도전을 찾아내고 배운 것을 적용하고 싶어한다. 이들에게는 상식이 가장 중요한 상품이다.

어떻게 하면 이 사람들은 가장 잘 배울 수 있는가? 교육 전략이 한 유형에게만 언제나 적용되지는 않는다는 사실을 우리가 이미 알고 있기 때문에 조사, 문제 해결, 개인적인 연구 등의 방법이 다시 나온다 해도 그리 놀랄 필요는 없을 것이다. 몇 가지의 토론 제목과 실험 자료와 약간의 창의성만 던져 주라. 그러면 그림이 만들어지기 시작한다.

이 책을 읽는 사람들 중에는 이 시점에서 "난 이 유형의 어디에도 안 속하는데"라고 말할 수도 있을 것이다. 그건 아마도 사실일 것이다. 이 네 유형 중 하나가 정확하게 자신을 설명해주고 있다고 생각하는 사람들도 있기는 하지만 대부분의 사람들은 적어도 두 가지 유형이 합쳐진 듯한 방향으로 기울어진다. 이 네 유형을 모두 〈도식 10〉에서 볼 수 있듯이 사분면으로 된 구획 속에 넣어보면 보다 전체적인 그림을 얻어낼 수 있다.

도식 10 학습 스타일 간의 관계

학습 스타일의 사분면 모델

이런 사분면으로 된 도식은 리더십과 교육 부문에서 일반적으로 사용된다. 위에서 언급했던 네 개의 스타일들을 볼 수 있을 것이다. 분석적인 스타일은 사각형의 오른쪽 하단 면에, 역동적인 스타일은 왼쪽 상단 면에, 혁신적인 스타일은 오른쪽 상단 면에 그리고 직감적인 스타일은 왼편 하단 면에 나타나 있다. 사각형을 둘러싸고 있는 단어들을 잘 보라. 구체적인 사고는 우리가 의지할 수 있는 확실한 사실과 정보 자료들을 다루는 - 아마도 공학이 그 분명한 한 예가 될 수 있을 것이다 - 것을 강조한다. 그 반대 유형은 어떤 천사가 가장 비슷하게 생겼을까 혹은 신실한 그리스도인은 성경의 다양한 부분에 대한 다양한 해석을 어떻게 받아들여야 하는가 등을 생각하는 추상적인 사고이다. 도식의 왼편은 활동적인 학습 과정을 강조하고 오른편은 사고적 학습 과정을 강조한다.

앞에서 분석적이며 직감적인 학습자인 당신의 모습을 보았다고 가정하자. 그것은 당신이 추상적인 개념이나 애매한 내용들을 편안하게 대하며 중요한 결정을 내리기 전 잘 맞는 선택이 드러나기를 기꺼이 기다리는 사람이라는 것을 말해준다. 혹은 자신을 구체적인 개념들을 다루기 좋아하는 역동적이며 혁신적인 학습자라고 생각할 수도 있을 것이다. 그렇다면 학습 과정 속에서 당신은 그런 정보를 원한다. 당신이 도식상 혁신적이고 분석적이며 사고적인 경향을 가진 쪽에 속한다면 특정한 개념에 대해 한 동안 생각해보고 싶어하는 경향이 있을 것이다. 아무것도 하지 않고 그냥 생각한다. 왼쪽의 역동적이고 직관적인 사람은 학습 과정에 적극적으로 참여하기 원할 것이다.

한 가지 경고해둘 말이 있다. 성인 교육에 관한 대부분의 연구 조사와 같이 이 분석에도 주의를 요하는 부분들이 있다. 이 유형들을 절대적인 것으로 보아서는 안 된다. 이것은 단지 성인들이 어떻게 배우는지를 보여주는 한 방법일 뿐이다. 이런 정보를 가지고 학습자로서의 우리 자신을 평가하는 일로부터 시작한 다음 교사의 역할과 강의실에서 사람들이 어떻게 반응하며 왜 그렇게 반응하는지를 알아보는 단계로 나아갈 수 있을 것이다. 그리고 이 유형의 틀 속에서 각기 다른 학습 유형의 필요들을 채워주는 학습 활동을 어떻게 고안할 것인지를 생각해볼 만큼 구체적이 될 수도 있을 것이다.

수십 년 동안 교육 주변에서 비척거려온 오래되고 진부한 질문이 하나 있다. 유일하게 나쁜 교육 방식은 무엇인가? 사람들은 때때로 그들이 강의실에서 너무나 자주 보아온 '강의'라고 대답한다. 그러나 그건 바른 대답이 아니다. 강의는 어떤 사람들에게는 신나고 풍성한 방식이 될 수도 있다. 유일한 좋지 않은 방식은 변함없이 항상 한 방식을 사용하는 것이다. 교사가 한 교육 방식을 계속적으로 사용할 때 그 방식은 한 학습 스타일의 사람들에게는 과잉 공급이 이루어지고, 다른 스타일을 가진 사람들에게는 공급 부족 현상을 나타내게 된다. 성인 교육을 위한 최선의 학습 전략은 다양성에 강조점을 두는 것이다. 모든 사람들의 스타일에 맞는 개별적으로 고안된 학습 패턴을 사용할 수 있을 만큼 학생들의 수가 적은 경우를 제외하고는 편의를 제공하는 역할을 하는 교사는 다양한 방법을 활용해야 한다.

이제 당신이 알고 있는 성인 성경 공부 모임을 생각해보라. 한 수업 시간에 몇 개의 다른 학습 방법을 세어볼 수 있는가? 한 달 동안에는? 한 학기 동안에는? 일 년 동안에는? 애석하게도 많은 교회의 성인 목회의 부정적인 특징 중의 하나는 예측할 수 있을 만큼 똑같은 학습 방법이 사용되고 있다는 점이다.

이 부분을 마치기 전 한 가지 더 생각해볼 것이 있다. 스티브와 쉐릴을 기억하는가? 나는 의도적으로 그들의 유형을 밝히지 않았다. 당신이 알게 되기를 바랐기 때문이다. 그들에 대해 알고 있는 내용을 기초로 그리고 학습 스타일에 대해 배운 것을 기초로 볼 때 그들은 사분면 모델의 어디에 속한다고 생각하는가? 연필을 잡고 그들이 속한 면이라 생각되는 위치에 그들의 이름을 적어넣어보라. 그리고 당신 자신의 이름도 적당한 면에 적어넣으라.

성인들에게 학습 동기를 부여해주는 일

성인 교육 과정을 통해 무엇을 배우고 싶은지를 이야기하게 하면 일반적으로 진지하게 참여할 수 있는 자극을 줄 수 있는 동기 부여의 문제로 의견이 모아진다. 우리는 회의를 열고 사람들이 하나님의 말씀을 공부하고 싶어 해야만 한다고 거듭 불평스럽게 말할 수 있다. 그러나 노련한 교회 지도자들은 '해야 한다'는 '할 것이다'와 엄청나게 다르다는 사실을 잘 알고 있다. 사람들은 교회에 와야만 한다. 성경을 공부해야만 한다. 지속적으로 기도해야 한다. 그러나 실제로 사람들은 그들이 해야 하는 것들을 항상 하지는 않는다. 그리스도인들조차도 그렇다. 더 나아가 사람들에게 무언가를 해야 한다고 말하는 것은 그들에게 동기를 부여해주는데 작은 도움도 되지 않는다. 그것은 우리 사역 시간을 유용하게 사용하는 방법이 아니다.

실제로 동기 부여를 포함한 성인 학습의 모든 면은 필요를 인식시켜주는 일로 모아져야 한다. 어떤 필요들이 있는가? 우리 교회 사람들에게 적용할 수 있는 우리가 일반적으로 알고 있는 필요들은 어떤 것들인가?

관계

모든 성인들이 이 필요를 인정하지는 않을 것이다. 그러나 많은 사람들이 친밀함을 느끼게 해주는 '소속감'에 목말라하고 있다. 각기 다른 학습 스타일마다 이 필요에 다르게 반응할 것이다. 그러나 일반적으로 말해서 우리에게 관심을 가지고 우리를 위해 기도하며 모든 실수에도 불구하고 우리를 사랑하는 사람들에 대한 확신을 우리 모두가 갈망한다. 복음주의 교회에서는 소그룹 활동이 아주 잘 알려져 있다. 다양하게 불리는 소그룹들이 활발하게 움직이고 있다. 점점 더 많은 교회들이(특별히 큰 교회들이) 이 관계에 대한 사람들의 필요를 채워주기 위해 소그룹 활동을 지향하고 있다.

인정

우리를 사랑하고 우리를 위해 기도해주는 것 외에도 소그룹에 있는 사람들은 우리의 가치를 알고 있다. 모든 사람들은 어딘가에 속해 있다고 느끼며 다른 사람들에게 알려지고 싶은 필요를 가지고 있다. 우리에게 순수한 관심을 가진 것처럼 보이는 사람과 대화하게 되기가 얼마나 어려운 일인지 모른다. 그러나 또 얼마나 즐거운 일인지 모른다.

그러나 소그룹은 말만 무성하다가 쉽게 무산되어 버릴 수도 있다. 성경 공부에 분명한 초점을 맞추고 시작한 그룹이 커피를 마시며 그저 가벼운 대화를 하는 모임으로 정착되어 버리기도 한다. 이런 일은 과정을 너무 많이 강조하고 결과에 대한 충분한 주의를 기울이지 않을 때 일어날 수 있다. 성인 학습의 실제성과 긴박성을 무시하지 않으면서도 건실한 성경적 신학 내용이 교회 교육 활동의 중심이 되어야 함을 인식해야 한다.

현실성

나는 계속해서 '활용' 그리고 '실제적' 등의 단어를 사용하고 있다. 그것은 이런 단어들이 효과적인 성인 교육을 순수하게 설명해주기 때문이다. 성인들은 계속해서 무엇이 아니라 왜라는 질문을 함으로 배운다. 왜 이건 되고 다른 것은 안 되는가? 왜 지금인가, 나중에 하면 안 되는가? 왜 지교회로 독립시키지 않고 예배를 두 번씩 드리는가? 왜 성가대 대신 기타와 찬양 팀인가? 어떤 사람들은 스랍(seraphim)과 그룹(cherubim)의 차이점에 대한 설명에 관심을 기울일 수도 있지만, 대부분의 성인들은 학습 내용이 그들이 알고 있는 필요를 채워줄 때 그리고 그들이 배운 것을 가능한 한 빨리 활용할 수 있을 때, 그리고 긍정적인 역할 모델의 장점들로부터 배운 것들을 자신의 것으로 소화할 수 있을 때 가장 잘 배우게 된다.

펜실바니아 세인트 데이비드의 이스턴 대학의 학장인 로버타 헤스테네스(Roberta Hestenes)는 수년 동안 성인 교육의 본을 보여왔다. 앞 장에서 이야기한 성인 교육의 기본 지침들을 돌아본 그녀는 물리적인 학습 환경에 관한 문제를 다음과 같이 언급했다.

> 교실 자체가 성인들의 감수성을 존중해줄 수 있어야 한다. 많은 교회의 교실들은 낡고 퀴퀴한 냄새를 풍긴다. 어떤 교회는 바닥에 깐 장판이 찢어진 지하실의 동굴 같은 곳에 차갑고 딱딱한 폈다 접었다 하는 쇠의자들을 놓고 60년대부터 내려오는 어린이 주일학교 포스터들이 걸려 있는 곳을 교실로 사용하기도 한다. 성인들을 환영하는 느낌을 주는 교회는 성인들을 위한 교실에 창문과 햇살과 신선한 공기, 깨끗한 화장실, 산뜻한 페인트 색, 호감을 주는 시각 자료들, 편안한 의자 등의 시설을 마련해준다. 간단히 말해서 교실을 살아서 움직이는 듯하고 개방된 곳이라는 느낌을 주는 곳으로 만든다. 생각해보아야 할 또 다른 문제도 있다. 방문객을 당황하게 만들고 있는 것은 아닌가? 교회에는 다양한 사람들이 있지만 나이가 들어가면서 나는 새로운 환경 속으로 들어가 사람들 앞에 서서 내 자신에 대한 이야기를 하는 것이 점점 꺼려진다. 주어진 분위기 속에서 편안함을 느끼지 못한다면 나는 그곳을 피하게 된다[2].

좋은 충고다. 성인들의 필요에 대한 우리의 관심을 높여주고, 잠재된 동기들을 드러내주고, 학습 스타일을 살려주는 것이라면 그것은 우선 순위의 자리에 놓여져야 한다.

2부 성인 목회를 위한 연령 집단

21세기 교회의 성인 목회

정치적 입장을 결정하기 어려운 상황에 처했던 35세의 단테(Dante)는 신곡의 지옥편의 첫줄을 썼다. 많은 사람들은 1300년대에 쓰여진 그 간단한 표현 속에 오늘날 우리가 '중년의 위기' 라고 부르는 현상이 처음으로 표현되어 있다고 본다.

— 인생 여정의 중반에 들어서서
어두운 숲 속을 헤매고 있는 나를 보게 된다.
그리고 내가 가야 할 바른 길은 어느 곳에서도 찾아볼 수 없다.

| 제8장 |

천년 세대가 밀려오고 있다

이 나이 그룹을 설명해주는 중심 단어는 친근감이다. 그러나 이 용어는 친구들과의 친밀감, 가족들과의 친밀감 그리고 어떤 경우에는 오랫동안 헤어져 있다가 다시 찾게된 친밀감 같은 보다 넓은 의미로 받아들여야 한다.

● 천년 세대가 밀려오고 있다! 아니, 새로운 이단을 말하려는 것이 아니니다. 이제 성인기에 접어들기 시작한 1980년대에 태어난 사람들을 뜻하는 말이다. 사회학자들은 이들이 후견인 세대, 베이비붐 세대, X 세대 그리고 그들 이전의 매 20년 간격으로 태어난 세대들과는 판이하게 다르다고 말한다. 베이비붐 세대에 대해서도 이야기를 하겠지만 먼저 가장 어린 성인층을 이루고 있는 이들로부터 시작하기로 하자. 그 이유는 좋건 싫건 우리는 그들을 더 이상 아이들이 아닌 성인으로 대해야 하기 때문이다. 윌리엄 스트라우스(William Strauss)가 천년 세대(Millennials)라는 말을 만들어냈고 다른 사회 인구 통계학자들은 그들에 대해 다음과 같은 흥미로운 묘사를 했다.

- 이 세대는 맥박이 빨리 뛴다. 빈번하게 변화하는 영상 이미지의 공세 속에서 생활하는 그들은 지속적인 '충격'을 필요로 한다.
- 그들의 실체는 원격 조작으로 상징된다. 끊임없이 바뀌고 초점은 분산되어 있다.
- 그들은 지식의 나무를 먹고 산다.

- 그들은 지금 현재를 중시한다.
- 그들은 '가봤어/해봤어'에 질려 있다. 그들을 놀라게 할 수 있는 것은 더 이상 아무것도 없다.
- 그들은 소비를 당연한 것으로 여긴다.
- 그들은 사이버로 키워진 집단이다.
- 그들은 대화식 이미지를 사용해(나이키 광고처럼) 정보를 처리한다.
- 그들은 물려받은 모든 것을 가지고 있다.
- 그들은 성인들을 신뢰하지 않는다[1].

청년 사역의 오랜 전문가인 마크 센터(Mark Senter)는 지금까지 강조되어 온 오락과 '통화 침투(정부 자금을 대기업에 유입시키면 그것이 중소 기업과 소비자에게까지 미쳐 경기를 자극한다는 이론-역주) 전략'(리더들이 따르는 자들을 이끌 거라는 기대를 가지고 리더들에게 접근하는 전략)과 융화를 이제는 던져버려야 한다는 경고를 했다. 천년 세대는 2000년에 20세가 되었고 2005년에는 25세가 될 새로운 젊은 층의 성인들이다. 그러나 한 그룹을 강조하기 전에 먼저 젊은 층의 성인은 18세에서 34세 정도까지의 나이로 볼 수 있기는 하지만, 나이보다는 경험을 기준으로 그룹화하기로 한 전반적인 젊은 층의 성인들을 고려의 대상으로 살펴보기로 하자.

다섯 개의 젊은 성인층 그룹

전통적으로는 구체적인 나이층에 따라 다섯 개의 성인 그룹으로 나누었다. 교회가 크면 클수록 보다 구체적인 그룹으로 나누었다. 작은 교회들은 하나의 성인 학습 모임만 가지고 있는 경우도 있었다. 큰 교회들은 청년, 중년, 장년(이런 용어를 사용하지 않을 수 있지만)으로 나누어왔다. 또 큰 교회에서도 십대별로 - 이십대, 삼십대 등등의 - 나누기도 했다. 그러나 앞에서 강조했듯이 학습 과정에서는 삶의 경험과 개발적 과업이 나이보다 더 중요한 요소로 작용하는 경향이 있다.

대학/사회 초년생

대학에 입학하는 사람들의 나이가 점점 더 많아지고 있으며 대학원생들의 나이가 평균 30대라고 말하고 있기는 하지만 대부분의 천년 세대가 여기에 속할 것이다. 이 대학/사회 초년생들은 대부분이 아직 미혼이지만 이 내용은 잠시 후에 독립적인 주제로 다시 다루도록 할 것이다. 여기서는 여전히 직업의 기회를 알아보고 직장을 찾고 있으며 배우자를 고르고 아마도 결혼을 준비하며 어떻게 경제 생활을 꾸려나가야 하는지를 배우는 사람들을 살펴보도록 하자. 이런 경험을 하고 있는 성인 초년생들은 대부분 20대 초반이기는 하겠지만 나이는 현저하게 다양할 수도 있다.

신혼 부부

결혼을 앞둔 쌍이나 신혼 부부는 대학/사회 초년생들과는 다른 일련의 개발적 과업을 앞에 두고 있다. 그들은 같은 나이 또래이기는 하지만 그들의 다른 경험은 다른 교육적 접근을 필요로 한다. 이 사람들은 직장에 적응하면서 동시에 배우자와 맞추어 나가야 하고, 곧 생기게 될 자녀를 맞을 준비를 하면서 가정을 꾸려나가게 된다. 그리고 아마도 가장 중요한 요소는 각자의 독자성을 포기해야 하는 일일 것이다.

예전에는 대학을 졸업하는 일과 결혼을 하는 일이 마치 쌍을 이루는 것처럼 보였다. 결혼이 졸업 후 3-4년 내에 이루어졌다. 그러나 오늘날 우리는 전혀 다른 세계를 맞이하고 있다. 졸업을 하고 이어서 결혼을 하는 일들이 아직 어느 정도 일어나고는 있지만 젊은 층의 성인들은 그런 패턴을 더 이상 그들이 따라야 할 한 관례처럼 생각하지 않는다.

어린 자녀를 둔 부모

부모가 되면 성인들은 대학/사회 초년생이나 신혼 부부 단계로부터 거리가 아주 멀어지게 된다. 이제 여기서는 가족 계획, 부모로서 가져야 할 기술의 개발, 자녀에 대한 이해, 가족의 융합 그리고 어떤 경우에는 갑작스럽게 혼자 가정의 수입을 책임져야 하는 일 등을 다루어야 된다. 이들 개발적 과업 중 한 가지(가족의 융합)만이 처음 두 부류의 사람들도 직면하는 부분이다.

10대 청소년을 둔 부모

18세에서 34세 사이에 속한 사람들 중 일찍 결혼해서 자녀를 일찍 갖게 된 경우에만 청소년 자녀가 있게 된다. 청소년을 양육하는 일은 아마도 다른 연령층에 속한 경우이거나 아니면 적어도 이 나이의 후반이나 다음 연령층의 초반기에 있는 성인들에게 있는 일이다. 최근에 나는 입양한 딸이 있는 친구와 이야기를 나누었는데 그 딸은 그 친구가 은퇴하고 나서야 십대의 소녀가 될 것이다. 그런 경우는 예외에 속하겠지만 십대 자녀를 양육하는 일은 30대의 부모들에게 하나의 도전이었다. 오늘날에는 그 일이 대부분 40대 부모들에게서 보다 흔하게 일어난다. 나이에 관계없이 이 그룹에 속한 성인들은 또래집단, 잠재적인 반항, 형제들간의 경쟁, 십대들의 진로 문제 등을 다루어야 한다.

미혼 성인

이 광범위한 범주는 다른 그룹에는 속하지 않는 성인들을 위한 자리를 마련해준다. 미혼 성인에 대해서는 나중에 다시 다루게 되므로 여기서는 그들의 개발적 과업은 언급하지 않기로 한다. 대학/사회 초년생은 대부분 미혼이며 신혼 부부를 제외한 모든 연령층에는 미혼 성인이 포함될 수 있다.

결혼을 하지 않은 사람들은 생활을 유지하기 위한 적절한 방법을 찾으려고 직장을 옮기는 경향이 있다. 그러나 세 명의 자녀를 둔 37세 된 이혼한 여성은 절실하게 필요한 일터에 묶여 다른 다양성은 생각조차 할 수 없어 보일 수도 있다.

젊은 성인을 대상으로 한 사역의 열쇠

열쇠라는 단어는 수평선 저 너머에 간단한 공식이 있는 것 같은 의미를 함축하고 있기 때문에 이 단어를 선택한 것은 약간 위험할 수도 있다. 그러나 조사와 경험 그리고 관찰을 통해 배우게 된 몇 가지의 지침들은 이 그룹을 대상으로 한 사역을 보다 효과적으로 접근하는 데 도움이 될 수 있다.

핵심 용어

이 나이 그룹을 설명해주는 중심 단어는 친근감이다. 그러나 이 용어는 친구들과의 친밀감, 가족들과의 친밀감 그리고 어떤 경우에는 오랫동안 헤어져 있다가 다시 찾게 된 친밀감 같은 보다 넓은 의미로 받아들여야 한다. 대학생들과 함께 일하는 사람들은 그 학생들의 부모들이 그들이 대학을 다니는 4년 내지 5년 동안 얼마나 '성숙해 보이는'지를 관찰할 수 있는 기회를 가질 수 있다. 어떤 경우에 그 학생들은 자신들의 삶에 다가온 중요한 변화들을 인식조차 못하기도 한다.

성인들이 나누는 친구들과의 친밀한 교제는 부모와 자녀 사이의 관계와는 다를 뿐 아니라 더 깊기도 하다. 그러나 천년 세대에 속한 사람들도 이 중요한 필요를 인정할 것인가? 그들은 아마도 인정하지 않을 것이다. 그러나 그들이 인정하지 않는다고 해서 그 필요가 감소되는 것은 아니다.

핵심 문제

이 나이 또래에 속한 사람들에게서 나타나는 교회의 핵심 문제는 새로 결혼한 사람들이 떨어져나간다는 점이다. 부모로부터 독립해 자기들이 원하는 대로 할 수 있으며, 주택 대출금을 갚아가고, 자동차 할부금을 지불하는 젊은 성인들은 갑자기 과거에 관계를 맺었던 모든 것들로부터, 심지어는 교회로부터 벗어난 듯한 자유를 느낀다. 그들의 생활은 다양성과 변화로 - 대학을 입학하고 졸업하고, 직장을 구하고, 직장이 맘에 들지 않을 경우 다른 직장을 갖게 되고, 몇 차례 이사를 해야 하는 등 - 특징지어진다. 예수 그리스도의 순전한 제자로서의 그분과의 관계를 개발해온 사람들은 이 격동기에 혼란이나 방종에 빠지지 않게 될 것이다. 그러나 그런 견고한 토대가 없이 교회를 다니던 수많은 사람들은 교회를 떠나게 된다.

핵심 반응

이 시기의 성인들은 혼란과 불안정을 경험한다는 사실을 인식하고 교회는 그들을 인정해주고 받아들여주어야 한다. 새로이 성인기에 접어든 사람들에게는 그들을 인정해주고 미혼 상태 역시 받아들여주어야 한다. 이 일은 교회 사역에 있어서 매우 중요하다. 23세 된 사람은 교회가 젊은 성인들의 의견이나 필요에는 전혀 관심도 없는 60대 이상의 사람들에 의해 전적으로 통제되고 있다고 생각하기 쉽다. 그런 교회들이 있는 것도 사실이다. 역동적인 성인 목회를 개발하기 원하는 교회는 이 나이 또래의 사람들을 찾아가 그들이 교회 생활에 얼마나 적합한 사람들인지를 보여주어야 한다.

개인적인 핵심 문제

혼자라고 느끼는 마음은 특히 미혼인 사람들에게, 그러나 때로는 신혼부부들에게도 상당히 심각한 문제가 되고 있다. 그런 마음은 외로움과는 다르다. 외로움은 혼자라고 느끼는 데서 생겨날 수 있는 부정적인 감정이다. 혼자라고 느끼는 마음은 사회적으로나 혹은 감정적으로 결함이 있다는 뜻을 반드시 내포하고 있는 것은 아니다. 그리고 '전적으로 혼자'라는 뜻을 의미하는 것도 아니다.

로라와 셋은 같은 동네에서 자랐다. 부모들도 서로를 잘 아는 사이였다. 그리고 그들은 같은 교회를 다녔고 청년회 활동을 같이 했다. 같은 고등학교를 졸업했고 같은 대학을 다녔다. 이제 결혼을 한 그들은 고향으로부터 약 660킬로미터 가량 떨어진 곳에서 살고 있다. 엄밀한 의미에서 그들은 혼자가 전혀 아니었다. 그들은 함께 있었다. 그러나 친구들은 떠났고 부모님들은 멀리서 살고 있다. 새로 이사한 곳에서 그들은 직장에 가도, 교회에 가도, 사회 속에서도 이방인처럼 혼자라고 느껴진다.

혼자라고 느껴지는 마음은 대학의 기숙사에서도 생겨날 수 있다. 대부분의 대학생들은 금방 이 문제에서 벗어나기는 하지만 부모님과 친하게 지내며 어떤 의미에서 보호받으며 자라온 젊은이들에게 대학 기숙사에서의 처음 몇 주는 상당히 두려운 경험이 될 수도 있다.

핵심 전환

모든 성인 나이층은 핵심 전환이 이루어지는 해(혹은 여러 해)를 거치게 된다. 그리고 젊은 성인 그룹 속에서 그 전환기는 서른을 전후해서 아마도 스물 여덟에서 서른 둘 사이가 될 것이다. 이미 서른이 넘은 사람들은 30대에 들어서면서 그들이 나이를 많이 먹은 것처럼 느껴졌던 얘기들을 하지만 과거처럼 20대에서 30대로 넘어가는 것 그 자체가 단지 두려움을 느끼게 하지는 않는다. 이 전환으로 '젊은이' 라는 호칭을 뒤로하고 다른 어떤 상태로 들어가도록 강요받는 듯한 느낌을 갖게 된다. 그러나 나이가 문제는 아니라는 사실을 기억할 필요가 있다. 전환에 따르는 경험들이 - 결혼, 첫 아기의 출생, 새로운 직장, 그 밖의 중요한 변화들 - 사실 차이를 낳게 하는 것이다.

젊은 성인들을 대상으로 한 효과적인 사역

사회 인구 통계적 그룹의 교체를 지속적으로 생각해야 한다. 그래서 다음에서는 1990년대 말부터 다음 세기로 넘어가는 기간 동안의 실제적인 사역 실체를 다루어보고자 한다. 이 제안들은 이곳에서 점검할 가치가 있는 한 항목인 젊은 성인층들의 필요를 기초로 하고 있다.

어떤 교회와 어떤 성인 목회 프로그램이 지금과 장래에 젊은 성인층을 섬기는 데 효과적이라 할 수 있겠는가?

젊은 성인층의 일반적인 학습 필요   도표 4

가정에 관련된 필요들
1. 결혼을 할 것인지 미혼으로 살 것인지에 대한 선택
2. 결혼한 배우자로서의 역할
3. 가정의 기준과 가치관의 설정
4. 태어날 자녀에 대한 준비
5. 자녀 양육 - 어린아이, 청소년
6. 가정 경영

직업에 관련된 필요들

1. 직업의 선택과 직장 생활의 시작
2. 회사 혹은 조직체 내에서의 직위 상승
3. 전문성과 효율성의 증진

육체적 필요들

1. 개인적인 건강과 영양에 관한 전반적인 기준의 설정
2. 성적 욕구의 절제
3. 스트레스 해소
4. 신중한 성생활

사회적 필요들

1. 잘 맞는 사회 활동 단체를 찾는 일
2. 건설적인 여가 활동
3. 사회적으로 책임 있는 행동
4. 사회적인 관계를 위한 동기와 기준의 조정 - 우정의 기준

경제적 필요들

1. 부모로부터의 경제적 독립
2. 수입 범위 내에서의 생활
3. 직업을 가진 아내 혹은 어머니로서의 역할
4. 자녀들의 교육비 예상

영적인 필요들

1. 회심과 영적인 성장의 평가
2. 기독교 세계관의 개발
3. 효과적인 예배 패턴의 수립
4. 기도와 성경 공부하는 일에서의 성숙
5. 전도하는 능력의 배양
6. 신학에 대한 이해의 증진

필요를 채워주는 교회

21세기의 젊은 성인층은 안정감과 독자성, 결단, 피난처, 인정, 친밀감 등을 이해하고 그것들을 위해 무언가를 하는 교회에 호감을 가질 것이다. 지금까지 일반적인 성인에 대해 이야기해왔기 때문에 이런 현상이 그리 놀랍지는 않을 것이다. 필요를 채워주는 교회가 호감을 사게 될 것을 기대해야 하며 내가 보기에는 하나의 지속적인 추세가 될 것이다. 우리 사회는 계속해서 사람들에게 "날 위해 무엇을 해줄 수 있는가?"라는 질문을 하게 만든다. 교회가 '해야 한다'를 의지하면서 저항할 수도 있겠지만 그것은 그 누구에게도 유익이 되지 않을 것이다. 그렇게 하는 대신 우리는 7장에서 이야기했던 동기를 부여해주는 요인들을 드러내주기 위해 노력하며 사람들의 필요를 채워주고자 하는 교회가 되기로 결단할 수 있다.

동기를 드러내주는 교회

흥미롭게도 특정한 요소들이 성인들에게 출석 동기를 부여해준다. 그리고 때로 그 요인들이 우리를 놀라게 한다. 우리는 그들이 "교사는 얼마나 훌륭한가?"라는 질문을 하기 바란다. 그러나 그들은 "주차장은 얼마나 편리한가?"라는 질문을 할 수 있다. 우리는 그들이 "성경을 진지하게 배울 수 있는가?"라고 묻기를 바라지만, 그들은 "아이들을 돌보는 시설은 잘 되어 있는가?"라고 물을 수 있다. 아이들을 위한 시설이 보잘것없기 때문에 교회를 떠나는 사람들이 얼마나 되는지 알고 싶은가? 깨진 장난감은 잘못된 신학만큼이나 많은 사람들을 놀라 달아나게 만든다.

물론 이런 일은 부분적으로는 우리가 이 책에서 앞으로 다루어야 할 또 하나의 주제가 되는 베이비붐 세대의 자세와 가치 체계 때문에 생겨난다. 남편은 변호사이고 아내는 간호사인 부부가 어린 딸을 데리고 렉서스를 몰고 예배를 드리러 새로운 교회를 찾아갔다고 하자. 그런데 유아실이 1950년 이

후 한 번도 개조를 하지 않은 것처럼 보인다면 그들이 교회를 다니려고 하는 동기를 방해할 수 있는 요인이 됨을 볼 수 있다.

개발적 과업을 이해하는 교회

젊은 성인층이 느끼는 필요는 개발적 연구가들이 설명한 내용과 일치하는 경향이 있다. 다시 말해서 이 연령층에 속한 사람들의 개발적 과업에서 우리가 볼 수 있는 목록들은 그들이 느끼는 필요로부터 나오는 경향이 있다. 젊은 성인층의 일반적인 학습 필요의 내용을 다시 보라. 우리는 이 연령층에 속한 사람들이 그와 같은 목록을 보고 "맞아요. 제가 지금 그래요. 어떻게 도와주실 수 있죠?"라고 말하기를 바란다.

활발한 관계를 제공해주는 교회

연령별 구분은 여러 세대가 교류할 수 있는 환경에서 풍성하게 맺을 수 있는 관계의 기회를 앗아간다. 성인 학습 활동에 있어서는 나이가 최선의 분류 기준이 아닐 수도 있다는 사실을 나는 여러 번 제안했다. 연령별 구분은 다른 사람들과의 만남을 제한하고 그 때문에 많은 것을 잃게 되기도 한다. 세대 간 학습은(두 세대 혹은 그 이상의 세대가 한 그룹을 형성) 계획하기는 어렵지만 잘 활용된다면 모든 사람에게 유익이 된다(25장을 보라).

친밀감을 쌓을 수 있는 기회를 만들어주는 교회

친밀감이 핵심 단어라면 우리는 어떻게 그것을 제공해줄 수 있는지를 생각해보아야 한다. 앞서가는 교회들은 거부감 없이 서로의 희망과 꿈을 나눌 수 있고, 비난받지 않고 죄와 실수를 고백할 수 있으며, 설명을 요구받지 않으면서 자신의 감정을 편안하게 드러낼 수 있는 친밀한 교제를 할 수 있는 기회들을 젊은 성인층에게 제공해준다. 이런 교제는 결혼으로 설명될 수 있을 것이다. 또한 동성간의 우정을(다윗과 요나단처럼) 설명해주는 것이 될 수도 있다. 분명히 친밀감에는 성적인 뉘앙스가 포함될 수 있지만 순수한 우정은 남녀 간의 사랑이나 성, 결혼의 한계를 넘어서도 꽃피울 수 있다.

우리는 여전히 성경을 통해 우정에 관해 배울 것이 많다. 보수적인 복음주의 학자인 데니스 히버트는 "남녀 간의 우정은 올바른 성이라는 '윤리적 공포' 속에서 또 대인 관계의 평화와 성별 관계의 '차가운 분위기' 속에서 대인 관계의 따뜻함을 발견할 수 있는 보다 건설적인 수단의 하나가 될 수 있다. 그저 이야기하려고 이웃의 배우자에게 전화를 하거나 교회에 초대하는 일을 그리스도인들이 허용하게 되기까지는 아직도 요원하다. 남녀 간의 우정은 최소한 상대방에게 이성으로서의 자신들의 관점을 알려주고 서로의 차이에 다리를 놓아주는 기회를 제공해준다 … 서로의 차이에 다리를 놓는 일이 그리스도인 공동체가 해야 할 일이다. 교회는 하나님의 신실하심과 성품 위에서 세워진 깊은 우정의 본을 세상에 제시해주어야 한다[2]."

관계의 본을 보여주고 도움을 주는 체계적인 구조를 만드는 교회

기본적으로 이런 관계는 나이가 든 성인과 젊은 성인 사이에 이루어져야 한다. 이런 구조는 장로와 장로가 될 훈련을 받고 있는 사람 사이, 경험이 많은 주일학교 교사와 신참 교사 사이, 디도서 2장 3-5절에서 볼 수 있는 젊은 여자를 가르칠 수 있는 나이 든 여자 사이 등등 매우 다양할 수 있다.

그렇다. 천년 세대가 밀려오고 있다. 그리고 젊은 성인 연령층에는 여전히 많은 엑스 세대가 포함되어 있다. 따라서 우리는 교회의 젊은 성인들에게 효과적인 사역을 하기 위해 우리의 생각을 재조정하고 앞에서 언급한 열쇠들을 넣고 돌려야 한다.

| 제9장 |

엑스 세대

하나의 문화 집단으로서의 엑스 세대는 어느 정도 화가 나 있고
탈문화적인 듯하지만 소속감에 대한 은밀한 갈망을 가진 경향을 띄고 있다.
그들은 자신들이 위태로운 삶을 살고 있다고 생각하고 싶어한다.

● 베이비붐 시기에 태어난 사람들을 바로 이어 1965년과 1983년 사이에 4천 6백만 이상의 미국인들이 태어났다. 우리는 보통 지난 세기 동안 순서를 따라 나타난 후견인 세대, 베이비붐 세대, 엑스 세대 그리고 천년 세대라는 인구 통계적 세대를 이야기한다. 그러나 이 책에서는 성인 나이 고리를 따라 위로 올라가고 있다. 따라서 천년 세대 다음인 엑스 세대를 다룰 차례다. 엑스 세대 중에서 가장 나이가 많은 사람은 2000년에 35세가 되었고 가장 어린 사람은 17세가 되었다. 17세인 사람은 여전히 고등학교를 다니는 중이고 성인 목회의 범주에 속한 층은 아니다. 그러나 2001년에는 대부분의 엑스 세대가 젊은 성인층에 속할 수 있고 나이가 많은 사람들은 우리가 '중년'이라 부르는 층으로 옮겨가게 된다.

엑스 세대는 미국 사회 속에서 젊은 성인층을 이루는 두번째로 큰 집단이다. 그들은 또 집 열쇠를 가지고 다니는 아이들이 된(부모가 모두 직장을 다니기 때문에-역주) 첫번째 세대이며 그들 대부분은 부모가 모두 직장을 다니는 사람들의 자녀로 태어났다. 그들 중 1300만 명이 1998년에 서른 살이 되었다. 인구 통계학자들은 그들이 그저 되는 대로 살아가며 섹스에 별 흥미가 없고 유행을 거부하는 상태를 의미하는 '무미 건조'하다고 알려진 그

들 자신만의 대중 문화를 만들어냈다고 말한다. 물론 이 용어가 그 연령층에 속한 모든 사람들을 묘사하는 것은 분명히 아니지만, 이런 일반화가 상당히 정확하다는 것은 1990년대 어느 시간에나 거리로 나가 지나가는 10대 청소년들의 모습을 바라보기만 하면 확인할 수 있었다. 하나의 문화 집단으로서의 엑스 세대는 어느 정도 화가 나 있고 탈문화적인 듯하지만 소속감에 대한 은밀한 갈망을 가진 경향을 띄고 있다. 그들은 자신들이 위태로운 삶을 살고 있다고 생각하고 싶어한다. 그리고 실제로 많은 사람들이 그렇게 살고 있다.

비즈니스 위크(Business Week)지의 한 통찰력 있는 글귀는 "전반적으로 느끼는 같은 예감을 제외하고 엑스 세대는 서로 공유하는 공통점이 거의 없다. 베이비붐 세대가 월남전이나 워터게이트 같은 중추적인 사건들로 연합이 이루어졌던 반면 엑스 세대는 들려오는 국지전 소식이나 사막의 폭풍(Desert Storm) 작전 혹은 이란 전 등의 사건에도 거의 흔들림 없이 태연하다"[1]라고 말했다.

그러나 그들 바로 전의 베이비붐 세대와 마찬가지로 엑스 세대 역시 나이와 함께 점차로 전통적이 되어간다. 그 전통의 일부는 결혼과 노화 현상이다. 이 장을 통해 우리는 먼저 젊은 성인층을 일반적으로 살펴본 다음 결혼한 젊은 성인층을 대상으로 한 사역에 보다 초점을 맞추게 될 것이다. 8장에서와 같이 나이 자체는 다양할 수도 있다는 사실을 염두에 두어야 하지만 여전히 18세에서 34세에 속한 사람들을 대상으로 할 것이다.

결혼한 젊은 성인은 어떻게 다른가?

이런 종류의 책에서는 다르다라는 단어가 자주 나오게 마련이다. 성인들은 아이들이나 청년들과 다르다. 미혼의 성인은 결혼한 성인과 다르다. 젊은 성인들은 노년의 성인들과 다르다. 여기서 우리는 중년 혹은 노년의 성인들과 대조되는 이 특별한 나이 또래의 특성을 살펴보기 원한다. 그러기 위해 스테파니와 브라이언을 예로 들어보자. 그들은 우리가 결혼한 젊은 층이라 부르는 1300만 명의 사람들 중에 속해 있다. 그들이 우리의 교회에 온다면 그리고 그들을 위해 효과적인 사역을 하고 싶다면 우리는 어떤 것들을 알아야 할 것인가?

부부로서의 정체성을 형성하는 데 따르는 어려움

결혼한 젊은 성인들은 변화가 급속하게 일어나는 과정 속에 있는 사람들이다. 스테파니와 브라이언은 각자 그리고 함께 자신들을 발견해나가며 '되어가는' 중에 있다. 부부로서 자신들의 정체성을 확립해나가는 일은 사춘기에서 성인이 되기까지 오랫동안 지속되어온 고된 여정 속에서 이루어졌던 객관적인 시야를 갖게 되는 과정의 연속이다. 그 사이에 그들은 다른 사람들처럼 20대에 거치는 대학과 직장 생활의 시작, 부모를 떠나 새로운 가정을 시작하는 변화, 혼자라고 느끼는 경험들을 거쳤다. 브라이언은 좋은 은사를 지닌 젊은 사람으로 앞으로 매우 효과적인 사역을 하게 될 것이다. 그러나 지금 그는 아직 영적인 정체감을 찾지 못하고 있으며 교회는 어떻게 그를 도와야 하는지 모르고 있는 것 같다.

또래 집단의 압력으로부터의 해방

어떤 면에서 또래 집단의 영향에 대한 완전한 면역성을 가진 사람은 아무도 없다. 나는 반드시 넥타이를 해야만 하는 경우가 아니면 평소에는 신경을 쓰지 않는 수천의(아마도 수백만의) 사람들 중의 한 사람이다. 교수형 집행인처럼 목 주위에 끈을 매야 할 논리적인 이유를 찾을 수가 없기 때문이다. 와이셔츠를 고정시키기 위해서도, 바람을 막기 위해서도 아니고 또 한 번에 잘 되지도 않는다. 넥타이를 하는 사람들은 자신들이 보다 적절하게 옷을 차려 입는다고 여기면서 넥타이를 하지 않고 집을 나서서는 안 되는 것처럼 생각한다. 나는 그런 이상한 행동이 단지 또래 집단으로부터 받는 압력으로 보이며 한 프랑스 디자이너가 날조한 사악한 음모라고 여긴다.

그러나 대부분의 결혼한 젊은 성인들은 거의 10년 이상 자신들의 삶을 지배해온 영향들을 의도적으로 떨어낸다. 진정한 성인이 된다는 것은 다른 사람들이 하기 때문에 자신도 따라 해야 할 압력을 느낄 필요가 없으며 또 자신이 아닌 어떤 다른 사람처럼 가장해야 할 필요도 없다는 사실을 인식하는 데 있다. '나는 내 자신이 되어야 해'라는 오래된 팝송 가사처럼 말이다.

시간 관리를 배우는 일

이제 막 성인이 된 많은 젊은이들이 대학에서 또는 처음 갖게 된 직장에서 시간 관리를 배우게 된다. 그러나 이 두 경우는 모두 그 우선 순위가 다른 사람들에 의해 결정되어지는 경향이 있다. 성인이 된다는 것은 자유 시간을 잘 활용할 줄 알게 된다는 것을 의미한다. 어머니가 6시에 저녁 밥상을 차리신다는 것을 알면서 혹은 학교 식당에서는 1시까지만 식사가 가능하다는 것을 알면서 그 시간을 자유 시간으로 삼기는 쉽지 않다. 정해진 시간의 일상에서 아주 벗어날 수 있는 사람은 거의 없다. 그러나 성인이 되어간다는 것은 자신의 자유 재량에 맡겨진 시간들을 잘 관리해야 한다는 것을 의미한다. 스테파니는 일을 마치고 집에 돌아오면 6시가 된다. 그리고 11시에는 남편과 함께 잠자리에 들려고 노력하는 편이다. 집에 와서까지 일을 하지 않아도 되기 때문에 매일 저녁 거의 5시간 정도의 자유 시간을 가질 수 있었다. 그러나 최근에 임신을 하게 되면서 이제 앞으로 몇 개월 내에 전반적인 시간 관리를 새롭게 계획해야 한다.

경제적 부담에 직면하는 일

가정 경제의 스펙트럼은 풍요로부터 가난에 이르기까지 넓게 펼쳐질 수 있다. 1900년대에 우리는 컴퓨터 프로그램을 개발해서 혹은 급속하게 성장하는 회사의 주식 투자로 '갑자기 부자가 된 사람들'에 대한 이야기를 들어왔다. 그러나 직장 생활을 하는 우리들 대부분은 전세에서 살다가 작은 집을 사게 되고 수입과 지출을 예산해서 생활하는 것을 배우고 있다. 스테파니의 경우 아기가 태어나면 몇 년 동안 직장을 그만두게 될 것이고 그렇게 되면 현실적으로 경제적인 부담을 경험하게 될 것이다.

성인 그룹을 찾는 일

한 지역에서 지속적으로 생활하지 않는 한 새로운 친구를 사귀는 일은 계속된다. 해마다 전 미국인의 20퍼센트가 이사를 하고 친구들과 같은 곳으로 이사를 하는 경우는 거의 없다. 스테파니와 브라이언은 그들이 직면하고 있는 다른 여러 가지 문제들과 함께 이 중요한 시기에 그들의 삶에 영향을 미치게 될 가치관을 가진 새로운 친구들을 사귈 필요를 느낀다. 결혼한 젊은 성인들이 당면하는 많은 일들 중 교회는 아마도 이 부분에서 가장 효과적인 도움을 줄 수 있을 것이다.

꿈을 키워가는 일

브라이언과 스테파니는 지난 4년 동안 수없이 많은 목록들을 적어왔다. 많은 신혼 부부들에게 있어서 집, 차, 직장, 수입 등의 목록은 그들이 이루어가야 하는 꿈들이다. 모든 젊은 부부들이 50세에 이,삼백 만 달러의 저금 통장을 가지고 은퇴하는 꿈을 꾸지는 않는다. 어떤 사람들은 학위를 꿈꾸고, 또 어떤 사람들은 선교지에서 하나님을 섬기는 꿈을 가지고 있다. 그리고 많은 사람들은 경건한 자녀를 양육하게 되기를 소망한다. 꿈은 이 연령층의 일부이며 브라이언과 스테파니가 하나님의 은사와 그들을 위한 하나님의 뜻을 자신들의 꿈과 보다 분명하게 연결지으면 지을수록 그들은 결혼 생활을 통해 두 사람 사이의 관계에서나 영적인 면에서 더 많은 성취감을 얻게 될 것이다.

직장 생활의 시작

대학을 졸업하고 무슨 일을 하게 될지를 알고 대학에 입학하는 신입생은 거의 없다. 점점 더 복잡해지는 우리 사회의 한 특징은 성인들이 그들의 직장을 바꾸는 일 속에서 드러난다. 지난 40-50년 동안 미국 성인들은 평균 7번 직장을 바꾸었고 3번은 직종까지 바꾸었다고 한다. 지금 브라이언은 훌륭한 조직 분석가로 일하고 있다. 그러나 그는 계속해서 공학계 대학원 공부를 하고 싶다고 스테파니에게 말해왔다. 그 일은 아기의 출생을 고려하면서 생각해보아야 할 꿈이다.

책임감

어린 시절과 사춘기에는 그저 받기만 하는 경우가 대부분이다. 그러나 성인이 되면서 주기 시작하는 때가 온다. 결혼한 부부는 서로에게, 하나님께, 교회와 사회에 내어준다. 돈뿐만 아니라 자신들의 일부를 내어준다. 스테파니와 브라이언은 아기가 병원에서 오는 바로 그 첫날 밤을 희생하고 그들을 깨우는 소리에 귀를 기울여야 한다.

부모가 되기 위한 준비

스테파니와 브라이언은 요즘 다른 얘기는 거의 하지 않는다. 어떤 교회에서는 아기가 태어날 때까지는 그들의 이 극적인 순간에 거의 신경을 쓰지 않고 지나간다. 몇 주간의 흥분과 소동이 있은 후 그들은 다시 제자리로 돌아갈 수 있었다. 대부분의 교회들은 아기를 낳고 키우게 될 준비 중에 있는 젊은 부부들을 돕기 위한 노력에 경주를 가할 필요가 있다. 실제로 그 프로그램은 아주 간단하기 때문에 어떤 교회라도 할 수 있는 일이다(16장을 보라).

성경적인 자녀 양육에 대한 이해

효과적인 교회는 도서와 교육과 상담을 통해 젊은 부부들이 아이들의 진정한 모습을 이해할 수 있도록 도와줄 수 있다. 젊은 부모들은 어떤 외부적인 환경 요인으로 아이들의 선하지 않은 모습이 드러나게 되면 아이들이 본질적으로 선하다고 말하는 문화가 옳지 않다는 사실을 이해하게 된다. 하나님의 말씀을 통해 배운 내용들을 실천한다면 새로 태어난 아기에게 무엇이나 허용해주기 보다는 절제가 훈련되는 가정 환경을 만들어줄 수 있다. 자녀 양육에 관한 이런 교육에 대해 교회들이 거의 관심을 갖지 못하는 실정이다.

무조건적인 사랑의 제공

자녀 양육은 남편과 아내의 무조건적인 사랑으로부터 시작된다. 무슨 일이 생기더라도, 아무리 멀리 떨어져 있다 해도, 아무리 거역한다 해도 우리의 하나님 아버지께서는 우리를 돌보시고 우리는 그분의 무조건적인 사랑을 의지할 수 있다. 서로를 무조건적으로 사랑할 수 있다는 것을 알고 그런 삶을 살아가는 부모만이 자녀들을 무조건적으로 사랑할 수 있다. 경건한 그리스도인 부모는 자녀가 아무리 심한 잘못을 해도 그 자녀를 사랑한다. 하나님께서 그 일을 가능케 하시는데 그것은 성령님께서 그들 가정에 예수님의 사랑을 공급해주시기 때문이다.

진정한 용서를 배움

부모와 자녀가 서로를 용서하는 일은 그리스도인 가정 생활의 한 부분이다. 훈계와 용서는 함께 이루어져야 하며 둘 중에 하나라도 없다면 아이들이 가지고 태어나는 죄의 속성 때문에 자녀들을 다루는 일에 가정이 균형을 잃고 흔들리게 된다. 그러나 아이들은 또한 하나님의 형상을 지니고 있으며 은혜로 구속함을 받게 될 가능성을 지니고 있다.

기독교 보육 시설의 제공

목사로서 그리고 그리스도인 교육자로서 나는 몇 년 동안 이 문제로 씨름을 해왔다. 완벽한 세상에서는 어머니들이 가정에 머물러 자녀들을 양육할 것이다. 그리고 교회는 어머니들이 그 일을 잘 하도록 도와줄 것이다. 유치원생들을 둔 어머니 대상 프로그램들은 오랫동안 그 가치를 인정받아왔다. 추가적으로 교회는 자녀 양육의 책임과 가정의 신성한 의무를 하나님께로부터 온 유산임을 오늘날의 부모들에게 다시 가르쳐주어야 한다. 그 교육의 일부는 계속해서 보육원에 맡겨지는 아이들이 처할 수 있는 잠재적인 위험 가능성에 초점을 맞출 수 있다.

그러나 우리가 살고 있는 세상은 완벽한 세상과는 거리가 멀다. 점점 더 많은 부모들이 어린이 보육 시설을 이용하고 있다는 사실을 우리는 알고 있다. 부유한 가정은 하루 종일 아이들을 유치원에 맡기고 일 년에 10,000 달러 가량 지불한다. 1997년 중반 시작된 세 살 미만의 아이들을 위한 새로운 조기 교육 프로그램은 290만 명에 달하는 아이들 중 22,000명의 아이들만을 수용할 수 있었다. 뉴스위크(Newsweek) 지에 의하면 "어린 자녀를 둔 여성들을 더 많이 직업 전선에 내보내려는 연방 정부 복지 후생법 개정으로 보육 시설의 수요는 기록적인 수준에 달하고 있다. 더 많은 부모들이 아이들을 돌보는 일을 일시적 미봉책으로 맞추게 될 것이다. '이미 너무 많은 아이들이 아무에게나 맡겨지고 있다'라고 샌프란시스코에 있는 가정과 어린이 연구 센터의 총무인 론 랠리(Ron Lally)는 말했다."[2]

뉴스위크 지의 같은 호에 부모들과 떨어져 시간을 보내는 아이들의 비율을 나이별로 보여주는 미국 문교부가 발표한 도표가 실려 있다.[3]

한 살 아이들의 경우 24퍼센트는 친척들에게, 17퍼센트는 보수를 받는 보모에게, 그리고 7퍼센트는 보육 시설에 맡겨졌다. 그러나 5살 된 아이들의 경우에는 친척들이 돌보는 비율이 15퍼센트로 떨어지고 보모에게 맡겨지는 비율은 한 살의 경우와 비슷한 상태다. 그러나 5살 짜리 아이들의 75퍼센트가 보육 시설에 맡겨지고 있다.

교회의 많은 시설들이 주중에는 사용되지 않는 상태에 있다. 아마도 기독교 보육 시설은 사역과 전도를 위한 새로운 출구가 될 수 있을 것이다. 그렇다. 이미 많은 교회들이 효과적인 프로그램을 지역 사회 내에서 운영해나가고 있다. 그러나 복음적인 보육 시설의 전국적인 분산을 통해 교회가 아이들을 위한 안전과 양육을 제공해주고 많은 사람들과 복음을 나눌 수 있는 기회를 가질 수 있다. 새 세기의 첫 5년 동안 복음적인 교회들이 운영하는 보육 시설에 약 50만 명의 아이들이 맡겨진다면 어떤 일이 벌어지겠는가? 생각해볼 만한 가치 있는 일이다.

신혼 부부들을 위한 효과적인 사역을 하고 있는 교회들은 흥미롭고도 중요한 할 말이 있다. 성경에 관련된 세미나와 교육은 무관심하고 역기능적인 세상의 요구에 직면하고 있는 가장 고립된 엑스 세대들의 마음을 따뜻하게 해줄 수 있다. 21세기에 접어든 지금 가정 생활에 마치 정상적인 것은 거의 없는 듯하다. 수많은 사람들이 배우자와 성격이 '맞지 않는다'는 이유로 이혼을 하고 있다. 또 아이들의 양육에 동의할 수 없기 때문에 이혼하는 사람들도 수없이 많다. 부모가 '되어가는' 이 중요한 시기에 있는 젊은 사람들을 도와주는 교회는 영적인 양식이 필사적으로 필요한 한 세대를 제자화하는 기회를 갖게 될 것이다.

효과적인 교회는 교육과 모범과 경험을 제공해준다. 그들은 젊은 부모들이 어떻게 그들의 가정에서 이렇게 중요한 요소들을 재생산해내야 하는지를 가르친다. 학습의 정서적인 국면에서 그들은 성경적인 자세를 개발하도록 사역한다. 또 젊은 부부가 서로를 향한, 하나님과 성경과 친구와 이웃과 전체적인 사회에 대한 적절한 자세를 어떻게 표현해야 하는지를 가르친다. 그런 자세들은 아이들이 사람들에 대해 배우게 되는 환경을 조성해준다. 부모들이 성경에 대해 말하고 행동하는 모든 것들은 성경적인 진리에 대한 자녀들의 호감 혹은 반감을 형성하는 데 많은 영향을 미친다. 열정이 중요하다. 그러나 먼저 경건한 사람이 되고 그 다음에 경건한 배우자가 되며 또 그 다음에 경건한 부모가 되는 과정 역시 중요하다.

하나의 길

예배

다른 사람들과 함께 드리는 예배는 젊은 그리스도인들에게 중요하다. 그리고 새 세기로의 전환기에 쟁점이 되는 주제인 만큼 예배 스타일에 대한 어떤 가정도 해서는 안 된다. 많은 교회들이 전통적인 찬송가와 현대의 찬양곡들을 모두 포함시키는 예배 프로그램을 선택해왔다. 스테파니와 브라이언은 둘 다 음악을 사랑한다. 그래서 그들은 한 주간의 정점으로 일요일이 오기를 기대한다.

교제

이 단어는 스테파니와 브라이언에게는 다른 의미를 가진다. 브라이언은 교회 축구 팀을 생각한다 스테파니에게는 토요일 아침 성경 공부 시간을 의미한다. 많은 젊은 성인들에게 교제는 우리가 앞에서 이야기한 특별한 친구들로 이루어진 그룹을 찾는 것을 의미한다.

교육

효과적인 교회는 필요를 진단하고 목표를 설정한 다음 젊은 성인들을 성경 지식과 성경을 사용하는 능력에 '가속도를 낼' 수 있도록 진지한 교육 과정을 진행한다. 교육 내용은 흥미롭고, 현실적이며, 참여가 가능하도록 엮어질 것이다. 브라이언과 스테파니는 진지하게 발견해나가는 학습 과정에 참여하고 있다.

섬김

이 한 단어가 받는 것으로부터 주는 것으로 옮겨가는 여행을 묘사해준다. 브라이언은 축구 팀에서 수비를 맡는 역할을 하는 이상으로 교회에 참여해야 할 필요가 있다. 스테파니는 아직 준비가 되지는 않았지만 언젠가 지금 참석하고 있는 성경 공부반의 교사가 될 수 있을 것이다. 몇 년 안에 이 엑스 세대는 교회 공동체 안에서 생산력을 가진 성숙해가는 가족 구성원이 될 수 있을 것이다.

| 제 10 장 |

중년의 사람들

중년은 성숙한 성인이다. 어떤 사람들은 완전하게 그 자리에 올랐고 또 어떤 사람들은 좋은 진전을 보이고 있다.

● 정치적 입장을 결정하기 어려운 상황에 처했던 35세의 단테(Dante)는 신곡의 지옥편의 첫줄을 썼다. 많은 사람들은 1300년대에 쓰여진 그 간단한 표현 속에 오늘날 우리가 '중년의 위기'라고 부르는 현상이 처음으로 표현되어 있다고 본다.

> 인생 여정의 중반에 들어서서
> 어두운 숲 속을 헤매고 있는 나를 보게 된다.
> 그리고 내가 가야 할 바른 길은 어느 곳에서도 찾아볼 수 없다.

정확하게 중년이란 무슨 뜻인가? 미국의 가정 의료원이 1200명의 미국인을 무작위로 선정해 중년이 시작되는 때를 물어보았다. 그 중 41퍼센트는 건강 관리를 위한 돈이 충분하게 있는지를 걱정하기 시작하는 때부터 시작된다고 대답했다. 그리고 42퍼센트는 막내 아이가 집을 떠나게 될 때 시작된다고 했다. 또 46퍼센트는 라디오에 나오는 음악 그룹의 이름을 더 이상 알 수 없게 될 때 시작된다고 대답했다.[1] 이 책에서는 중년의 나이를 35세에서 65세까지로 보기로 한다. 베이비붐 세대 중에 50대와 50대 중반에 이르러 은퇴하는 사람들의 수가 늘어가면서 그 범위는 앞으로 좁아져가겠지만 지금은 30년이라는 기간의 단위가 우리가 다룰 수 있는 전부이다. 따라서 베이비붐 세대는 이 책이 출판에 들어갈 때까지는 모두 중년에 속한 사람들이다.

베이비붐 세대에 대한 이해

1946년에서 1964년 사이에 태어난 베이비붐 세대가 지금 중년의 맥을 이루고 있다. 초기 베이비붐 세대는 1996년에 50세가 되었고 그 후 16년 동안 매 7초에 한 사람씩 50대에 접어들고 있다. 베이비붐 세대가 노년층으로 옮겨가게 되는 2010년까지 전 미국인의 여섯 명 중 한 명이 65세를 넘게 될 것이다.

그들은 어떤 사람들인가?

베이비붐 세대는 교회나 자동차 판매상이나 주식 투자 등에 별 관심을 보이지 않는 경향이 있다. 그들은 지금 일이 벌어지고 있는 세상 속에서 살아간다. 지금 가진 차보다 훨씬 좋은 새 차가 나온다 해도 쉽게 바꿀 생각을 별로 하지 않는다. 한편 그들의 아버지들은 한 자동차 회사 사람으로 평생을 충성스럽게 머물러 있었다. 물론 그들은 이 베이비붐 세대처럼 선택의 폭이 넓지 못했던 것도 사실이다.

교회에 대한 이들의 태도에는 특히 1990년대 초에 반전 현상 같은 것이 나타났다. 산타 바바라에 있는 캘리포니아 대학의 사회학자인 웨이드 클라크 루페(Wade Clark Rufe)는 이 세대의 삼분의 일은 교회를 전혀 떠나지 않았다. 그리고 25퍼센트는 다시 돌아오기는 했지만 일반적으로 전통을 잘 고수하지 않고 믿을 만한 사람들로 보여지지 않는 여과기 같은 사람들이다. 타임(Time) 지는 "이전 종교에서 떨어져 나간 상태로 남아 있는 사람들이 돌아온 사람들보다 42퍼센트나 되는 상당히 많은 숫자로 우세하다 … 아마도 자녀를 갖게 되거나 중년에 들어선 개인적인 혹은 직업적인 위기 이 두 가능한 사건 때문에 그들이 다시 돌아올 수 있는데 그 이유는 그런 사건들이 그들에게 의지해야 할 필요를 상기시켜주기 때문이다"[2]라고 말했다.

베이비붐 세대는 또 높은 기대를 지닌 사람들이다. 그들의 부모들은 제2차 세계 대전을 치렀고, 그들은 경제 공황의 타격 속에서 살았던 부모들의 교육을 받았다. 경험과 물질적인 한계 속에서 그 부모들은 자녀들만을 잘 살게 해주려고 결심했고 큰 성공을 이루었다. 할아버지들은 6개월에 걸쳐 청바지 하나를 만든 것으로 만족했다. 그러나 베이비붐 세대는 비용이 얼마나 들건 잘 보이는 곳에 전략적으로 붙여진 상표를 원한다.

그들은 폭넓은 다양성을 보인다. 인구 통계학자들은 그들을 동질적인 사람들로 특징짓고 싶어하지만 그들의 한 특성은 그들이 한쪽으로 혹은 다른 한쪽으로 흔들리는 경향이 있다는 사실을 사람들이 기꺼이 받아들여야 할 것을 우리에게 말해준다. 다양성은 의상이나 결혼과 자녀에 대한 자세 그리고 교회 구성원이 되는 일에 대한 자세 등에서 나타난다. 그들 중 많은 사람들이 그들 부모들의 종교로부터 떠나갔다. 그러나 다른 사람들은 새로운 차원에서의 헌신을 하기도 했다.

우리는 그들이 정치적으로는 다원적이라고 말해왔다. 1990년대 대부분의 기간 동안 미국에는 베이비붐 세대에 속한 대통령이 있었고 그는 베이비붐 세대들에 의해 선출되었다. 그러나 실제로 상당수의 베이비붐 세대는 자신들의 정치적 입장은 그 대통령보다 보수적이라고 여긴다. 클린턴을 리틀 락에서 워싱턴으로 옮겨오는 일에 대해 베이비붐 세대는 거의 공헌하지 않았다.

베이비붐 세대들은 상당한 영향력을 미치는 사람들이다. 대통령뿐 아니라 수많은 그의 자문 위원들과 공직자들이 바로 이 눈에 띄는 세대에 속한 사람들이다. 중년에 이르렀고 회사에서나 교회에서 그리고 사회 속에서 지도자의 위치에 있기 때문에 그들은 이 나라가 앞으로 오랫동안 지향해나가게 될 정치적, 경제적, 종교적 중요한 결정들을 내리게 될 것이다.

그들을 위해 어떻게 사역할 것인가?

이 책 전체를 통해 이야기해왔듯이 필요 중심의 교회를 계획함으로 시작할 수 있다. 베이비붐 세대는 그 어떤 다른 세대들보다 느끼는 필요를 잘 이해하고 있으며 그 자각을 기초로 결정을 내릴 준비를 갖추고 있다.

그들에게는 초교파적인 모임들이 잘 맞는 경향이 있다. 그들은 상표가 붙은 청바지를 원하지만 고정된 표시를 한 교회에는 그리 호감을 갖지 않는 듯하다. 지난 20년 동안 많은 교단들이 교회의 이름을 바꾸었다. 그래서 와이드 웨스트 침례교회는 지금 와이드 웨스트 펠로우쉽으로 이름이 바뀌었고, 에스베리 감리교 교회는 커뮤니티 믿음 센터라는 이름으로 불리고 있다.

지역적으로 볼 때 베이비붐 세대는 기본적으로 도시 중심적이다. 그들이 선택하는 직종과 그들이 따르는 생활 양식은 도시에 모이기를 좋아하는 특성을 지닌다. 시골이나 혹은 도시 외각 교회들에 아직 해야 할 일들이 많이 남아 있다. 도시 외각 교회들이 상당히 '도시 중심적'이 되었다고 주장하는 사람들도 있을 것이다. 그러나 이 사람들을 흡수하기 원하는 교회는 그들이 모이는 곳에 있어야 하며, 그곳은 교육과 문화와 상당수의 사무실이 모여 있는 중심지 근처가 되어야 할 것이다.

최근까지도 그들은 교회의 청년들을 위한 프로그램을 덜 중시해왔다. 이 이상한 현상은 그들이 결혼을 늦게 하고 자녀들을 늦게 두었기 때문에 생긴 것이다. 32세에 첫 아이를 갖게 된 베이비붐 세대의 한 부부는 40대 중반 혹은 후반이 되어서야 십대의 자녀를 갖게 된다. 그들이 그 나이가 되면 그들의 부모들이 자식들을 위해 원했던 것과 같은 젊은 층을 위한 사역을 요구하게 될 것이다.

어떻게 그들을 사역에 참여시킬 것인가?

네 가지 대답이 주의를 끄는데 그 중 두 개는 과거와 거의 비슷한 것들이다. 베이비붐 세대가 사역에 참여하기 원하는 교회는 그들의 삶 속에서 하나님의 부르심을 분명히 해야 할 필요가 있다. 이 일은 복음적인 교회에서 항상 진리가 되어왔지만 우리에게 이 진리를 정확하게 규정할 것을 언제나 요구해오지는 않았다. 과거로부터 이어져온 또 다른 한 요소는 적절하게 훈련하는 일이다. 이 일은 25년 전에 그랬던 것보다 21세기에 훨씬 더 많은 것들을 의미한다. 그들이 열정적으로 사역에 참여하게 되기를 바란다면 적절하게 준비되고 훈련되어져야 할 필요가 있다.

과거와는 달리 우리는 이상주의를 강조할 수 있다. 즉 중년의 베이비붐 세대가 진지하게 사역을 후원한다면 어떤 교회가 될 수 있을 것인지를 강조할 수 있다. 그들의 부모들에게는 종종 부족한 자원의 한계 속에서 현실주의를 적당량 주입해주었다. 다시 말해서 우리가 가진 것으로 우리가 할 수 있는 최선을 다했다. 지금은 더 많은 것을 포함시키는 것이 포장의 일부를 이루고 있다.

그러나 여기서 가장 중요한 것은 베이비붐 세대가 가지고 있는 죄 의식에 동기를 둔 헛된 노력이다. 우리는 그들의 부모들에게 기도회에 참석하도록 꾸짖고 주일 학교에서 가르치도록 강요했고, 목사가 요구하는 일을 하지 못하는 것은 하나님을 향한 사랑이 부족하기 때문이라고 협박을 해왔다. 그것은 잘못된 방식이었다. 오늘날에도 쓸모가 없다. 학습 동기에 관해 우리가 이미 이야기했던 모든 원리들이 중년층을 이루는 베이비붐 세대에게 직접적으로 그리고 매우 중요하게 적용되어야 한다.

중년기의 특징

친밀감은 우리 젊은 성인들을 위한 핵심 단어였다. 중년들을 위한 그에 상당하는 용어는 무엇인가? 이런 질문은 분명히 끝없는 논쟁을 야기시킬 수 있지만 수많은 성인 교육 전문가들은 직업적인 성공이라는 단어를 선택한다. 중년기의 모든 분주함과 책임, 모든 변화와 소요는 이 성공을 중심으로 벌어진다. 20여 년 전까지만 해도 남자들의 세계를 그렇게 묘사할 수 있었지만 지금은 이 면에서 성의 구분이 분명하지 않다.

그리고 이런 추세는 단지 베이비붐 세대에만 국한되는 것이 아님을 기억해두라. 내가 이 글을 쓰고 있는 동안 초기 베이비붐 세대는 아직 53세에 이르지 못했다. 따라서 우리는 중년기의 고령층을 차지하고 있는 10년 정도 어린 세대의 사람들을 더 많이 다루게 될 것이다. 앞으로 이야기하게 될 특징은 앞에서 살펴본 베이비붐 세대에 관한 특성과 좀 다르게 들릴 수 있을 것이다. 그에 대해서는 중년기의 한 부분을 이루고 있는 모든 세대를 포함시키기 위해 카메라의 시야를 보다 넓게 돌리기 때문이라는 설명을 할 수 있다.

만족스런 성숙

중년에 있는 사람들이야말로 정말로 '성인'이 된 것이다. 물론 그 경계를 오래 전에 넘긴 했지만 가족과 직장과 사회 공동체와 교회에서의 책임에 대한 총 중량은 35세를 지나게 될 때까지는 일반적으로 잘 자리가 잡히지 않는다. 중년은 성숙한 성인이다. 어떤 사람들은 완전하게 그 자리에 올랐고 또 어떤 사람들은 좋은 진전을 보이고 있다.

소속감

성인들을 살펴볼 때 소속감의 문제가 늘 부상한다. 이것은 연령층이 높아져도 사라지지 않을 것이다. 젊은 성인층에게서 일어나는 모든 일들과 자신이 누구이며, 어디에 속해 있으며, 하나님께서는 그들이 무엇을 하기 원하시며, 어디서 살 것이며 하는 등등의 수많은 결정과 그 모든 노력들이 35세 이후에는 거의 정리가 된다. 비록 많은 변화들이 여전히 남아 있기는 하다. 이 중년기는 소속감과 안정감을 찾게 되는 시기다.

안전에 대한 의식

중년에는 육체적 그리고 가정을 위한 경제적 안전에 많은 신경을 쓰게 된다. 예를 들어 30대 후반에 들어선 남자는 20년 간 간직한 번지점프의 꿈이 이제는 더 이상 좋은 생각이 아니라는 결론을 내리게 된다. 두세 명의 아이들을 가진 부모들은 이미 아이들의 대학 생활과 자신들의 노후 생활을 위한 저축을 시작했을 것이다. 배우자 없이 혼자 자녀를 양육해야 하는 사람들의 숫자가 늘어나는 지금의 추세는 현재와 미래에 별다른 대책이 없다.

모든 부모는 위험과 질병으로부터 안전하기를 바란다. 이 역할을 심각하게 생각하고 받아들이는 아버지들은 가정을 지키기 위해 열심히 수고한다. 스타트랙이 처음 나온 이후 나는 우리 가족들에게 내가 그들의 '최고 안전 보장 사령관'이라고 종종 말해왔다. 세월이 흘러 이제 아내와 둘만의 일상 생활을 하게 되었다고 해서 그 책임 의식이 달라지지는 않았다.

상대적으로 독립된 생활

성인은 35세 때보다 55세 때 보다 독립적이 되기 때문에 중년기 전반에 걸쳐 이 특성이 점점 강하게 나타나게 된다. 자녀들이 떠난 가정에서는 더 이상 축구 연습이나 피아노 레슨, 야구 경기 등을 중심으로 한 생활은 설계하지 않게 된다.

그러나 상대적이라는 형용사가 중요한데 그것은 40대, 50대를 거치며 점점 더 독립적인 생활을 하게 되기 때문만이 아니라 그 누구도 완전하게 독립적이 되지 않기 때문이기도 하다. 대부분의 사람들에게 직장에서의 책임이 계속되고 아마도 중년에 그 책임은 더 증가될 것이다.

육체적 변화

나이와 관련해 심리적으로 중요한 때는 40대다. 우리 사회는 30대에 계속해서 인생의 중요한 변화를 겪게 한다. 육체적인 소모가 사람마다 다르긴 하지만 일반적으로 10년쯤 후에 따라온다. 10살 때부터 야구를 해온 사람은 50세에 이르면 더 이상 경기를 계속할 수 없다는 사실을 알게 된다. 여성들은 폐경기를 거치고 자녀들을 대학 기숙사로 떠나보내며 어려움을 경험하게 된다. 중년 후반에 이른 사람들은 과거에는 자신의 삶의 일부처럼 여겨졌던 일들을 더 이상 할 수 없게 만드는 자신들의 신체상의 변화를 대부분 발견하게 된다.

성취에 대한 각성

젊은 성인기에는 모든 일이 가능해 보인다. 당장은 돈이 없어도 곧 있게 될 것이다. 그들은 '아직까지는 과장이 되지 못했지만 곧 사람들이 내가 이 회사에서 얼마나 중요한 사람인지를 알게 될 거야. 네브라스카에 가본 적도 아직은 없지만 언젠가 유럽 전나라를 방문하게 될 거야'라고 생각하기 시작한다. 그들은 꿈을 가지고 무엇이든 계획할 수 있다. 그리고 그래야 마땅하다. 그러나 중년의 후반기에 이르면 몇 년 후에 정년 퇴직을 맞게 된다. 그 때 사람들은 어떤 일을 할 수 없게 된다는 사실을 인식하게 된다. '만일'이라는 고약한 질문이 머리 속을 채우게 되고 인생의 선택의 문제를 다시 생각하는 일은 하나의 위험 요소로 느껴진다.

중년층이 중요하게 생각하는 것들

경제적인 부담과 신체적인 한계를 넘어서서, 진통제와 암에 대한 두려움 그리고 사춘기 아이들을 키우는 즐거움이 따르는 고통이 지난 후 중년기에 휘날리는 몇 가지 즐거운 깃발들을 찾아볼 수 있다.

현저한 안정감

중년기는 경제적, 가정적, 직업적으로 가정 생활에 큰 안정감을 갖는 시기다. 아내와 남편과의 관계가 그동안 잘 세워졌다면 두 사람이 서로에게 그 어느 때보다 더 큰 의미를 준다는 사실을 의식하며 자녀들의 독립을 감당할 수 있게 된다. 직장에서의 지위도 안정되고, 봉급도 꽤 많으며, 인정도 받는 시기다.

현저한 공헌

젊은 성인기는 대학이나 대학원 생활을 통해 그 어느 때보다 많은 지식을 얻는 시기가 된다. 그러나 지혜는 경험으로부터 나오고 경험은 나이와 뗄 수 없는 이상한 관계를 가지고 있다. 청년기 혹은 성인이 된 초기에는 작은 성공에도 세상을 뒤흔들 것 같은 허세를 부리기도 한다. 우리 모두 그 병을 앓지만 그렇게 일찍 성공을 거두는 사람은 별로 없다.

중년기를 반쯤 거친 성인들에게는 모두 해보았다고 생각하는 경향이 있다. 그러나 우리를 통해 하나님께서 이루실 수 있는 가장 큰 성취는 나이에 제한을 받지 않으며 중년기 후반 혹은 그 이후에 일어날 수도 있다. 성숙과 효율성의 놀라운 혼합이 이런 중요한 성취를 가능케 한다.

이 모든 일이 사실이라면 왜 '중년의 위기'를 거친다는 보고가 널리 전해지고 있는 것인가? 부정적인 측면이 내포되어 있다고 할 수 있는 중년층의 특성들을 다시 생각해보라. 사람들은 초조감이 부정적인 행동으로 나타나는 시기를 맞이한다. 그러나 그 이유는 무엇인가?

큰 어려움 없이 몇 가지 요인들을 생각해볼 수 있다. 일에 요구되는 단순한 육체적 피로가 중년의 위기에 가장 큰 요인이 된다. 중년층의 성숙과 효율성 때문에 사람들은 무의식적으로 그 기회를 이용한다.

그 다음은 책임량의 증가이다. 이 중년기에 매년 10퍼센트씩만 책임이 증대된다면 35세에 100개에서 55세에 이르면 600개의 일을 책임지게 된다.

앞에서 보았듯이 육체적인 나이가 중년의 위기를 불러오는 한 요인이 된다. 질병으로 나타날 필요는 없다. 거울에 보이는 달라진 얼굴도 그 한 요인이 될 수 있다. 대머리가 되고 몸무게가 늘어나고 스트레스에 싸이게 되는 현상들은 원래 계획 속에 없었던 일들이다.

중년의 위기 전문가인 콘웨이(Conway)는 에릭슨(Erickson)과 레빈슨(Levinson)의 연구를 통해 다음과 같은 관찰을 했다.

> [한 사람의] 세번째 불안정한 시기는 40세 경에 찾아온다. 이때의 불안정감은 사춘기나 30세에 맞이하는 것보다 훨씬 그 강도가 높다. 이것이 중년의 위기다. 이 위기는 35세로부터 50세 사이에 어느 때나 나타날 수 있다. 그러나 일반적으로 40대 초반에 나타난다 … 이 40대의 개발기를 거친 다음 40대 후반부터 정년 퇴직 때까지 세번째 안정기로 접어들게 된다. 중년의 위기를 잘 헤쳐나온 사람은 상당한 생산성의 증대와 경쟁심의 감소, 다른 사람들을 돕고자 하는 마음, 여가 활용 그리고 자신과

자신의 생활에 대한 편안함이 상당히 증가하게 된다. 결혼 생활도 일반적으로 보다 의미 있게 되고 부부 모두 만족하게 된다. 그 후 조부모가 되고 새로운 세대를 훈련하게 되는 자연스런 변화가 뒤따르게 될 것이다.³

콘웨이의 책은 주로 남자들에 대해 이야기하고 있지만 우리는 다음 장에서 이 위기를 다루고, 여성들의 경우에 대해서도 간단하게 살펴보게 될 것이다.

로버트 사무엘슨(Robert Samuelson)은 "중년기의 평범성은 달라야 할 것을 요구하는 세대에는 맞지 않을 것이다. 새로이 고안되지 않는다면 중년기에는 다른 이름이 붙여져야 한다. 왜 그렇지 않겠는가? 예일 대학의 역사가인 존 데모스(John Demos)가 말했듯이 중년이란 상당히 새로운 개념이다. 이전 역사 속에서 사람들은 주로 청년과 노인들의 문제만을 생각해왔다. 그들의 중간기는 인생 최고의 시기라고 생각해왔다. 아무도 모를 일이지만 그들이 맞을 수도 있을 것이다"⁴라고 말했다.

이 장에서 설명한 모든 내용은 중년에 대한 이해를 다루고 있다. 다음 장에서 좀더 중년에 대해 알아보게 될 것이다. 사무엘슨이 제안했듯이 그동안 우리가 알아왔던 것들을 베이비붐 세대가 어떻게 바꾸어놓을지는 우리가 결정할 수 없다. 그러나 한 가지는 분명하다. 영적이며 신학적인 정박소가 기초가 되어야 하며, 그렇지 않을 경우 인생이라는 거대한 구조물은 결국 무너지게 될 것이다.

제11장

최상의 시기 - 최악의 시기

중년의 시기는 최상의 시기가 될 수 있는 반면 또한 최악의 시기도 될 수 있다.
남자들은 재정적인 손해를 그리고 더 극단적으로, 무기력을 두려워한다.
여자들은 아름다움과 남편과 직장과 오랫동안 소중히 여겨왔던
가정을 잃게 되는 것을 두려워한다.

● "그 때는 최상의 때였으며 또한 최악의 때였다"라고 쓴 찰스 디킨스(Charles Dickens)는 중년의 때를 아주 잘 묘사해주었다. 두 세대 중간에 걸쳐 종종 양편을 다 생각하면서 가정에서의 책임이 가장 결정적인 이 중년의 시기에 사람들은 계속되는 가정의 침식을 경험하게 된다. 톰 모겐다우(Tom Morganthau)는 다음과 같이 경고했다.

> 거의 반 가량의 미국 어린이들이 18세가 되기 전에 부모의 결혼이 깨어지는 경험을 하게 될 것이다. 거의 언제나 어머니 쪽에서 맡게 되는 자녀 양육은 흑인 사회에서나 백인 사회에서나 점점 증가하고 있다. 약 삼분의 일 가량의 미국 어린이들은 현재 부모 중 한 편과만 살고 있다. 그런 가정의 아이들은 십대에 학교를 그만두거나 임신을 하게 된다. 그리고 이 위험한 현상은 이혼한 부모가 재혼한 결과 '섞여진 가정'에서 자라는 아이들에게서도 매우 높게 나타나고 있다. 또 부모가 모두 돈을 버는 가정들이 이제는 전국적인 세태가 되었기 때문에 깨어지지 않은 가정들마저도 심한 스트레스 속에 살아가고 있다. 보육 시설이나 값비싼 방과 후 과외 활동을 할 수 없는 덜 부유한 가정의 아이들은 재미있고 가치 있는 시간을 가지지 못하는 고통을 당하고 있다.[1]

30년 동안 이런 세파를 헤치며 배를 몰아온 중년층의 성인들은 교회가 그들의 가정과 생활을 위해 제공해줄 수 있는 모든 사역의 도움을 필요로 한다. 개발적 과업에 관한 조사가 옳다면(많은 기독교 교육자들이 개발주의를 고수하고 있다) 중년의 때에 필요가 채워져야 하고, 성취해야 할 과업들은 개개의 가정들과 공동체를 이룬 하나님의 가정 사이의 긴밀한 협조를 요구한다. 교회들은 성인들 앞에 서서 충분히 길게 그리고 크게 이야기하면 어떻게든 신비스럽게 학습이 이루어질 것이라는 맹목적인 믿음을 벗어 던져야 한다. 성인 교육을 맡은 지도자들은 많은 결정적인 질문들에 만족할 수 있는 대답을 제시해주어야 한다. 다음은 그 많은 질문들 중 몇 가지 예가 된다.

- 성인들에게 그들의 학습 능력을 어떻게 확신시켜줄 수 있겠는가?
- 강의실 밖에서도 배우고자 하는 열의를 갖게 하려면 어떻게 해야 할 것인가?
- 진지한 학습과 적용이 이루어지려면 어떤 도움을 주어야 할 것인가?
- 중년층의 관심과 필요를 어떻게 통합할 수 있을 것인가?
- 영적인 성장과 가정의 안전을 지원해주기 위한 사회적 활동과 교제를 어떻게 제공해줄 수 있겠는가?
- 견실한 가정으로 세워나가는 동시에 교회를 효과적으로 섬길 수 있도록 도우려면 어떻게 해야 할 것인가?

책임이 따르는 시기

중년에 속한 성인들의 학습 활동을 위해 어떻게 그룹을 나누는 것이 가장 최선일까? 중년층의 필요는 노년층처럼 나이와 관계가 많은 것은 아니지만 젊은 성인층보다는 나이와 관계가 깊다. 10년을 단위로 그룹을 나누고 그 안에서 우리가 해야 할 교육적인 책임들을 살펴볼 수 있을 것이다.

실제적인 교육의 문제와 관련해 그룹의 크기, 교회의 전체적인 성인의 수, 교사의 자질과 섬길 수 있는 가능성, 교과 과정, 교육 공간, 교회의 전통 등에 대한 좋은 결정을 내리기 위한 다양한 활동들을 검색해볼 수 있다. 이 요소들은 모두 다 중요하다. 그러나 그 어떤 것도 '중년층을 위한 학습 목표를 달성하기 위해 어떻게 해야 할 것인가?'라는 결정적인 질문에 비할 수는 없다.

중년층을 나누는 최선의 방법이 어쩌면 없을 수도 있고, 또 현재 교회가 처해 있는 상황과 앞으로 추구해나가야 할 상황 사이에 놓여 있는 다양한 문제들에 대한 간단한 대답을 찾기는 분명히 어려울 것이다. 그러나 복음주의 교회가 이 중요한 성인층의 개발에 신중한 주의를 기울여야 한다는 사실만은 분명하다.

적응기 : 35-45세

직장 생활 속에서 그런 대로 자리를 잡은 이 나이층에 속한 성인들은 진로에 대해 다시 생각하게 되는 문제에 직면하고 또 변화를 시도해 볼 수 있을 만큼 아직은 젊다고 할 수 있다. 그들은 영적인 면에서, 직업적인 면에서 그리고 문화적인 면에서의 개인적인 성숙을 계획하느라 분주하다. 부모가 된 사람들은 자녀들, 특별히 사춘기를 지나는 아이들과의 관계를 발전시켜나가는 일로 씨름을 한다. 책임과 적응이라는 문제는 돌보지 않으면 중년의 위기를 몰고 올 수 있는 스트레스를 해결할 것을 요구한다. 짐 콘웨이는 "남성들에게 있어서 중년의 위기는 보통 30대 후반에서 40대 초반에 나타나기 때문에 아내들의 평균 연령 역시 30대 후반에서 40대 초반이다. 그 나이 또래의 아내는 남편이 맞는 위기에 심한 두려움을 느낀다"[2]라고 썼다.

또 이 나이층의 어른들은 자신들의 가치와 행동을 평가해본다. 그들은 "나는 정말 내가 원하는 사람인가?"라는 질문을 한다. 이 질문은 어떤 사람이 되고 싶은지를 묻는 젊은 성인층의 질문과는 상당히 다르다. 문제는 우리가 얼마나 우리의 부모님들과 같은 사람들이 되고 싶어하는가 하는 것이다. 중년 초기의 성인들은 직장과 외모와 자녀를 양육하는 방식이 그들 전 세대와 매우 유사하다는 사실을 보게 된다. 그리고 그 반응은 흥미롭게도 좋아하고, 싫어하고, 고마워하는 등 매우 다양하다.

이 모든 점들은 부모들과의 관계를 향상시킬 수 있도록 돕기 위해 교회가 해야 하는 또 하나의 개발적 과업을 드러내준다. 우리는 중년층의 성인들이 그들의 부모들과의 관계를 잘 이루어가기를 기대한다. 종종 '가장 가까운 친구'가 되기도 한다. 이 시기는 여러 가지 면에서 앞으로 이어지는 10년의 색깔을 결정해준다.

이 시기에 느끼는 스트레스와 충격들을 남성들에게만 국한된 것으로 생각하지 않기 위해 콘웨이가 여성들에게서 관찰한 점들을 살펴보도록 하자. 이 내용은 「중년의 위기에 처한 여성들(Women in Midlife Crisis)」이라는 책에 자세하게 설명되어 있다. "결혼한 지 15년 된 30대 후반의 여성이 있다고 가정하자. 그녀는 자신의 삶을 재평가해보아야 할 필요를 강하게 느끼게 될 것이다. 그 비슷한 시기에 막내 아이는 학교에서 거의 하루 종일 시간을 보낸다. 그래서 아직 빈 집은 아니지만 조용한 집이 되었다. 그렇다. 아이들이 학교에 가지 않을 때는 여전히 아이들이 집에 있다. 그리고 그녀에게는 어머니로서의 해야 할 역할이 있다. 그러나 종일 집안을 돌보는 일만을 할 경우 집 안에 아무도 없어서 너무나 조용한 긴 하루를 보내며 인생을 생각할 시간을 갖게 된다."[3]

'위기'라는 개념의 수렁에 빠지지 않으면서 이 시기의 사람들에게 개인적인 그리고 그룹을 통한 지원을 제공해줄 수 있는 교회는 학습과 섬김의 기회를 제공해준 그 노력에 대한 인정을 받게 될 것이다. 이 책은 생명력을 가지고 영적으로 깨어서 성경을 가르치는 교회만이 콘웨이가 그의 책 마지막에 '길 잃고 당황해하는 35세'에 대해 다음과 같이 묘사한 내용들을 성취할 수 있도록 도와줄 수 있다. "그러나 30대 후반에 중년의 위기를 거치면서 보다 강하고, 보다 분명한 확신을 갖는 여성들이 나타나는 것을 볼 수 있다. 그것은 경험이라는 시련의 불을 거치며 개발된 힘이며 그녀는 이 힘으로 중년의 위기를 지나는 남편을 도와줄 수 있을 것이다."4

책임이 따르는 시기 : 45-55세

이 시기에는 남자와 여자가 심리적으로 서로 엇갈리게 되는 듯한 시점을 맞이하게 된다. 남자들은 돌보고 배려하는 양육 중심이 되고, 여자들은 보다 독립적이고 공격적이 된다. 이런 현상은 문화적인 것보다는 생리학적인 것이라고 말하는 사람들도 있지만 우리 사회가 이런 양상을 조장하고 있다고도 말할 수 있다. 대부분은 자녀 양육의 부담과 관계가 있다. 오랫동안 남자들은 육체적인 필요를 공급해주어야 했고 여자들은 정서적인 면을 다루어야 했다. 이제 중년이 된 그들은 양편 모두 자신들의 개성이 억제된 상태에 있을 수 있다. 그리고 자녀들이 독립하면서 그들의 생활 양식이 하나로 모아져 지금까지와는 다른 방향으로 움직여나간다. 로널드 케슬러(Ronald Kessler)는 이 시기, 특히 50대는 실제로 스트레스와 염려가 감소된 시기라고 주장한다. 그는 생의학적 연구를 통해 40대에서 60대 사이의 사람들은 실제로 염려를 감지하는 두뇌 세포를 잃어버리기 시작하는데 그 때문에 중년이라 부르는 시기의 말경에 이르면 사람들이 느긋해진다는 것을 발견했다.5

이 중년층에 있는 사람들을 위한 교육적인 과제를 생각하면서 교회는 그들이 직면하는 개발적 도전들을 어떻게 도와주어야 할 것인가? 그들은 적응 단계에서 높은 성취와 책임의 단계로 옮겨가고 있다. 남자들에게 있어서 그리고 여자들에게 있어서도 점점 더 증가하는 가장 중요한 관심사는 일의 성취가 된다. 직장에서의 안정감을 생각해볼 때 그들은 이미 같은 직종에 혹은 같은 직장에 20년 내지 30년 가량 몸담아왔을 것이다. 그러나 그 일이 기쁨을 가져다주고 있는가? 그리스도를 위한 섬김으로 보는가? 아니면 그저 고역으로 생각하는가? 성경은 피고용인으로서의 그리스도인들의 역할을 여러 구절에서 언급하고 있고 우리는 이 중년층의 사람들이 그 말씀을 들을 수 있도록 크게 북을 울려주어야 한다.

이 층에 속한 사람들은 또 자녀들을 어떻게 대할 것이며 또 자녀들과의 관계는 상당히 다른 관계라고 할 수 있는 손자들을 어떻게 대할 것인지를 배워야 한다. 자녀들과 손자들을 비교하지 않기란 거의 불가능한 일처럼 보인다(때로는 그 둘을 같은 이름으로 부르기까지 한다). 개발적 과업의 한 부분은 어떤 면에서 끊어져야 하는 관련성을 인식하고 난 다음에 손자들과의 관계를 다시 형성하는 것이다.

이 층에 속한 사람들은 풍성한 결혼 생활을 위해 노력해야 할 필요가 있다. 물론 이 일은 모든 연령층의 성인들에게 해당되는 말이기도 하다. 그러나 45세에서 55세의 연령층에 속한 사람들은 자녀들이 가정을 떠난 후에 나타나는 빈 집 증후군을 경험하는 단계에 들어서고 있기 때문에 부부의 결혼 생활을 풍성히 하려는 노력이 보다 중요하게 다루어져야 한다. 아이들이 떠나고 나면 두 사람만 남는데 그 때 두 사람은 견고한 일체감을 느낄 수 있어야 한다. 결혼한 사람들이 "아이들 때문에 같이 사는 거죠, 뭐"라고 호소하는 소리를 얼마나 자주 듣게 되는가? 아이들이 떠나고 나면 그 이유는 더 이상 성립될 수 없게 된다.

우리는 또 그들에게 사회적, 공동체적 관계를 확대함으로 그리스도인으로서 어떻게 그 역할을 감당해야 하는지를 가르쳐야 한다. 앞 장에서 살펴보았듯이 그들은 '중간에 걸려' 있다. 35세가 되면 이미 거쳐온 25세를 이해할 수 있다. 그러나 75세를 이해하기는 훨씬 어렵다. 그 나이에 대한 책을 읽기도 하고 이야기해볼 수는 있지만 느낄 수는 없다. 정말로 75세가 되면 어떨지를 사실은 알 수 없다. 중년층과 그들의 부모들을 구분해주는 연령 비율에 대한 정확한 기준은 없다. 그러나 우리가 20년을 한 단위로 본다면 45세인 사람이 65세의 사람들과 그 이후 10년에 걸친 나이층에 있는 사람들을 이해할 수 있도록 돕는 일이 얼마나 중요한지를 인식할 수 있을 것이다.

성인들의 다양한 개발적 과업들이 정서적인 성숙과 어떤 관계를 맺고 있는지를 살펴보는 일은 매우 흥미롭다. 성숙이란 사회 속에서 창의적인 기능을 계속하면서 사랑을 주고받는 것이라고 누군가 말했다. 현대 사회 속에서 느끼는 긴장감은 사람들을 움츠러들게 하고, 화를 내게 하며, 두려움을 느끼게 하며, 어려운 상황들에 직면하기를 꺼려하게 만든다.

오래되긴 했지만 여전히 우리 생활과 관련된 「창의적인 시기(Creative Years)」란 제목의 책에서 루웰 호웨(Reuel Howe)는 현대 성인의 개발은 안전에 대한 선입견으로 억눌려왔다고 주장했다. 그는 사람들은 현재 주어진 기회에 그다지 큰 관심이 없으며 안전에 대한 선입견은 산업 기술이 지배하고 통제하는 사회에 전적으로 합류하는 모습 속에서 그 증거를 저절로 드러낸다고 말했다. 아마도 그럴 것이다. 그러나 30년이란 기간 동안 중년층에 주어지는 '현재의 기회들'은 그 어느 때보다 엄청나다. 호웨는 특별히 성숙을 인식하는 데 도움이 되는 다음의 몇 가지 제안들을 해주었다.

1. 성숙한 사람은 즉각적인 요구를 따르기보다는 장기적인 목표를 향해 나아간다.
2. 성숙한 사람은 사람이나 사물을 자신이 생각하고 싶어하는 대로가 아

나라 있는 그대로 받아들인다.
3. 성숙한 사람은 반항하거나 '항복하지' 않으면서 다른 사람들의 권위를 인정한다.
4. 성숙한 사람은 지나친 자만감이나 죄책감 없이 자신을 권위 있는 한 사람으로 받아들일 수 있다.
5. 성숙한 사람은 자신이 받아들일 수 없는 충동이나 다른 사람들의 공격으로부터 자신을 방어할 수 있다.
6. 성숙한 사람은 자신이 노예처럼 일해야 한다는 생각 없이 일할 수 있고, 일을 해야 한다는 강박 관념에 억눌리지 않고 놀 수 있다.
7. 성숙한 사람은 적절한 방식으로 이성 간의 교제를 받아들일 수 있다.
8. 성숙한 사람은 충분히 만족스런 사랑을 할 수 있기 때문에 자기가 사랑을 준 사람을 덜 의존하게 된다.
9. 성숙한 사람은 보다 큰 계획 속에 있는 자신의 역할을 받아들일 수 있다.[6]

놀라운 지침들이다. 그리고 특별히 가장 중요한 시기에 있는 중년층의 사람들을 놀랍게도 잘 묘사하고 있다.

축제의 시기 : 55-65세

어떤 작가들은 이 시기를 '성인기 후반'이라 말하며 노년기로 접어드는 다리와 같은 시기로 본다. 사람들이 더 오래 살고 일하게 되면서 노년기는 점점 더 늦게 시작된다고 볼 수 있다. 100년 전에는 55세가 되면 중년기의 후반이 시작되는 것이 아니라 죽음을 맞이했다. 왜 축제란 말을 사용하는가? 그 이유는 젊은 성인층에서 시작되었고 중년층에 들어선 첫 20년 동안에 실현되어온 대부분의 일들이 이제 실제적으로 완성되기 때문이다. 이들은 자녀들을 양육해 주님을 위해 성공적인 삶을 살도록 내보내는 일과 한 회사 혹은 한 직종에서 오랫동안 잘 섬길 수 있었던 일로 축하받을 수 있다. 그리고 또 안정된 결혼 생활을 즐거워할 수 있고 건강과 장수를 축하할 수 있다. 그렇다면 그들에게 필요한 것은 무엇인가?

55세에서 65세에 속한 사람들을 위한 사역은 삶의 자원들을 활용하고, 성공적으로 정년 퇴직을 맞이하며, 자신뿐 아니라 사랑하는 사람들과 친구들의 죽음을 잘 대처하는 일들을 중심으로 이루어진다. 과거에 기쁨과 고통 모두를 감당했고 미래는 길지 않기 때문에 현재가 중요하다. 이 시기는 20년 후에 어떤 일을 하게 될 것인지를 이야기할 그런 때는 아니다. 그러나 삶을 어떻게 극대화하며 어떻게 지금 그리스도를 섬길 수 있는지를 이야기할 때이다.

결혼식 초대는 줄어들고 장례식 초대는 늘어난다. 많은 친구들이 이미 주님께로 갔고 현실은 하나님께서 매순간 살아갈 수 있는 호흡을 연장해주신다는 사실을 인정하게 만든다. 목사와 성경 교사들은 이 사실을 어떻게 그들에게 선명하게 드러내줄 수 있을 것인가?

이 모든 것들은 질병에 대한 약간의 염려와 함께 건강에 대한 새로운 관심을 불러온다. 혈액 검사, 심장 박동 검사, 늘어나는 약 복용 등을 그 전 어느 때보다 이 시기에 훨씬 더 많이 경험하게 된다. 그리고 이 시기에는 일반적으로 패스트 푸드 점을 피하게 된다. 그들의 저녁을 준비하는 10대의 모습이 마음에 걸리기 때문이다.

충실하게 살면서 중년의 후반기의 사람들은 그들만의 개인적인 그리고 경험적인 성취에 대한 독특한 느낌을 갖게 된다. 그들이 그동안 어떻게 하나님의 뜻을 따라 살아왔으며 그 결과 지금의 만족을 얻을 수 있게 된 것을 인식할 수 있도록 도와주는 것이 교회가 해야 할 일이다. 아마도 탁월함이라는 단어를 이 시점에서 생각해보는 것이 좋을 것이다. 탁월함은 완전함이 아니다. 탁월함은 하나님께서 주신 자원을 가지고 최선을 다한 결과이다. 그리고 하나님께서는 모두 똑같은 자원을 주지 않으신다. 어떤 사람들에게는 돈을, 또 어떤 사람들에게는 건강을, 또 다른 사람들에게는 뛰어난 지력을 주신다. 우리는 교회에 속한 성인들이 활동적인 생활의 마지막 지점에 다다르게 되면 뒤를 돌아보고 "내 삶이 완전하지는 않았지만 내가 이해한 하나님의 뜻을 따라 최선을 다한 탁월한 삶을 살았다"라고 말할 수 있기를 바란다.

중년 성인 학습의 중심이 되는 문제들

이 책 전체를 통해 필요를 채워주는 일의 중요성을 강조해왔다. 거의 매 장마다 그 문제에 초점을 맞추어왔다. 웨슬리 윌리스(Wesley Willis)는 진단된 필요가 아니라 느끼는 필요를 강조해야 할 것을 다음과 같이 상기시켜준다. "성인들이 원하는 것이 무엇인지 경청하라. 불행하게도 다른 사람들을 위해 프로그램을 계획하는 교육자들이 그 과정에서 그 사람들과 의논하는 일을 종종 무시한다. 그리고 중년층의 필요가 무엇인지 우리가 짐작할 수 있다고 생각하지만 빗나간 짐작이 되기 쉽다. 성인들, 특히 베이비붐 세대는 자신들의 의견을 가지고 있으며 기회가 주어지면 자신을 표현하고 싶어 한다. 다른 곳에서는 매우 뛰어난 지도자들이 교회 안에만 들어오면 얼마나 불명확해지는지 놀라울 정도이다. 우리는 이런 수동적인 모습을 탈피하고 효과적이고 생활에 관련된 사역을 만들어가야 한다. 성인들이 무엇을 바라고 무엇을 필요로 하고 있는지 알고 싶은가? 고정관념을 벗고 그들에게 물어보라!"[7]

우리가 그렇게 한다면 그들은 어떤 대답을 할 것 같은가? 각자의 의견만큼이나 각각 다른 표현을 하겠지만 여러 가지 조사와 대화를 통해 다음과 같은 몇 가지 중요한 문제들이 드러났다.

자의식과 안전

중년층에 속한 남녀가 생각하는 가장 중요한 관심사를 두 단어로 표현해 보라고 한다면 그 대답은 자의식과 안전이 될 것이다. 남자들은 '왜 내가 중요한가? 내게 있어서 무엇이 그리고 내가 하는 일 중 어떤 것들이 유용하고 중요한가? 어떻게 하면 생산성을 높일 수 있을까?'라고 자문한다. 여성들에게 있어서는 육체적, 경제적, 감정적 안전이 가장 중요한 것 같다. 남자가 직장을 잃으면 그는 자의식을 잃게 되고 그의 아내는 안전을 잃게 된다.

콘웨이는 "직장이 없는 남자는 자신에 대한 정체감이 없다. 그는 아무런 공헌도 하지 못하고 있다고 느낀다. 일 자리를 잃게 될 염려나 일터에서의 불행은 암이나 고혈압, 대장염, 무기력, 신경 쇠약 등과 같은 육체적, 감정적 질병을 일으킬 수 있다"[8]라고 제안했다.

남자들이 너무 직장을 의존하지 않게 도와줌으로 직장을 잃게 되거나, 문제가 생겼을 때 오는 대붕괴를 피할 수 있게 해주는 것이 아마도 교회가 해야 할 일 중의 하나가 될 것이다.

여성들의 안전과 관계에 대한 의존도에 대해서도 같은 주장을 할 수 있을 것이다. 캐서린 스톤하우스(Catherine Stonehouse)는 다음과 같이 말했다.

> 상대방과 자신을 다르게 보는 관점에 의해서가 아니라 관계라는 관점에서 자신이 누구인지를 규정하는 것이 대인 관계 속에 나타나는 진실이다. 상대방과 관계를 갖는다기보다 그 상대방은 자신과 관계 있는 사람이 된다. 상대방의 기대가 바로 자신이 어떤 사람이 되어야 하는지를 결정해주며, 자신의 행동을 통제하는 주된 요소가 된다. 관계와 다른 사람들의 기대를 만족시켜주는 일은 삶의 의미를 가져다준다. 인간은 자신

의 소속을 매우 중시한다("당신은 누구입니까?"라고 물으면 인간 관계를 중시하는 자아는 "나는 누구의 아내이며 남편이며 누구의 아들이며 딸입니다"라고 대답한다). 관계를 떠나서 자신에 대한 정체성을 발견하지 못하는 사람은 자신과 관계가 있는 상대방이 거리를 좀 두려고 하면 상당한 위협을 느낀다. 그런 사람은 죽음이나 이혼으로 관계가 단절되면 자아의 중심도 사라진다.[9]

목적과 진보

우리가 10년을 단위로 나눈 중년층에 속한 남녀는 인생의 목적을 설정하는 것으로부터 성취를 되돌아보는데 필요한 진보를 향해 나아간다. 어떤 사람들에게는 승진을 하고, 아이들을 키우고, 보다 크고 비싼 집과 자동차를 사고, 노후 자금을 저축하는 등 그 진보가 분명한 것처럼 보인다. 그러나 그런 양상은 여성들보다는 남성들에 대한 설명이 될 것이다. 중년의 여성들에게는 좀더 다양한 선택권이 주어지기 때문에 모자이크와 같은 삶의 양상을 띠게 되는 것처럼 보인다. 집에 머물러 있을 것인가? 아니면 직장 생활을 할 것인가? 일을 하기로 결정하면 부업으로 할 것인가, 아니면 전업을 선택할 것인가? 일을 하지 않기로 한다면 얼마만큼의 시간을 교회와 사회 활동에 사용할 것인가?

직장을 잃거나 기대하지 않는 임신을 한다든가 혹은 아이를 잃고 가정이 겪어야 하는 위기 등의 직접적인 변화로 남녀 모두 어려움을 겪을 수 있다. 이런 직접적인 변화로 남녀 모두가 영향을 받기는 하지만 교회는 남자와 여자가 다르게 반응할 수 있다는 사실을 인식하고 있어야 한다. 역할과 목적에 대한 성인들의 이해와 관련된 반응들은 이 장에서 다루고 있는 문제들과 직접적인 관계가 있다. 42세가 된 부모가 예상치 않았던 임신을 하면 남편은 몇 주 동안 잠을 못 잘 수는 있지만 기본적으로 그의 일은 예전과 다름없이 계속된다. 그러나 그의 아내의 생활에는 심각한 변화가 따르게 된다.

정체감과 자존감

일반적으로 자의식이 강한 남자들이 일의 성취를 통해 갖게 되는 자존감은 중요한 요소가 된다. 교회 지도자들은 편안히 앉아서 성취에 너무 얽매여서는 안 된다고 주장한다. 그러나 앞에서도 말했지만 우리는 '해야 한다'라는 기초 위에 교육 프로그램을 세울 수 없다. 그 기초는 결코 그 위에 세워진 구조물을 지탱해주지 않을 것이다. 자의식에 초점을 맞추는 남자들은 목적을 설정하고, 진보를 목표물로 삼아 성취를 기대한다. 그 성취는 반드시 돈으로 계산되는 것만은 아니다. 학력, 사회 봉사를 통한 인정 혹은 사무실 책상에 놓여지는 직위 같은 것들이 될 수도 있다.

두려움과 좌절감

이 장에서 우리는 성취와 획득, 심지어는 축제에 대한 이야기를 많이 나누었다. 그러나 중년층을 위한 사역을 하면서 그들이 느끼는 두려움과 좌절감의 실체를 축소시키는 것은 현명하지 못하다. 이 장의 제목이 보여주고 있듯이 중년의 시기는 최상의 시기가 될 수 있는 반면 또한 최악의 시기도 될 수 있다. 거듭된 조사들을 통해 알 수 있는 것은 두려움과 좌절감은 많은 것들을 얻는 시기에도 잃어버린 것들을 중심으로 생겨난다는 사실이다. 남자들은 재정적인 손해를 그리고 더 극단적으로, 무기력을 두려워한다. 여자들은 아름다움과 남편과 직장과 오랫동안 소중히 여겨왔던 가정을 잃게 되는 것을 두려워한다.

사람들이 잃어버린 것에 어떻게 반응하는지를 잘 이해하지 못하는 한 교회는 중년층을 잘 섬길 수는 없다. 그 이유는 그 속에서 두려움이 좌절감으로 나타나기 때문이다. 남자들에게서는 분노를 기대할 수 있다. 절제하고 드러내지 않을 수도 있고, 폭발시킬 수도 있다. 여자들은 남자들의 분노에 상응하는 우울증과 씨름하게 된다. 두 경우 모두 성숙한 그리스도인의 적절한 반응이 아니라고 가르치지만 그 둘의 명백한 실체를 인정해야 한다. 콘웨이는 "심리적 우울증은 항상 상실과 관계가 있다"[10]라고 말하며 우울증과 잃어버린 것들을 직접적으로 연관지었다. 그리고 그는 관계의 상실, 물질적인 손실, 잃어버린 시간, 기회의 상실, 선택 혹은 통제권의 상실 등을 언급했다. 그런 다음 그는 "삶의 어느 영역에서건 일어나는 상실은 우울증을 불러올 수 있다. 상실의 근원을 밝혀서 필요한 조처를 취하면 우울증은 해소되고 다시 생활을 영위할 수 있게 된다"[11]라는 결론을 내렸다.

중년기는 얻는 것도 많고 주는 것도 많다. 내 삶을 돌아보면 대학에서 보낸 몇 년 간의 중년기의 중반이 내가 기억할 수 있는 가장 최고의 시기였다. 단순히 인구 통계학적인 면에서 베이비붐 세대가 최근까지 사회적 규범을 통제해왔다. 그들 대부분이 지금 중년층에 속해 있기 때문에 구약 시대로부터 지금까지 알려진 바 없는 장수를 누리며 다시 학교로 돌아가 새로운 진로를 향해 착실히 전진해 나아가며 큰 발걸음을 옮기게 될 앞날을 내다 볼 필요가 있다.

그들을 섬기고 가르치는 동안 우리는 또한 그들에게 어떻게 가르치고 섬겨야 하는지를 보여주어야 한다. 융통성을 가진 변화와 풍부한 접근 방식이 중년층을 위해서는 최선의 선택이 된다. 스톤하우스는 다음 사실을 우리에게 상기시켜주고 있다.

> 기독교 성인 교육에서 한 '사이즈'가 모든 사람들에게 적용되고 있는 것은 아닌가? 남자와 여자의 특정한 차이점이 무시되고 있지는 않는가? 교회에서의 성인 교육은 남자와 여자의 필요와 관심과 장점을 이해할 때 하나님의 백성들을 위한 삶과 사역에 가장 큰 공헌을 할 수 있게 될 것이다. 이런 이해 속에서 성에 초점을 맞춘 특정한 사역들이 나오게 될 것이다. 그러나 대부분의 기독교 교육은 서로를 통해 배우는 남녀를 모두 포함시키게 될 것이다. 모든 관점과 관심이 존중되고 남자와 여자의 통찰

력이 모두 하나님 나라를 건설하는 데 사용되어질 때 삶과 사역이 풍성해진다.[12]

| 제 12 장 |

사용 가능한 지혜 : 선배 어른들

우리는 급속하게 확장되고 점점 더 활동적으로 되어가는 노인들의
풍부한 지혜와 풍요한 자원을 교회 안으로 유입시켜야 한다.

● NBC 방송국의 윌라드 스코트(Willard Scott)는 '투데이 쇼(Today Show)'를 통해 100세 이상 된 미국인들에게 생일 축하 인사를 전해달라는 요청을 50건 이상 받고 있다. 1980년대 중반 경 사회 보장 행정당국에는 100세가 넘은 사람들이 3만 2천 명 이상이나 등록되었다. 1990년대 초 미국 인구 조사 사무국은 100세가 넘은 사람들의 수를 35,808명으로 집계했다. 이 숫자들이 다른 의미를 가질 수도 있겠지만 우리가 노령화되어가는 사회 속에서 살고 있다는 사실을 분명하게 알려준다.[1]

노인 인구 통계

존 네스비트(John Nesbitt)는 현재와 미래의 나이 파장을 '우리 시대의 가장 중요한 추세'라고 했다.[2] 1985년에 처음으로 65세 이상의 미국인 인구 수가 18세 이상의 인구 수를 초과했다. 인구 통계학자들 중에는 약 백만 정도의 베이비붐 세대가 100세 이상 살게 될 것이라고 말하는 사람들도 있다.

미국의 고령화

1950년대의 평균 수명은 68.3세였다. 1985년 그 숫자는 74.7세로 뛰어올랐다. 그리고 2020년이 되면 78.1세가 될 것이라고 추정하고 있다. 1984년 미국 인구 조사 사무국은 65세 이상인 사람들의 수가 지난 30년 동안 두 배로 늘어났고 그들이 다음 세기 인구의 20퍼센트를 차지하게 될 것이라는 조사 결과를 발표했다. 그것은 2030년까지 미국에 6천 4백만의 '노인'들이 있게 될 것이며 그들은 이미 우리와 함께 살고 있다.[3] 전반적인 인구의 비율은 변할 수도 있지만 이 숫자에는 변동이 없다. 인구 통계 예상치는 1900년대 초에 있었던 것과 같은 또 한 번의 베이비붐 현상에 의해 달라질 수도 있다. 인구 통계 학자들은 2040년까지 미국의 65세 이상 되는 노년의 인구가 전 인구의 거의 사분의 일에 해당하는 8천 7백만에 달하게 될 것이라는 제안을 했다. 그 해에 남자의 수명은 87세가 될 것이며 여자의 경우는 92세라는 놀라운 숫자가 될 것이다.[4] 교회는 이 65세 이상 된 사람들을 위해 어떤 계획을 세울 수 있겠는가?

2020년을 바라보며

대부분의 교회 지도자들이 50년 혹은 30년 간의 사역 전략을 제시하는 일이 불가능하다고 생각한다. 그러니까 이 책이 출판된 후 한 세대도 채 되지 않게 될 2020년까지를 생각해보도록 하자. 그렇게 장기적인 계획을 구체적으로 할 수는 없을 것이다. 그러나 복음주의 교회들이 노인층을 이해하기 위해 해야 할 일들을 예상해볼 수는 있다.

인구통계 학자들은 2020년에 65세 이상 된 사람들이 미국 인구의 17.3퍼센트를 차지하게 될 것이며 건강보험 지급금이 GNP의 11.8퍼센트에 달하게 될 것이라고 예상하고 있다. 그리고 보면 의료 보험과 사회 보장 제도 사태에 대한 정부의 탄식을 듣게 되는 것도 놀랄 일은 아니다. 어떤 사람들의 주장처럼 이 두 예산이 잘못 운영되면 그 문제를 해결하기 위해 우리가 끌어 모을 수 있는 모든 능력을 다 요구하게 될 것이다. 이미 정년 퇴직 나이가 점차적으로 높아지고 있으며 이런 현상은 교회의 결정에 중요한 요소가 된다.

고령화 사회가 직면한 문제들

이런 현상에 대해 노인들은 어떻게 느끼고 있는가? 그들이 표현하는 우선적인 관심사는 무엇인가? 미국에서 매일 한 개의 양로원이 개원을 하고 있지만 대부분의 노인들은 자신들의 건강이 양호한 상태라고 말한다. 85세 이상 된 사람들 중에서도 절반 미만의 사람들만이(45.4퍼센트) 도움을 필요로 한다. 그리고 그 숫자가 65세와 69세 나이층에서는 10퍼센트 미만으로 뚝 떨어진다. 어쨌든 건강이 여전히 가장 중요한 관심사이다.

그러나 경제 역시 조사 결과 높은 순위를 차지하고 있음을 알 수 있다. 물론 노인층의 수입 수준은 다양하다. 그러나 그들은 일반적으로 젊은 세대보다 많은 자산을 가지고 있고 65세 이상 된 사람들 가운데 빈곤층은 1960년대의 35퍼센트에서 1990년대의 12퍼센트로 줄었다.

세번째 문제는 은퇴 후의 주거지를 중심으로 하고 있다. 모든 미국 사람들이 플로리다나 애리조나로 몰려간다고 생각하지 않도록 65세 이상 된 사람들의 75퍼센트가 전혀 거주지를 옮기지 않았다는 사실을 밝혀두는 것이 필요하다고 본다. 이주민 중에서도 반 가량은 같은 주 내에 머물렀다. 은퇴한 후 다른 주로 옮긴 사람들은 5퍼센트 미만에 불과하다. 필요의 문제에 대해 이 장의 후반부에서 다시 살펴보게 되겠지만 서두를 꺼내는 의미에서 잠시 과거에 우리 나라가 나이 든 세대를 어떻게 환영했는지를 먼저 살펴보도록 하자.

이면 도로

역사가 마틴 마티(Martin Marty)는 다음에 이어지는 역사적 기간들을 '고령화의 문화적 선조'라고 불렀다. 그리고 이 부분에서 우리가 다루는 내용은 그의 피상적인 개요에 불과하다.[5]

식민 이전 시대(1492-1607)

이 시기에 관한 보고는 거의 찾아볼 수 없다. 미 대륙에는 모험과 약탈적인 개인주의 시대가 열렸다. 사람들은 젊은 나이에 죽었고 지속적인 관계에는 거의 관심이 없었다. 이런 모습은 유럽인들의 정착을 묘사해주었다. 그러나 반대로 미 원주민들은 나이 든 시민들에 대한 관심과 보호를 주도하는 양상을 보이고 있었다.

초기 뉴잉글랜드(1607-1750)

17세기에는 몇 가지의 새로운 양상이 개발되기 시작했다. 세대가 증가되고 가정들이 초기 이민자의 역사를 추적하기 시작했다. 이런 현상은 나이 든 사람들에 대한 보다 긍정적인 자세를 갖게 해주었고, 이 150년 동안 나이 든 사람들의 위치가 향상되었다.

개화기(1750-1800)

새로운 개척주의 정신과 함께 문학, 교육, 과학 등의 영역에서 천재들의 새로운 세대가 일어났다. 그러나 여전히 사회적인 차원에서 도움을 주려는 헌신은 없었다. 1800년대에는 그 당시의 독립적인 사회가 오늘날과 같은 복지 사회가 되리라고는 아무도 예견할 수 없었다. 19세기에 볼 수 있었던 나이 든 사람들의 향상된 지위는 정부 보조가 아니라 주로 가족들의 배려에 그 공을 돌릴 수 있다.

국가 형성기(1800-1860)

많은 사람들이 이 시기를 '정의의 제국 시대'라고 부른다. 고등학교 역사 시간을 기억하는 사람은 누구나 이 시기가 왜 처참하고 파괴적인 시민전쟁으로 끝나게 되었는지를 알고 있을 것이다. 그 무시무시했던 내란은 교육을 포함한 많은 것들에 대한 사람들의 꿈을 무너뜨렸다. 그 전쟁은 그 이후 나이 든 부모들을 돌볼 수 있고 돌보아야만 했던 젊은 미국인들의 삶을 마비시켰다. 그러나 시민 전쟁 이전까지 미국은 새로운 종교적인 열심과 부흥의 정신을 경험했다. 처음으로 사람들은 다른 사람들을 위해 무언가 하는 것을 믿음의 증거로 인식한 복음의 사회적 실천이 이루어지는 것을 보았다. YMCA와 같은 단체가 생겨나기 시작했다.

이륙기(1860-1918)

시민 전쟁 후 나이 든 사람들에 대한 국가의 자세가 극적으로 바뀌었다. 더 많은 노인층이 생겼고 그들을 어떻게 해야 할지 몰랐다. 북부와 남부가 모두 재건되었고, 사회 실천 복음이 교회를 떠맡았으며, 자유주의 신학이 교회를 지배하게 되었다. 사람들은 이주와 도시화와 현대화와 세속화에 대해 이야기하며 황금기가 도래했다고 말했다. 발견과 발명이 나라를 놀라게 했고, 신학은 고통을 당하는 반면 사회와 사회적 관심이 교회와 나라를 다스렸다. 십자가와 제자도와 주님의 재림을 전하는 복음주의 교회에게는 어려운 시기였다. 그리고는 제1차 세계대전이 세계적인 확신을 포함한 모든 것을 무너뜨렸다. 그 무시무시한 기간 동안 그런 일이 또다시 일어나리라는 것을 누가 알고 있었겠는가?

뉴딜 정책 시기(1918-1950)

제1차 세계 대전에 이어 경제 공황과 제2차 세계 대전이 이어지면서 숨 쉴 겨를조차 없었다. 미국은 1941년 제2차 세계 대전에 참전했고 국가적인 신진 대사가 다시 갑자기 활기를 띠게 되었다. 프랭클린 D. 루즈벨트 대통령의 지휘 아래 워싱턴은 나라를 건설하고 통제권을 갖게 되었다. 예를 들어 사회 보장 제도는 '뉴딜 정책'의 일부였다. 사회적인 배려가 처음으로 세상의 손에 의해 시작되었고 가정과 교회에 의해 그 책임이 정부에게 넘겨졌다.

은퇴의 시기(1950 -)

1950년 전까지도 사람들은 분명히 '은퇴'를 했다. 그러나 지금의 사회 보장 제도는 65세에 은퇴를 하도록 격려하고 있다. 거의 반세기 이상 우리는 자격을 부여해주는 프로그램, 지지 대회, 고충 처리원, 은퇴한 사람들로 이루어진 미 연합회(은퇴를 했거나 하지 않은 50세 된 사람이 가입할 수 있는)의 거대한 힘 등을 보아왔다. 그리고 임의 은퇴를 보장하는 나이 차별과 고용에 관한 법안이 나왔다. 기업들은 정책을 바꾸어야 했고 '은퇴'한 사람들이 특정한 한 사회 집단을 이루게 되었다.

이제 은퇴는 인생의 세번째 단계(어린 시절과 중년기 이후)가 되었고, 거대한 정치적 세력을 유인하고 있으며 동시에 평생 교육과 노인들의 경제가 관심의 대상이 되고 있다.

21세기 교회는 노인들이 신체적으로 보다 강성하고 모험과 경험에 보다 관심이 있으며 지속적인 교육에 보다 많은 참여를 하게 될 것이라는 사실을 인식하고 그들을 위한 사역을 재고해야 한다고 말하는 지도자들도 있다. 가장 중요한 것은 이제는 더 이상 노인들을 사역의 대상으로만 생각할 수 없으며, 줄 것을 많이 가지고 있는 그리스도의 몸을 이루는 지혜롭고 경험 있는 사람들이라는 사실을 인식해야 할 필요가 있다는 점이다.

노인층을 위한 개발과 작업

팀 스태포드(Tim Stafford)는 79세가 된 자신을 묘사하기를 J. B. 프리스틀리(Priestley)의 말을 인용했다. "그건 마치 내가 상당히 젊은 모습으로 쉐프츠베리 거리를 걷다가 갑자기 납치를 당해 극장으로 끌려 들어가 흰머리와 주름을 뒤집어쓰고 나이 든 사람처럼 꾸미고는 무대 위를 돌도록 강요당하는 것 같았다. 노인의 모습을 한 외모 뒤에서 나는 젊었을 때와 같은 생각을 하는 같은 사람이다."[6] 아마 같은 생각을 가진 같은 사람이겠지만, 같은 환경 속에 있는 같지 않은 몸을 지니고 있고, 다른 사람들은 자신이 자신을 생각하는 것처럼 자신을 생각하지 않는다. 노인들은 어떤 도전들에 직면하고 있는가? 그들이 이제 모든 것이 다 지나갔다고 생각하는 바로 그 때 그들은 어떤 일을 시작해야 할 것인가?

자존감의 유지

내가 '은퇴'한 지 채 1년도 되지 않는 상태에서 나는 지금 이 글을 쓰고 있고 나 자신도 은퇴한 사실을 어떻게 받아들여야 할지 잘 모르겠다. 그러나 삶이 보장되었고 직책이 주어졌던 자리를 떠나는 일은 엄청난 적응을 요구한다는 사실은 분명하다. 거기다 지역적으로 자리를 옮기는 일을 추가하면 육체적으로나 정서적으로 느끼는 충격은 거의 압도적일 수 있다. 그리고 건강 문제와 재정적인 타격으로 복잡해지면 그 변화의 영향은 거의 파괴적이라 할 수 있다. 육체적, 정신적 변화 말고도 '지금의 나는 누구인가?'라는 질문이 부상한다. 활동적이고 생산적인 삶을 살아왔던 대부분의 노인들은 그 질문에 대한 좋은 대답을 찾게 될 것이다. 그리고 반드시 그 질문에 대답해야 한다.

감소되는 체력과 에너지에 대한 적응

이런 상태는 대부분의 성인들의 삶 속에서 지속적으로 일어난다고 주장할 수도 있을 것이다. 그리고 그것은 아마도 사실일 것이다. 그러나 우리 사회를 괴롭히는 질병과 건강을 조금씩 앗아가는 끈질긴 허약함은 나이 든 사람들에게 훨씬 더 복잡하게 나타나는 경향이 있다.

감소된 수입

물론 은퇴한 모든 사람들이 경제적인 문제를 안게 되는 것은 아니다. 회사의 중역들과 정계의 인물들은 60세가 되기 전에 이미 자신들의 문제를 잘 해결해둘 것이다. 그러나 다른 수많은 사람들은 주식 시장의 전광판을 들여다보며, 다음에는 누가 사회 보장 제도를 맡게 될 것인가를 염려한다. 평범한 직장에서 일하는 사람들도 그들보다 훨씬 더 낫다. 내 친한 친구는 52세에 퇴직금과 받을 수 있는 모든 혜택을 받고 직장을 떠났다. 회사는 구조 조정을 단행했고 젊은 사람들을 유입하기 위해 그가 거절할 수 없는 조기 정년 퇴직을 장려하는 '금으로 된 낙하산'을 제시했던 것이다. 그는 급료, 보험, 그 밖의 다른 혜택들을 하나도 잃지 않고 계속 살아갔다. 그러나 그런 일은 흔한 일이 아니다. 사회 보장 제도가 은퇴한 사람들이 벌 수 있도록 허락해주는 얼마 안 되는 금액에 추가되는 노인들의 재정 상태는 기본적으로 사회 보장 보험금, 퇴직금 그리고 투자 이익 이 셋으로 구성된다. 여기서 슬픈 사실은 이 셋이 모두 은퇴하기 전의 수입에 따라 결정된다는 사실이다.

또래 관계의 확립

또래 집단과의 관계가 얼마나 중요한지를 알기 위해 양로원 같은 곳까지 가보지 않아도 된다. 60대가 된 사람들 중에는 많은 친구들과 가까이 지내며 그 무리와 같이 늙어간다. 또 어떤 사람들은 모든 시간을 자녀들과 함께 보내며 그들보다 이삼십 년 어린 사람들과 어떻게 관계를 맺어야 하는지를 전혀 모른다. 종종 친구 관계는 여가 활동을 중심으로 이루어진다. 평생 테니스나 라켓볼을 해왔다면 원반 밀어치기 놀이는 그다지 즐거운 선택처럼 보이지 않을 것이다.

편안한 집

이 문제는 주로 건강과 재정에 따라 달라진다. 많은 사람들이 주택 담보 대출금을 갚기 위해 수년 동안 일을 한 다음 매달 지불해야 하는 지루한 대출금 상환에 대한 부담 없이 '자기 집'을 가지고 행복하게 은퇴 생활을 한다. 다른 사람들은 그렇게 하고 싶었지만 대출금을 다 갚지 못하고 오래 살아온 집을 잃게 되기도 한다. 그러나 재정적인 문제가 아니라 육체적인 쇠약함 때문에 정원이 딸린 큰 집을 관리할 수 없게 된 사람들에게는 어떤 일이 일어나는가? 그들은 어떤 선택을 할 수 있겠는가? 아파트? 콘도? 좀 작은 집? 은퇴한 사람들이 모여 사는 마을? 이 중 어느 것이라도 하나를 선택할 수는 있겠지만 모두 어려운 결정이다. 이런 결정을 내리고 실행하는 일은 중요한 개발적 과업이 된다.

사역에 있어서의 새로운 역할의 발견

마지막으로 장로나 집사로 섬기는 일이나 단기간의 선교 사역을 할 수 있는 시간이 있다. 하나님께서 건강과 기회를 허락하신다면 노인들은 그리스도인 공동체를 이루는 가장 생산적인 구성원이 될 수 있다. 그러나 이 주제에 대해서는 다음 장에서 살펴보게 될 것이다.

노인 공경

노인들을 공경하는 일은 젊은 세대가 감당해야 할 책임으로 하나님께 중요한 일일 뿐 아니라 하나님께서 명령하신 일이기도 하다. 많은 성경 구절들이 우리의 주의를 요구하고 있지만 여기서는 몇 구절만 살펴보기로 하자. "네 부모를 공경하라 그리하면 너의 하나님 나 여호와가 네게 준 땅에서 네 생명이 길리라"(출 20:12). "너는 센 머리 앞에 일어서고 노인의 얼굴을 공경하며 네 하나님을 경외하라 나는 여호와니라"(레 19:32). "내 아들아 네 아비의 훈계를 들으며 네 어미의 법을 떠나지 말라 이는 네 머리의 아름다운 관이요 네 목의 금사슬이니라"(잠 1:8-9).

우리는 이 출애굽기와 잠언의 구절들을 아이들이나 청소년들에게 쉽게 적용시키곤 한다. 그러나 하나님께서는 그런 존경과 공경을 20대, 30대, 40대의 성인들에게도 기대하신다.

노인들을 어떻게 공경할 것인가?

존경이 그 첫 걸음이다. 19세 된 접수 담당 여직원이 노인 환자의 이름을 존칭 없이 마구 부르며 의사의 방으로 들어가라고 지시하는 소리를 들을 때 목에 뭔가 걸린 듯한 느낌을 받게 된다. 물론 그녀가 무시하려는 의도로 그렇게 하지는 않았겠지만 분명히 의도적인 존경을 표하지도 않았다. 오늘날 코미디 속에서 우리는 사회에서 가장 존경을 받아온 사람들의 연약함을 조소하는 내용을 접하게 된다. 이 사회는 결코 존경을 표하는 사회가 아니다.

두번째는 배려다. 바울이 디모데전서 5장 3-4절에서 "참 과부인 과부를 경대하라 만일 어떤 과부에게 자녀나 손자들이 있거든 저희로 먼저 자기 집에서 효를 행하여 부모에게 보답하기를 배우게 하라 이것이 하나님 앞에 받으실 만한 것이니라"고 한 말은 구약 성경을 공부한 사람들에게 전혀 놀랍게 들리지 않아야 한다. 하나님께서 이스라엘 백성들에게 과부와 고아와 나그네를 돌보라고 명하셨다. 그리고 그 명령은 소아시아 지역에 복음이 전해지면서도 전혀 달라지지 않은 요구 사항이었다. 초기 신약 시대의 교회 구조는 과부들을 돕기 위한 교회의 노력으로부터 생겨났다고 주장할 수도 있다 (행 6:1-6).

셋째, 노인들의 연약함과 결함을 보충해줄 수 있다. 그들이 넘어지고 비틀거릴 때 우리가 잡아주고 힘이 되어줄 수 있다. 반항적인 십대의 분노와 부주의한 성인들의 귓속말이 우리를 통하여 멈추게 해야 한다. 그런 모습은 우리에게 "아비를 조롱하며 어미 순종하기를 싫어하는 자의 눈은 골짜기의 까마귀에게 쪼이고 독수리 새끼에게 먹히리라"고 한 잠언 30장 17절 말씀을 상기시켜주는 것이 되어야 한다.

노인들을 공경하는 일은 죄악된 인간에게서는 자연스럽게 나오지 않는다. 그렇지 않았다면 디모데전서 5장의 말씀이나, 시편 71편에 나타나는 노인의 기도나, 마가복음 7장 10절에 예로 주어진 경고 메시지 등과 같은 수많은 성경의 명령들이 필요하지 않을 것이다.

노인들을 어떻게 멸시하고 있는가?

위에서 언급한 세 가지의 긍정적인 공경을 거부할 때 우리는 노인들을 멸시하게 된다. 그러나 부정적인 일들의 목록은 끝이 없어보인다. 우리 문화가 노인들을 어떻게 멸시하고 있는지 다음을 살펴보라.

• 그들에게 속하지 않은 역할을 강요하면서 그들을 고정된 틀 속에 박아

버린다.
- 생산성만을 기초로 가치를 부여한다. 그래서 일이나 직위가 없는 사람들은 중요하지 않게 생각한다.
- 그들을 사회의 경제적 변두리에서 살아가지 않을 수 없게 만든다.
- 그들의 의지와는 상반되는 그들이 원하지 않는 곳으로 가서 살게 하고 그들이 원하지 않는 것들을 하도록 요구한다.
- 오는 세상에서뿐 아니라 이 세상에서 그들이 가진 희망을 부인한다.
- 그들이 떠난 후에야 그들을 기억하고 추억한다.

예수 그리스도의 교회는 실제로 삶의 모든 영역에서뿐 아니라 이 부분에 있어서도 우리 사회의 문화를 뛰어넘어 일어서야 한다. 성경은 태아나 아이들을 보호하는 일이 노인들을 보호하는 일보다 하나님께 더 중요한 일이라는 생각을 지지해주지 않는다. 교회가 노인들을 배려하고 존경할 때 겉으로는 또 하나의 부담이고 또 하나의 어려운 일이며 성경적인 의무처럼 보이는 일이 실제로는 하나의 축복이 된다는 사실을 발견하게 될 것이다. 우리는 급속하게 확장되고 점점 더 활동적으로 되어가는 노인들의 풍부한 지혜와 풍요한 자원을 교회 안으로 유입시켜야 한다. 다음 장에서 그 내용들을 자세히 살펴보게 될 것이다.

| 제 13 장 |

처음 사람에게 기여하는 마지막 사람

풍부한 지혜와 경험을 예수 그리스도의 제단 앞과 그의 교회에 가져오는 노인들은 매일의 생활 속에서 '처음 사람에게 기여하는 마지막 사람'을 보여줄 것이다.

● 클리프와 아그네스는 성공했다. 적어도 대부분의 친구들이 보기에는 그랬다. 활동을 많이 하는 은퇴한 사람들이 모여 사는 곳에서 대출 상환을 모두 끝낸 집을 가지고 있고, 70을 바라보는 사람들로서는 비교적 건강 상태가 양호하다. 그들은 자전거를 즐기며 긴 산책을 하고 전에는 시간이 없어서 가보지 못했던 여러 곳을 여행한다. 아이들과 손자들도 모두 하루면 도착할 수 있는 가까운 곳에 살고 있고 1년에 적어도 2번 이상은 가족들이 한 자리에 모인다. 그러나 클리프와 아그네스에게는 한 가지 문제가 있었다. 그것은 다름 아닌 교회에 관한 문제였다.

2년 전 그곳으로 이사하기 전 그들은 35년 간의 결혼 생활 대부분을 중서부 도시에서 보냈다. 클리프는 대규모 전자 회사의 공장 관리인으로 일했고 아그네스는 주립 병원의 간호사였다. 그들이 다니던 교회는 '전통적'이었고 서너 세대에 걸친 다양한 사람들이 출석하고 있었다. 클리프는 집사로 섬겼고 아그네스는 주일학교 유치부 아이들을 가르치는 교사였다. 그런데 이제는 모든 것이 달라졌다.

충실하게 교회에 참석하면서 수십 년 동안 섬겨온 두 사람은 이사한 곳에서 그들이 다녀야 할 교회를 찾아다니고 있다. 지금까지 그들은 교리적 관점의 범위 안에 있는 세 종류의 교회들을 보았다.

1. 시대착오적인 교회 : 1950년대 이후 전혀 손을 대지 않은 것 같은 교회를 몇 군데 방문했다. 찬양, 프로그램, 설교 등 모든 것이 제2차 세계 대전 직후의 기억들을 보존하고 있었다.
2. 절박한 교회 : 교인수가 50명 이하인 몇몇 교회들은 클리프와 아그네스가 자기들의 교회에 나와주기를 애원했다. 두 사람은 당장이라도 뛰어들어 몇몇 사역을 맡을 수 있을 것 같았다. 그러나 그렇게 되면 잘 개발된 예배 프로그램과 학습 경험과 특별히 전에 다니던 교회에서 너무나 좋았던 자기 나이 또래의 사람들과의 교제를 잃게 될 것이다.
3. 최첨단 교회 : 구도자 예배, 요란한 음악을 연주하는 예배 팀, 청바지와 짧은 바지 차림으로 예배를 드리는 사람들이 이런 교회의 특징을 이루고 있었는데 그 어떤 것도 클리프와 아그네스의 호감을 사지 못했다. 이런 교회는 한 번 방문하고 나면 다시는 가지 않게 될 교회로 그들의 목록에서 삭제되었다.

그들은 어떤 교회를 찾고 있는가? 전에 다니던 교회와 똑같은 교회를 이사한 지역에서 재현할 수는 없다는 사실을 그들은 잘 알고 있다. 그러나 교회 안에서 그들이 원하는 몇 가지 구체적인 요소들이 있다. 그들은 자신들에게 의미를 줄 수 있는 위엄을 갖춘 예배를 드리고 싶다. 그리고 지금까지 해온 오랫동안의 성경 공부를 바탕으로 그 위에 진지한 학습 활동을 계속해 나가고 싶다. 가능성이 제한을 받기는 하겠지만 자신들의 은사와 경험을 잘 사용할 수 있는 일을 통해 섬길 수 있기를 바란다. 우리는 이런 사람들을 위해 어떤 자리를 마련해줄 수 있겠는가?

실제로 이 책에 이미 언급한 대부분의 내용이 여기서도 언급될 수 있다.

우리는 교회와 사회의 노년층이 가진 구체적인 필요가 무엇인지를 결정할 수 있어야 한다. '진단된 필요'에 대한 정보들이 도움이 될 것이다. 그러나 교회 지도자들은 교회의 특정한 구조를 알아야 한다. 어떤 경우에는 교회의 지도자들이 노인들에게 보다 편안한 상황을 다른 곳에서 찾아보도록 말해 주는 것이 필요할 수도 있다. 그러나 노인 사역을 하고자 한다면 어디서부터 시작해야 할 것인가?

기본적인 학습 전제

젊은 성인층에 관한 전제들을 생각해보았듯이 여기서도 그렇게 할 수 있다. 일반적인 지침은 한 그룹으로서의 노인들이 어떤 사람들이며, 그들이 어떻게 그 기능을 발휘하며 무엇을 필요로 하는지에 대한 이해를 기초로 한다.

노화는 정상적인 현상이다

정상적인 노화 현상을 인생의 한 부분이라고 말하는 것과 죽음을 혼동해서는 안 된다. 죽음은 인생의 한 부분이 아니다. 그것은 하나님의 창조 계획의 한 부분이라기보다는 사단의 공작에 의한 육체적인 삶의 끝이다. 그러나 죄와 그 영향력의 실체 때문에 노화 현상은 인간의 삶의 한 부분이 되었고, 모든 노인들이 노화를 경험하지만 각기 다른 방식으로 경험하게 된다. 노인들을 go/go, slow/go, no/go 의 세 유형으로 나누는 사람들이 있는데 클리프와 아그네스는 자신들이 두번째 유형에 속하는 것으로 본다.

노화가 질병을 일으키는 것은 아니다

물론 몸의 조직과 기능이 저하되면서 노인들이 병에 걸리기 쉬운 것은 사실이지만 80대와 90대에 속한 노인들이 그들보다 20년이나 젊은 사람들만큼 신체적으로나 정신적으로 건강할 수 있다는 사실을 우리는 알고 있다. 데이비드 엔로우(David Enlow)는 "400명을 대상으로 연구한 결과 놀라운 사실을 알게 되었다. 세계의 가장 위대한 업적의 35페센트는 60-70대의 연령층에 있는 사람들에 의해 이루어졌다"라고 주장했다.[1]

노인들은 3-4세대에 걸쳐 영향을 미친다

우리 형수는 64세에 증조 할머니가 되었다. 그녀는 건강하고 활동적이며 교회 활동에 많이 참여하고 있고 자신과 같은 세대의 사람들과 자녀들과 손자들에게 놀라운 영향을 끼쳐왔다. 그리고 이제 증손자에게까지도 영향을 미치고 있다. 평생 예수 그리스도를 섬겨오며 그 모든 일들을 이루어온 그녀가 교회의 관심과 12장에서 언급한 노인들에 대한 공경을 받는 것은 당연하다.

노인들도 배울 수 있다

통상적으로 노인들은 변화를 거부한다고 생각하지만 클리프와 아그네스는 변화를 반대하지 않는다. 이 생기 넘치는 두 사람은 독립적이고 자발적이고 싶어한다. 그리고 그들이 원하는 것은 분명히 그들이 줄 수 있는 것들보다 더 큰 것이 아니다. 그들은 사실상 모든 교회의 젊은 남녀들이 절박하게 필요로 하는 수많은 경험과 지혜를 줄 수 있다.

이런 전제들에 우리는 동의할 수 있는가? 그렇게 놀랍게 보이지 않을 것이다. 그리고 적절하게 고려한다면 이 전제들은 노인들에게 가장 적합한 학습 상황을 고안하는데 도움을 줄 것이며 교회의 지도자들이 다음 단계로 나아가게 해줄 수 있을 것이다.

노인들을 가르치는 교사들의 책임

어떤 교회들은 노인들은 반드시 노인이 가르쳐야 한다고 생각한다. 그러면 좋을 것이다. 그러나 꼭 그럴 필요는 없다. 과거로부터 자유로울 수 있고, 판에 박힌 표현들('황금시대' 혹은 '황혼기' 등)을 피하고, 무능력에 초점을 맞추는 진지한 성경 교사라면 누구든지 노인들과 잘 어울릴 수 있다. 기본적으로 교사는 노인들이 필요 없는 사람들이 되었다는 암시를 주어서는 안 된다. 비록 노인들이 그들의 대화 속에서 그런 잘못된 생각을 내비칠 때에라도 결코 그래서는 안 된다. 학습 현장에서 노인들을 지도할 수 있는 좋은 후보자를 발견하면 다음의 7가지 항목을 훈련받게 할 수 있다.

현재에 초점을 맞추라

노인들은 분명한 이유를 가지고 과거를 우상시한다. 그리고 그것은 그저 이야기하는 수준에서는 큰 해가 되지 않는다. 그러나 성경을 삶에 적용하게 될 때 우리는 그들이 하나님께서 지금 그리고 앞으로 그들을 위해 어떤 것을 가지고 계신지를 이해하게 되기를 바란다. 그리고 앞을 내다보는 학습 편의 제공자는 바로 그 일을 할 수 있어야 한다.

학습자들의 지도자로 노인들을 활용하라

경험의 요소를 기억하라. 노인들은 한 교사가 제공해줄 수 있는 것보다 훨씬 많은 경험들을 가지고 교실로 온다. 교회는 노인들이 자발적인 학습과 교제 활동에 참여할 수 있도록 반장, 부반장, 친교부장 등등의 모든 역할들을 맡도록 운영해야 한다.

학습 일과를 조정하라

노인들을 가르치는 현명한 교사는 교실에서 사람들의 관심과 능력에 맞는 보상적인 활동을 개발할 것이다. 이 장을 시작하기 이틀 전 나는 낮 시간에 다양한 사역 기회를 매주 제공해주는 교회를 방문했다. 그렇게 하는 것은 어두워진 후에는 운전을 꺼려하는 많은 노인들에게 매우 도움이 되었다. 노인들에게는 낮 시간에 주어진 일과가 없다. 그런데 왜 직장이나 학교에 다니는 사람들을 위해 밤 시간에 준비된 교회 프로그램을 노인들에게 강요하는가?

공개적으로 많이 인정해주라

복음주의 교회들은 청소년들이 이룬 작은 성취에는 기꺼이 박수를 보내준다. 긍정적인 보상이 또 다른 추가적인 긍정적인 행동을 낳게 한다는 사실을 우리는 모두 잘 이해하고 있다. 그러나 청소년들의 공헌은 클리프와 아그네스가 반세기에 걸쳐 그리스도의 몸을 위해 해온 일들에 비할 수 없다. 그들은 또 그들과 같은 다른 사람들은 공개적인 인정과 우리가 그들에게 쳐줄 수 있는 박수를 받아 마땅하다.

사역을 위한 학습 그룹을 만들라

교회 생활에서 우리 모두가 원하는 예배와 교육과 교제와 섬김, 이 네 가지 요소는 노인들에게도 중요한 요소들이다. 어떤 교회에서는 교제와 섬김은 노인들을 담당하고 있는 전담 사역자나 그 사역을 맡은 평신도 지도자에 의해 따로 계획되고 운영되기도 한다. 그러나 많은 경우 성경 공부 그룹을 맡은 교사나 인도자에게 활기차고 실용적인 교제와 예배의 기회들을 제공하기 위해 또래 그룹을 모으는 책임이 주어져 있다.

하나님을 신뢰할 것을 강조하라

이 권고는 어느 세대에 속한 그리스도인들에게도 새로운 개념이 결코 아니다. 그러나 요즘 클리프와 아그네스는 친구들의 장례식에 참석하고 있고, 그 어느 때보다 자주 의사를 찾아야 하는 자신들의 모습을 보면서 그들의 삶 속에서 일하시는 하나님을 신뢰하는 일이 점점 더 중요해지고 있다. 노부부 중 한 사람이 죽음을 맞이하게 되면 몇 개월씩 걸리는 경우에라도 그 배우자를 도와주고 힘이 되어주기 위해 온 교회가 힘을 모아야 한다.

자세와 의미에 초점을 맞추라

모든 성인들은 사실적인 내용보다는 개념적인 내용을 배우기가 쉽다. 특히 노인들은 정보에(그들에게 필요하지 않거나 혹은 기억할 수 없다) 대한 관심은 줄어들지만 자신들의 필요에 적용될 수 있고 생활에 유용한 성경의 가르침에는 좋은 반응을 보인다.

노인들의 인지 개발

노인들에 대한 혐오스럽고도 진부한 말들은 사고력과 지적 무능력에 관련된 것들이다. 60세를 넘긴 사람들이 열쇠를 어디에 두었는지 기억하지 못할 때마다 노망이라던가 망령 등과 같은 말들이 쉽게 나오곤 한다. 아그네스와 클리프가 그들에게 배울 수 있는 기회를 제공해주는 교회를 어떻게 찾아야 하는지를 보여주는 새로운 시도를 해보도록 하자. 인지적 개발의 세 부분인 주의력, 기억력, 지능이 노인들에게서 어떻게 작용하는지를 살펴보게 될 것이다.

주의력

선택적 주의력(selective attention, 다른 사람에게 초점을 맞추는 능력)은 나이와 함께 감소하지 않는 것으로 보인다. 반면 분산된 주의력(divided attention)은 동시에 여러 사람이 이야기하는 가족 회의와 같은 활동을 묘사하는 것이다. 교육자들은 노인들에게서 많은 사람들로부터 주어지는 내용을 동시에 받아들이는 능력은 감소하지만 선택적 주의력은 반드시 감소한다고 볼 수 없다는 사실을 기억해야 한다.

이 중요한 관찰은 여러 가지 소리가 동시에 들릴 때 그 소리들이 마치 시끄러운 소음처럼 들리게 되는 청력의 감소와 관계된 것일 수 있음을 보여준다. '처리 능력'이라는 개념은 선택적 주의력과 분산된 주의력에서 나타나는 차이점이 청력의 감소로 인한 것인지 아니면 배운 것을 흡수하고 적용하는 능력의 감소로 인한 것인지를 학자들이 결정할 수 없음을 말해준다. 아마도 두 요인 모두 관계가 있을 것이다.

이 관찰만으로도 우리는 교육의 지침을 찾아낼 수 있다. 청소년들은 한 방에 여러 그룹으로 흩어져 여러 명이 동시에 말을 해도 잘 들을 수 있지만 그런 학습 환경은 노인들에게는 적절하지 못하다. 사람들에게 돌아서서 많은 사람들을 대상으로 질문이나 발표를 하게 하는 것과 같은 간단한 일도 그룹에 있는 다른 사람들의 정신적 참여에 큰 차이를 만들 수 있다. 노인들을 가르치는 현명한 교사는 학습자들에게 분산된 주의력을 강요하지 않으면서 선택적 주의를 잘 활용할 수 있도록 도와줄 것이다.

기억력

노화 과정 중에 장기적인 그리고 단기적인 기억력이 조금씩 감퇴한다. 다음과 같은 노인들의 고충을 생각해보라. '안경을 어디다 두었더라?' '점심때 무얼 먹었지?' '차를 어디다 세워두었는지 생각이 안 나네.' 물론 이런 문제들은 노인들에게만 국한된 것들은 아니다. 그러나 조사에 따르면 이런 현상들은 노인들에게서 보다 일반적으로 나타나며 학습에 분명한 영향을 미치는 요소가 된다는 사실을 알 수 있다.

그러나 기억력의 감퇴에도 불구하고 노인들은 과거사를 똑똑하게 기억하는 능력이라고 부르는 현상이 예리해지는 경험을 한다. 하나님께서 노인들에게 수십 년 전에 일어났던 일들에 대한 자세한 내용들을 기억할 수 있는 놀라운 능력을 주신다. 우리 마음속에 어린 시절이나 청소년 때의 가장 사소했던 일들까지도 나중에 기억해낼 수 있도록 기능하는 무언가가 있다. 기억력이 사라졌거나 손상을 입은 것이 아니다. 단지 나이가 들면서 다른 방식으로 작용하는 것뿐이다.

60대 초반에 나는 1920년대 중반 잘 알려진 목사이며 전도자였던 월터 윌슨(Walter L. Wilson)의 전기를 기록했다. 내가 책을 쓰기 시작했을 때 윌슨 박사는 83세였다. 그는 대학과 교회와 선교 기관을 설립했었다. 그래서 나는 그 곳들을 방문해서 자료들을 수집했다. 그러나 자료들을 통한 조사는 충분하고 정확한 전기 자료가 되지 못했다. 그래서 녹음기를 들고 그의 집을 방문해 내가 이미 기록한 내용들에 대한 질문을 하며 그의 생애에 관한 이야기를 나누었다. 그런 다음 나는 한 장을 기록해 그에게 그 내용을 읽어 주었다. 그의 사역 초기에 있었던 일들에 관한 기록을 듣다가 때때로 그는 나를 멈추게 하고는 "그 일은 1893년이 아니라 1892년에 있었어요"라고 말해주었다. 그가 남달리 또렷한 정신을 가지고 있었던 것이 사실이기도 하지만 그와 같은 경험은 과거사를 똑똑하게 기억하는 능력이라고 부르는 현상이라 할 수 있다.

지능

학자들은 결정화된 지능과 유동성 지능을 구분한다. 유동성 지능(fluid

intelligence)은 형식적인 교육과는 분리된 일반적인 정신적 능력을 말한다. 때때로 우리는 4살 된 아이를 보고 "참 똑똑하기도 하지!"라고 말한다. IQ 검사를 해본 것도 아니고 점검해볼 만한 평균점 같은 것도 없다. 그 결론은 우리의 관찰만을 근거로 한 것이다. 반면에 결정화된 지능(crystalized intelligence)은 우리가 공부라고 부르는 과정을 통해 습득된 지식과 기술을 의미한다. 학자들은 지능의 감퇴는 결정화된 지능이 아니라 유동성 지능의 영역에서 일어나는 것 같다고 말한다.

내게는 그 사실이 놀랍게 여겨진다. 나는 유전적인 정신 능력이 습득된 지식보다 오래갈 것이라고 생각해왔는데 그렇지 않다고 한다. 여기서 우리가 다루고자 하는 부분은 단지 타고난 능력이 아니라 마음의 훈련에 관한 것이다. 그리고 모든 교육자들은 이 부분에 마음이 끌릴 것이다. 조직화된 학습 활동에 오랫동안 참여하면 할수록 인생의 후반기에 이르면 보다 더 지적인 성숙이 있을 것이다. 공부나 독서 혹은 생각을 바꾸게 해주는 활동 등을 하지 않는 사람들은 TV 앞에 앉아 시간을 보내고 산책이나 하는 퇴화된 지능을 갖게 된다.

중요한 것은 노인이 되기 전에 인지적인 개발이 얼마나 진전되었는가에 달려 있다. 공부하는 습관은 성인기 초기에 형성된다. 배우기를 좋아하고 책을 모으고 연구에 열중하는 이 모든 활동들은 나중에 지능을 활용하는 능력에 커다란 차이를 가져온다. 그렇다고 해서 대학을 그만두어서는 안 된다고 주장하는 근거로 보지는 않는다. 그러나 그렇게 사용될 수도 있을 것이다.

이 장의 앞부분에서 나는 엔로우의 책을 인용했다. 그 책이 시작되는 앞부분의 같은 곳에서 그는 인생의 후반기에 나타나는 지능의 탁월성을 보여주는 예들을 다음과 같이 이야기하고 있다.

- 중국 내지 선교의 캐나다 선교사 벤자민 리리에는 70세에 은퇴를 했다. 그는 80세에 헬라어를 배웠고 90세에는 헬라어 재교육 강습을 받았다. 그리고 100세에도 지하철을 타고 다니며 헬라어 공부를 계속했다.
- J. 오스왈드 샌더스(J. Oswald Snaders)는 70세에 파푸아뉴기니의 기독교 지도자 훈련 대학의 학장이 되었다.
- 미켈란젤로(Michelangelo)는 89세에도 걸작의 조각품들을 만들어냈다.
- 주세페 베르디(Guiseppe Verdi)는 89세에 오페라를 작곡했다.
- 알프레드 테니슨(Alfred Tennyson)이 「크로싱 더 바(Crossing the Bar)」를 썼을 때 그는 83세였다.
- 빅톨 휴고(Victor Hugo)의 가장 세련된 작품들은 그의 나이 80이 넘은 후에 기록된 것들이다.[2]

노인 학습의 편의 제공

클리프와 아그네스로 돌아가자. 그들이 당신이 다니는 교회를 방문해 인생의 그 시기에 있는 자신들이 필요로 하는 사역의 기회들을 제공해줄 수 있는지를 알고 싶어 한다고 하자. 우리가 11장과 12장에서 살펴본 내용들 중 어떤 것들이 노인들을 섬기는 데 도움이 될 수 있겠는가? 아마도 그 질문에 대한 최선의 대답은 6장에 있는 발견 학습의 요소들을 보여주는 모델로(도식 9, 84쪽) 돌아가 노인 학습 그룹을 위한 요소들에 초점을 맞추는 일이 될 것이다.

학습 경험

사실 중심적인 내용들을 교사가 일방적으로 노인들에게 가르치는 지시적 강의는 최선의 선택이라 할 수 없을 것이다. 그러나 대부분의 성인 성경 공부반과 진리와 관계된 몇몇 영역에서만 눈에 보이는 참여가 이루어지는 학습 활동들이 대부분 그렇게 진행되고 있는 실정이다. 노인들을 대상으로 한 학습자의 필요에 초점을 맞춘 학습 활동들은 청소년들을 대상으로 할 때와는 매우 다른 모습을 띠게 된다.

그 도식은 또 마음을 써서 진리를 탐구하는 일에 초점을 맞춘 참여가 학습 활동의 중요한 한 부분을 이루게 됨을 보여준다. 이것은 비교 모델과는 상당히 대조적이다. 진리를 말해주는 자원을 배우게 하는 것보다는 진리를 경험하도록 격려해야 한다. 그렇다고 해서 그 자원이 덜 중요해지는 것은 아니다. 그리고 강의실에서의 성경의 역할을 감소시키는 것도 아니다. 그러나 많은 노인들에게 있어서 내용을 습득하게 하는 학습 방법은 항상 문제가 된다. 그리고 적용이나 삶보다는 지식 자체에 초점을 맞추고 마는 결과로 끝이 나게 된다.

다른 그리스도인 그룹들과 마찬가지로 노인들은 다른 사람들을 섬김으로 성경의 진리를 실제로 그들의 삶 속에서 실천하게 된다. 그들의 경험과 지혜를 우리가 활용하고 그들의 삶에 하나님께서 행하신 놀라운 변화들을 다른 사람들에게 어떻게 보여주어야 하는지를 알려줄 때, 그들은 진리를 경험하게 되고 그 경험을 통해 학습이 이루어진다. 즉 강의식의 지시형 학습 현장이 발견 학습 현장, 즉 성인 교육 방식으로 바뀌게 되는 것을 말한다.

학습 환경

이 부분도 복습에 속한다. 따뜻함과 편안함을 느끼게 하는 환경을 조성해 주고, 학생들에게 인내와 자비와 성경적인 사랑을 보여주는 교사들은 노인들이 진지한 학습을 할 수 있는 무대를 마련해준다. 그런 교사들은 느린 반응을 허락해주는 느린 속도를 채택한다. 그들은 앞에서 살펴본 인지적 과정을 기억하고 있다. 학습 현장에서는 노인들이 그들의 삶을 중요한 진리와 연결시키는 일을 돕기 위해 최선의 노력을 하며 필요하다면 질문과 설명을 반복하며 분명하게 의사를 전달한다.

모든 사람이 다 노인들과 편안하게 일을 할 수 있는 것은 아니다. 성령님께서 노인들을 섬길 특별한 영적 은사를 주시지는 않지만 이 사역을 위한 능력이나 사명감을 분명하게 가지고 있는 사람들이 있다. 청소년들이나 대학생들을 대상으로 사역하는 그리고 그 사역을 잘 하는 사람들은 노인 사역을 그리 효과적으로 하지 못할 거라고 생각할 수도 있을 것이다. 결과적으로는 교사의 자세가 학습 분위기에 긍정적인 혹은 부정적인 영향을 미친다.

노인들의 그룹도 다른 그룹들과 마찬가지로 다양성을 띄고 있다. 각 개인은 보살펴져야 할 다양한 필요들을 드러내며 거의 끝없는 관심과 배려를 요구한다.

성숙해가는 경건한 조부모

노인기에 있는 사람들이 여러 세대에 걸쳐 영향을 미칠 수 있다는 사실을 기억하는가? 세대 간의 활동을 전략적으로 수행하는 것이 조부모로서의 역할이다. 독자들 중에는 「성인 교육에 관한 기독교 교육자 핸드북(The Christian Educator's Handbook on Adult Education)」[3]에 설명된 조부모에 관한 장을 공부해보고 싶은 사람들도 있을 것이다. 그러나 여기서는 조부모의 기본적인 역할 5가지를 간단히 알아보도록 하자.

역사가

조부모들은 가정의 유산을 보증해준다. 초기 시대의 전기 작가들로서 그들은 가족의 관계를 이어준다. 많은 경우 그들은 자녀들과 손자들에 의해 지켜지게 될 전통을 지니고 있으며 설명을 요구받거나 중요한 가정의 유산으로 지켜나가도록 도움을 요청받기도 한다. 더 나아가 그들은 그런 일들이 일어났을 때 그곳에 있었기 때문에 아이들의 아버지와 어머니는 모르는 일들을 알고 있다. 21세기에 접어들어서면 조부모들은 제2차 세계 대전이나 중요했던 인물들의 암살 사건, 기술 혁명 등에 대한 이야기를 해줄 수 있게 될 것이다. 그들의 손주들은 안전 띠와 에어컨과 테이프와 CD 플레이어와 에어백이 없는 자동차에 대해서는 아무것도 모른다. 많은 경우 그들은 오늘날 살아 있는 그들의 조부모들이 그렇게 나이 먹기까지 겪어온 가난에 대해서도 거의 아무것도 모른다. 조부모들의 가정의 역사가로서의 역할은 매우 중요하다.

멘토

3장에서 우리는 디도서 2장 3-5절에 주어진 바울의 지시에 따라 젊은 여자들을 가르쳐야 하는 늙은 여자들의 예를 보았다. 우리는 그 지시를 신학적인 면으로만 제한시킬 필요는 없다. 손자들에게 어떻게 고기를 낚고 어떻게 야구를 해야 하는지를 가르쳐주는 일도 유용한 멘토로서의 경험을 제공해주는 것이다. 우리 큰 손자가 여섯 살이었을 때 그 아이는 저녁을 먹으며 내게 "할아버지, 예수님의 피랑 하늘 중 어떤 게 더 좋아요?"라고 물었다. 그런 질문에 어떻게 대답할 것인가? 아이들이 어떻게 그런 질문을 하게 되는 것인가? 분명히 그 아이는 주일 학교에서 그 둘의 중요성에 대해 들었다. 그러나 어떤 것이 더 중요한지를 알고 싶은 것이다. 모든 조부모들은 가르칠 수 있으며 멘토의 역할을 할 수 있는 황금 같은 기회를 만들어주었던 그런 질문들에 대한 경험들을 많이 이야기할 수 있을 것이다.

본보기

조부모가 되는 것을 어떻게 배울 수 있는가? 조부모가 되는 길을 가르쳐주는 학교가 있는가? 조부모에 관한 박사 학위를 받을 수 있는가? 가정 생활의 다른 모든 부분들과 마찬가지로 조부모들을 관찰함으로 조부모에 대해 배우게 된다. 본보기가 되는 훌륭한 모델이 없이는 조부모들이 해줄 수 있는 가정 생활의 전략적인 기능이 곤경에 처하게 될 것이다. 손자들에게 투자하는 시간들은 아무 조건 없이 주는 선물이다. 왜냐하면 손자들이 시간이나 돈으로 그 시간들을 되갚을 수 없기 때문이다.

양육자

가정을 위한 하나님의 계획에서 자녀 양육은 우선적으로 그 부모들에게 맡겨져 있다. 그러나 부모가 모두 직장 생활을 하는 오늘날, 꽤 많은 아이들이 더 많은 시간을 조부모와 함께 보내고 있다. 또 편친 가정의 경우, 조부모가 영적인 진리를 가르치는 보조 교사의 역할을 하게 되는 것은 무리가 아니다. 최소한 적어도 조부모는 그리스도인 부모들이 제공해주는 양육을 증대시켜줄 수 있고 또 증대시켜주어야 한다. 세속적인 이 사회 속에서 그리스도인 자녀들이 '양육을 지나치게 많이 받게 되리라'고는 거의 생각할 수 없다.

지혜의 보고

손자들과 시간을 보내는 조부모들은 그들의 다양한 경험으로 손자들을 놀라게 할 수 있는 마법사들이다. 나는 우리 손자에게 막대기를 손가락 위에 균형을 잡아 올려놓는 것을 가르쳐주려 했다. 그 일은 내가 책을 쓰는 것보다 그 아이에게는 훨씬 더 깊은 인상을 남기는 묘기였다. 그런 인상은 자주 사용되는 인간의 활동은 아니지만 신뢰감을 갖게 해준다. 손가락 위에 막대기를 세울 수 있는 어른은 아마도 성경에 대한 질문에도 대답을 해줄 수 있을 것이라고 아이들은 생각한다.

클리프와 아그네스가 교회 지도자들이 노인들을 위해 사역하고, 노인들이 서로를 가르치고, 다른 사람들을 가르치도록 그들을 내보내는 그런 교회를 찾을 수 있기를 바란다. 그들은 황금기를 보내고 있지는 않다. 그러나 생산적인 시기를 보낼 수는 있다. 풍부한 지혜와 경험을 예수 그리스도의 제단 앞과 그의 교회에 가져오는 노인들은 매일의 생활 속에서 '처음 사람에게 기여하는 마지막 사람'을 보여줄 것이다.

3부 가정 목회와 성인 목회

21세기 교회의 성인 목회

> 호돈 와일더(Thorton Wilder)의 연극 '위기 일발(The Skin of Our Teeth)'에서 안트로버스 여사는 남편에게 "당신이 완벽한 사람이라 당신과 결혼한 게 아니에요 … 당신이 약속을 했기 때문에 결혼을 한 거라구요"라고 말한다.

| 제14장 |

늘어나는 독신

독신 사역은 진정으로 사람을 위한, 사람에 의한, 사람을 향한 사역을 의미하며
목회자와 평신도 지도자들의 인도를 따라 전교회가 해야 할 과업이다.

지난 세기 초에는 결혼한 성인이 미국 성인 인구의 95퍼센트를 차지했고 독신은 5퍼센트에 불과했다. 그러나 제1차 세계 대전과 경제 공황 그리고 제2차 세계 대전을 거치며 변화가 생겨났고, 둘 사이의 간격은 현저하게 좁혀졌다. 그 후 베이비붐 세대가 몰려오면서 한때 결혼한 성인이 97퍼센트를 차지하게 되었고 독신은 3퍼센트로 떨어졌다. 그러나 그 이후부터 독신의 수가 증가하기 시작했고 결혼한 사람들의 수는 줄어들기 시작해 1992년에는 그 비율이 반반이 되었다. 가장 최근의 통계 자료는 2000년대에는 독신의 인구가 결혼한 성인의 수를 능가해 60대 40의 비율이 될 것이라는 제안을 하고 있다.

8장에 독신에 대한 언급이 있었다. 이제 그들은 교회 내에서 대다수를 차지하게 되었고 그들은 한 장 전체를 할애받을 만하다. 어떤 의미에서 이 장은 연령 집단에서 가정 생활로 넘어가는 다리의 역할을 한다고 할 수 있다. 독신은 어느 연령층에나 있을 수 있다. 그리고 그들의 필요가 다양하기는 하지만 독신이라는 그들의 특성은 필요와 관심을 명백히 해주는 가장 중요한 요소가 된다.

성인 교육 과정 수업을 듣고 있는 우리 학생들에게 독신에 대해 묘사해보

라고 하자 많은 학생들이 독신이었던 당시의 자신들에 대해 이야기했고 그 때를 기억해내는 데 거의 아무런 어려움도 없었다. 그들은 다양성, 독립적, 일시적, 열광적, 목소리를 높이는, 원기 왕성한, 소속되지 않은, 데이트, 기대감이 큰, 찾고 구하는, 분주한 등의 단어를 사용해 독신을 묘사했다. 이런 용어들이 다른 사람들에게 붙여지기 위해 사용된다는 사실은 매우 흥미롭다. 나는 그 똑같은 학생들에게 독신인 사람들이 자기 자신들에 대해서는 어떻게 생각하는지를 물었다. 그러자 그 대답은 격리된, 만족하는, 낙관적, 불확실한, 비관적, 불안한, 제한된 등의 단어로 표현되었다.

우리가 묘사하려는 독신이 18세이건 38세이건 인생의 의미에 관한 문제들이 우리가 그들을 묘사하는 데 사용한 단어들 속에 모두 들어 있었다. 위에 열거한 대부분의 용어들은 과도기적인 개념을 담고 있다.

영적 과도기 : 나중에 내가 결혼해서 부모가 된 후보다 시간적인 여유를 더 많이 가지고 있는 지금 나는 어떻게 나의 영적인 생활에 초점을 맞추어야 할 것인가?

관계적 과도기 : 이렇게 일시적인 시기를 거치는 내가 어떻게 지속적인 관계를 개발하겠는가? 지금의 독신 경험은 고등학교나 대학을 졸업하자마자 바로 결혼을 했던 베이비붐 세대에게는 알려지지 않았던 현상들을 우리에게 보여준다. 그런 현상을 히피 시대와 여성 운동 그리고 소위 말하는 새로운 도덕관 등에 의해 복잡해진 베이비붐 세대의 결정판이라고 부를 수도 있을 것이다. 1990년 미국에는 6천 5백만의 독신 성인들이 있었고 그 수는 2000년까지 급속도로 증가했다.

참고 사항 : 이 장은 자녀를 기르는 편친에 대한 내용을 다루고 있지는 않다. 그들에 대해서는 15장에서 다루게 될 것이다.

4개의 기본 그룹

다음의 4개의 그룹이 독신 그룹의 전부라는 뜻은 아니다. 또 사역을 위해 독신을 구분하는 가장 효과적인 방법일 필요도 없다. 그러나 7천 5백만에 달하는 이 몽타주를 구분해서 사람들이 그저 '독신'이라고 하기보다는 좀더 구체적으로 지명될 수 있는 그룹들의 필요를 파악하는 데 도움이 된다.

결혼을 하지 않은 독신

이 그룹이 이 장의 중요한 초점이 된다. 물론 다른 독신 그룹들에게도 잘 적용될 수는 있다. 결혼을 하지 않은 사람들은 자신의 선택이나 혹은 환경에 의해 독신을 유지하고 있을 수 있다는 사실을 기억하도록 하자. 우리는 점점 더 많은 사람들이 결혼을 하지 않고 살기로 선택하고 있음을 볼 수 있다. 그러나 또 다른 사람들은 적당한 사람을 만나지 못해서, 청혼을 받아보지 않아서, 혹은 결혼을 할 수 없게 하는 육체적 혹은 정신적 장애가 있기 때문에 독신 생활을 하고 있을 수도 있다.

결혼을 했던 독신/배우자가 살아 있는 독신

이 그룹에 속한 사람들은 이혼을 했거나 별거중인 사람들이다. '결혼을 했던'이라는 법적인 용어는 별거중인 사람들보다는 아마도 이혼한 사람들만을 언급하는 것으로 보인다. 그러나 교회에서는 이혼 증서에 최종적으로 도장을 찍었는지 안 찍었는지는 큰 차이가 없다. 나는 조지아 주에서 목회하는 친구 목사의 초대를 받고 가정 생활 세미나를 인도하게 되었다. 그중 한 시간은 이혼한 사람들에 관한 문제를 논의하고 그들을 위해 어떻게 사역할 것인가를 토의했다. 그 때 그는 그의 아내에게 돌아서서 "이혼한 사람들을 사역에 참여하지 못하게 한다면 우린 일할 수 있는 사람이 아무도 없게 될 거예요"라고 말했다. 물론 그 말은 과장된 표현이긴 하겠지만 많은 교회들이 직면하고 있는 점점 더 심각해져가는 문제를 정확하게 지적해주었다. 성경이 이혼에 대해 어떻게 말하고 있는지를 논하려는 것이 이 장의 목적은 아니지만 각 교회는 이 부류의 독신 성인들이 교회 생활 속에서 어떻게 조화를 이루어야 하는지를 결정해야 한다.

별거한 독신

이 독신 그룹도 둘로 구분할 수 있다. 자연사로 미망인이 된 경우와 조기에 미망인이 된 경우이다. 내가 가르치는 한 학생의 아내는 두 어린 아들을 남겨두고 20대 후반의 젊은 나이에 뇌종양으로 세상을 떠났다. 그 학생은 아내 없이 자녀를 기르는 편친이 되었다. 따라서 그의 경우에 대한 토론은 사실상 이 장에 속한다. 그러나 이 그룹을 나누면서 우리는 그의 상황을 70대 후반의 남편이 사망한 55세의 미망인의 경우와 구분지어 생각해보아야 할 필요가 있다.

영적인 독신

이들은 배우자가 믿지 않는 사람들이다. 집에서나 교회에서 그들은 독신과 같다. 혼자 교회에 오고, 혼자 성경 공부에 참석하고, 혼자 예수 그리스도를 섬기는 활동에 참여한다. 이 범주에 속하는 사람들은 자녀가 없는 독신일 수도 있지만 그들은 결혼을 하지 않은 독신과는 여러 가지 면에서 중요한 차이점들을 지니고 있다.

독신이 급증하게 된 4가지 요인

독신 그룹이 급작스럽게 증가한 이유는 무엇인가? 베이비붐 세대와 엑스 세대가 새로 찾게 된 독립과 자유가 분명히 그 이유가 될 것이다. 그러나 사회학자들이 과잉 인구에 대한 불만을 표현했던 1960년대와 1970년대를 잊어서는 안 될 것이다. 구체적인 통계 자료는 없지만 그들의 주장은 많은 사람들이 결혼을 늦추고 자녀를 갖지 않거나 늦게 갖기로 결정하는 데 영향을 미쳤다. 또 최근에 다시 살아난 핵무기의 위협이 그 당시 전세계를 뒤덮었던 것도 문제를 복잡하게 만들었을 것임을 가히 짐작할 수 있다.

과잉 인구 방지를 위한 선전

1997년에 연합 통신사는 '한계에 달한 것이 아닌가?'[1]라는 제목으로 된 찰스 헨리(Charles Henley)의 글을 신문 협회를 통해 동시에 대량으로 배급시켰다. 헨리는 1972년 스미스 소니언 연구소가 발표했던 보고서를 설명하면서 25년 후인 1997년 자료와 비교했다. 이제 유명해진 1972년 '성장의 한계' 보고서는 1972년에 38억인 세계 인구가 2000년에는 두 배로 늘어나 70억에 달하게 될 것이라고 말했다. 그러나 실제로는 가까스로 60억에 달하게 되었고 연성장률은 2퍼센트에서 1.4퍼센트로 떨어졌다. 이것을 중요한 이유라고 생각하는 독신은 거의 없지만 지난 25년 동안 상당한 영향을 미쳐왔다.

새로 찾게 된 자유

몇 년 전 달라스에 있는 작은 교회에서 목회하면서 나는 우리 교회를 찾아와 교인이 되기를 원하는 젊은 남녀 한 쌍을 만나 이야기를 나누었다. 결혼을 하지는 않았지만 얼마 동안 함께 살아왔음을 나는 곧바로 알 수 있었다.

내가 그 문제를 제기하자 그들은 1985년에 사는 목사가 그런 생활을 비정상적이라고 생각할 수 있다는 사실에 놀라움을 금치 못했다. 우리는 그 문제를 우호적으로 해결했지만 그 사건은 내게 지난 3세대를 지나며 독신에 대한 생각이 얼마나 급격하게 변화되었는지를 또다시 상기시켜주었다.

증가하는 이혼율

독신의 수는 이혼에 의해 증가되었다. 그러나 '조사(Search)'라는 잡지에서 헤이즐 루스 벨(Hazel Ruth Bell)이 인용한 자료에 의하면 높은 이혼율이 결혼 자체에 대한 환멸을 말해주는 것은 아니다. 통계 숫자는 현재 결혼 생활의 미몽에서 깨어나 다른 곳에서 다른 사람과의 이상적인 결혼 생활을 찾아다니는 사람들의 이야기인 것으로 보인다.[2] 이혼을 한 독신 중 재혼하는 사람들도 상당수 있지만 많은 사람들은 그렇지 않다. 우리가 그들을 영구적인 독신으로 섬기든지 아니면 그들이 다시 결혼하게 될 때까지 일시적인 독신으로 섬기든지 이혼한 사람들이 독신 그룹의 대다수를 차지하고 있는 것은 사실이다.

미래에 대한 두려움

우리가 앞에서 살펴본 불확실, 비관적 등과 같은 단어들은 세상이 나아가고 있는 방향에 대해 수많은 독신들이 느끼는 불안정을 말해준다. 그런 불안정감은 동독과 서독의 장벽이 무너지기 전까지 보다 심각한 문제였지만, 오늘날까지도 많은 독신들은 결혼과 자녀 양육을 앞으로 오는 세상에서 감당하기에 너무 어려운 일이라는 결론을 내린다.

4가지의 큰 필요들

독신 성인에게 가장 절실한 필요는 무엇인가? 이 질문을 살펴보면서 이 필요들이 젊은 성인층이 느끼는 일반적인 필요들과 같아야 할 필요는 없다는 사실을 기억하라. 여기서는 나이를 문제삼지 않기 때문이다.

인정

독신들은 특별한 필요를 지닌 사람들이다. 그러나 그들은 자신들이 불리한 조건을 지닌 혹은 현대적인 표현을 써서 장애를 가진 사람들로 보여지기를 원치 않는다. 독신들을 위한 사역을 효과적으로 하기 원하는 교회들은 그들의 독신 상태를 정상적일 뿐 아니라 성경적인 것으로 인정해주어야 한다. 결혼에 대한 바울의 다양한 언급을 어떻게 이해하든지 바울 자신이나 바나바는 둘 다 결혼을 하지 않았다. 독신으로서 하나님을 섬기는 일은 전적으로 성경적인 선택 사항이며 독신을 선택한 사람들은 그리스도 안에 있는 그들의 형제 자매들의 조롱을 받아야 할 아무런 이유가 없다.

외로움

여기서 우리는 앞에서 젊은 성인층을 묘사하는 데 사용되었던 '혼자라는 느낌'에서 '외로움'의 문제로 옮겨가게 된다. 미망인이 된 성숙한 그리스도인 독신인 페트리샤 채프만(Patricia Chapman)은 외로움을 다른 많은 필요들 중 가장 두드러진 필요라고 설명했다. 그녀는 "독신들은 일이나 직업적인 관계를 가질 수는 있지만 종종 외로움을 느끼지 않기 위해 그들에게 필요한 일종의 사회적 관계를 맺기가 어렵다. 이와 관련해 나타나는 증세가 우울증이며 우울증은 사람들이 병원을 찾게 되는 중요한 원인이 되고 있다. 그리고 외로움은 인간 관계라는 또 하나의 필요를 낳는다. 이 셋은 매우 밀접한 관계를 가지고 있다. 독신들은 끊임없이 친밀한 인간 관계의 부족으로 생겨나는, 혹은 다른 사람들에게 중요한 사람이 되지 못하는 데서 오는 자신들의 삶 속에 자리잡고 있는 공허를 채워줄 수 있는 방법을 찾고 있는 듯하다"[3]라고 말했다.

낮은 자존감

이 문제는 최근에 이혼한 사람들과 나이 들어 미망인이 된 사람들에게 가장 심각하게 나타날 수 있다. 이혼한 독신들은 자녀들과 상관없이 죄책감과 비난의 문제에 직면하게 된다. 나이 들어 미망인이 된 사람들은 종종 자신들의 자존감이 다른 사람과 너무나 깊이 얽혀 있음을 발견하게 된다. 따라서 그 사람을 잃게 된 사실로 인해 자존감이 위험 수위까지 떨어지게 된다.

교회는 이혼한 사람들과 미망인들을 위한 사역에 좋은 기록을 보유해오지 못하고 있다. 우리는 인정과 외로움과 낮은 자존감의 문제를 해결해야 할 사람들의 필요와 다음에서 언급하게 될 또 하나의 필요를 성공적으로 채워주고 있다고 말할 수 있으려면 아직 해야 할 일이 너무 많이 남아 있다.

교회 안으로의 융합

21세인 대학생이 대학가의 한 교회에 어떻게 적응할 것인가라는 문제를 이야기하는 것과 이혼한 사람이 그를 결혼한 사람으로 알고 있는 교회 속에서 어떻게 융화할 수 있을지를 생각하는 것은 특별히 다를 바 없다. 각 교회는 독신들을, 특별히 이혼한 독신들을 다루기 위해 각각 자신들이 취할 절차를 계획해야 한다. 그리고 그 절차는 중요한 성경 본문에 대한 바른 해석을 기초로 이루어져야 한다.

교회의 4가지 반응

채프만은 "오늘날의 교회들은 독신들을 위한 활동적인 사역이 거의 없다. 미국 전역에 걸친 큰 교회에는 독신들을 위한 사역자들이 있다. 교회를 다니지 않는 독신들과 자녀를 기르는 편친들의 필요를 채워주기 원한다면 눈가리개를 걷어내고 정말로 그들을 이해해야 한다. 사람들이 속할 수 있는 곳, 돌보는 사람들, 총체적인 활동, 그리스도와 같은 역할의 긍정적인 본보기 이 모든 것들이 외로운 독신들이 교회에 관심을 갖게 하는 요소들이 된다"[4]라는 관찰은 했다.

과거의 실패에 머물러 있기보다는 앞으로 독신들을 위한 사역에 박차를 가하도록 하자. 성경은 독신 성인들을 위한 사역을 구체적으로 언급하고 있지는 않지만(미망인을 제외하고는) 우리가 서로를 돌아보아야 한다는 사실을 기억시켜줄 때마다 거기에는 성별이나 나이 혹은 결혼 여부에 따른 차이가 없다.

"이러므로 우리가 화평의 일과 서로 덕을 세우는 일을 힘쓰나니"(롬 14:19).
"헛된 영광을 구하여 서로 격동하고 서로 투기하지 말지니라"(갈 5:26).
"너희가 서로 짐을 지라 그리하여 그리스도의 법을 성취하라"(갈 6:2).
"오직 오늘이라 일컫는 동안에 매일 피차 권면하여 너희 중에 누구든지 죄의 유혹으로 강퍅케 됨을 면하라"(히 3:13).
"형제들아 피차에 비방하지 말라 형제를 비방하는 자나 형제를 판단하는 자는 곧 율법을 비방하고 율법을 판단하는 것이라 네가 만일 율법을 판단하면 율법의 준행자가 아니요 재판자로다"(약 4:11).
"이러므로 너희 죄를 서로 고하며 병 낫기를 위하여 서로 기도하라 의인의 간구는 역사하는 힘이 많으니라"(약 5:16).

이런 대표적인 구절들은 모든 진지한 그리스도인 공동체가 사역의 대상으로 삼아야 할 필요를 가진 사람들이 독신들임을 분명히 보여준다. 그렇다면 그 사역을 어떻게 할 것인가?

적법성을 인식하라

이 지적은 앞에서 언급한 인정의 요소를 반복해서 이야기하는 것이 될 수도 있다. 그러나 여기서는 독신 성인들이 필요로 하는 측면뿐 아니라 교회가 무엇을 제시해줄 수 있는지의 측면에서 다루고 있다. 교회는 독신들에게 하나님의 뜻을 따라 살기 위해서는 결혼을 해야 한다고 말하는 일을 중단해야 한다. 이미 살펴보았듯이 중요한 성경의 인물들이 결혼하지 않고 그들의 전 사역을 수행했다. 선교 역사를 돌아볼 때 독신 여성 선교사들이 없었다면 오늘날 국제적인 교회들이 과연 얼마나 존재할 수 있을지를 자문하게 된다. 그 여선교사들이 하나님의 뜻을 따라 살기 위해 결혼을 해야만 한다고 주장한다면 그것은 전체적인 그림을 전적으로 망쳐놓는 것이다. 결혼하지 않는 목사를 초대하는 교회는 그리 많지 않다. 그리고 그들이 제시하는 이유는 성경적이라기보다는 사회학적인 것들이라 할 수 있다.

인간 관계를 지지해주는 체제를 개발하라

독신 성인들은 사회적, 경제적 요인들에 의해 동기를 부여받기 때문에 (신학적 이유 때문이 아니라) 앞에서 인용한 채프만이 말한 인간 관계가 커다란 요소가 된다. 제자화, 멘토링 그리고 소그룹 활동 등은 모두 우리가 앞에서 이미 언급한 필요들을 채워주는 데 도움이 되는 지원 그룹들을 만들어준다.

캐롤 킹(Carol King)은 약 10만 명의 인구를 가진 곳의 중심부에 위치한 보수적이고 근본주의적인 교회들을 대상으로 실시한 조사에 관한 언급을 했다. 독신이 상당수를 차지하고 있다고 보고한 교회는 거의 없었다. 대부분의 교회들은 정기적으로 모이는 노인 그룹과 주일 성경 공부 모임을 가지는 중년층 성인들을 대상으로 하는 사역을 하고 있었다. 이 교회들의 대부분에서는 고등학교나 대학을 졸업했지만 아직 결혼하지 않은 사람들의 필요를 채워주기 위한 주일 성경 공부 모임을 진행하고 있었다. 그러나 25세 이상 된 독신들의 필요를 채워주기 위해 마련된 프로그램을 가진 교회는 5개도 채 되지 않았다. 실제로 전화번호부에 나와 있는 208개의 교회들 중 단 한 교회만이(잘 알려진 주요 교단의 한 교회) 독신들을 위한 사역에 대한 언급을 하고 있었다. 지역 담당 목사들에게 전화한 결과 독신 사역을 하고 있는 곳이 몇 군데 더 있었다. 그러나 그들은 사역을 대외적으로 알리지 않고 사람들의 입을 통해서만 찾을 수 있도록 하고 있었다.[5]

독신의 가치를 인정해주라

이 일은 교회의 자세와 프로그램 모두와 관계가 있다. 첫 단계는 독신들에게 그들이 교회 사역에서 얼마나 가치 있고 중요하며 유용한 존재인지를 알려주는 일이다. 그러나 또 다른 측면으로는 그들이 격리된 한 무리를 형성하는 일이 없도록 해야 한다. 큰 교회에서 독신들은 종종 교회 안에서 하나로 융합되기보다는 교회 안의 교회가 되곤 한다. 이런 일들은 독신 사역 저변에 놓여 있는 교회의 동기와 관계가 있다. 교회 내에서 그저 몇 사람의 독신들만 있는 경우라면 구체적인 독신 사역을 해야 할 필요가 없을 수도 있다. 어떤 경우이건 인정과 수용은 매우 중요한 요소가 된다.

영적인 리더십을 개발하라

사람들은 사역에 참여하는 정도에 따라 주님 안에서 성숙하게 된다. 독신들에게는 사회적인 프로그램들이 필수적이며 계획하기도 비교적 쉽다. 그러나 영적인 리더십을 개발하기 위한 진지한 성경 공부는 보다 많은 창의성과 노력을 요한다. 나는 미국에서 가장 오래된 교회들 중의 하나로 보스턴 공원 바로 옆에 있는 파크 스트리트 교회에서 몇 차례 설교했던 일을 기억할 수 있다. 그 역사 깊은 복음주의 교회는 실제로 두 개의 교회로 이루어져 있다. 오전 예배 시간은 다양하게 섞인 사람들을 대상으로, 상당히 국제적이며 그 규모의 일반적인 교회들을 잘 반영해주는 사람들을 대상으로 설교를 했다. 그러나 저녁 예배에는 전혀 다른 사람들을 대상으로 예배가 드려졌다. 보스턴 시내에 사는 교인들이 별로 없었기 때문에 그들은 주일 저녁에는 교외에 있는 가정으로 돌아가 머물렀고 독신들이 예배에 참석하기 위해 모여들었다. 대부분 독신들의 토요일 밤 피자 파티는 다음 날 새벽 2-3시까지 계속되었기 때문에 그들은 오전 예배에는 거의 나타나지 않았다.

이런 상황은 특정한 한 지역에서 일어날 수 있는 인구 통계적 현상에 대한 관찰이며 비판적인 의도를 가지고 이야기하는 것으로 보지 않기를 바란다. 그 지역의 특수성 때문에 나는 그 교회가 독신 사역 혹은 그 어떤 사역의 한 모델이 되기를 원한다고 생각하지 않는다. 그러나 독신들을 교회 안에 대다수 유입해야 할 필요가 있는 경우 독신 사역은 모든 교회들에게 하나의 도전으로 남아 있다.

4가지 잘못된 통념

앞에서도 내가 인용했던 글을 쓴 헤이즐 루스 벨은 교회 지도자들이 독신들과 그들이 교회에서 어떻게 대우받아야 하는지에 대한 잘못된 생각을 하고 있다[6]는 지적을 하며 복음주의 교회의 문제점을 드러냈다. 그들은 일반적으로 어떤 생각을 하고 있는가?

독신들은 결혼한 사람들에게 위협적인 존재들이다

벨은 결혼한 사람들이 독신들의 자유로운 생활 방식을 보다 매력적으로 생각하거나 혹은 독신 중의 한 사람이 자신의 배우자보다 더 매력적으로 보이는 일들이 일어나게 되는 것을 교회가 염려하고 있다는 제안을 했다. '다시 독신이 될 수 있다면'이라고 탄식 조로 된 오래된 노래가 있다. 그러나 만일 그런 일이 어느 교회에서나 혹은 소그룹에서 일어나도 그런 문제가 독신들에 의해 주도되는 경우는 거의 없다.

대부분의 독신들은 문란한 성생활을 하거나 아니면 동성연애자들이다

그리스도인임을 고백하는 독신들도 문란한 성생활에 빠져들거나 동성연애자들의 생활 방식을 따를 수도 있다. 그러나 소수에 불과할 뿐이다. 대부분의 사람들이 그럴 것이라고 생각해서는 결코 안 된다.

대부분의 독신들은 자신들을 미워하고 있으며 무책임하다

앞에서 우리는 이미 무책임을 낳게 하고 미성숙의 요인이 될 수 있는 낮은 자존감에 대해 살펴보았다. 그러나 그것은 결혼 여부의 문제라기 보다는 나이와 경험의 문제라 할 수 있다. 더 나아가 그와는 반대되는 동기와 관련된 문제가 있을 수 있다. 독신들은 교회 내에서 자신들의 가치를 인정받기 위해 보다 열정적으로 섬기려 할 수 있기 때문이다.

대부분의 독신들은 가정에 대한 책임이 없기 때문에 돈이 많은 사람들이다

이런 인상을 갖게 하는 독신들도 있다. 그리고 가장들에게 있어서 일반적으로 경제적인 책임이 훨씬 큰 것도 사실이다. 그러나 독신들도 가정을 가진 사람들처럼 주택 대출금 상환, 자동차 할부금 납부, 교육비, 음식비 등과 같이 똑같은 경제적인 부담을 안고 있다. 그리고 이혼한 독신들은 결혼한 사람들보다 경제적으로 훨씬 더 불안한 상태에 있을 수 있다.[7]

이 장에서 말하고 있는 그룹에는 폭넓은 연령층의 사람들이 포함된다. 20대의 독신뿐 아니라 70대의 독신들도 있을 수 있다. 쉽게 이혼하는 사회에서 교회들은 안정된 직장, 따분함, 자신에 대한 재평가, 신체적 변화, 건강 등의 문제에 직면하고 있는 중년의 독신들을 위한 사역을 증대시키게 될 것이다. 독신 사역은 진정으로 사람을 위한, 사람에 의한, 사람을 향한 사역을 의미하며 목회자와 평신도 지도자들의 인도를 따라 전교회가 해야 할 과업이다. 구체적인 필요 그룹을 대상으로 독신들의 관심사를 이해할 때는 이 전략적인 단위를 형성하고 있는 사람들을 섬기기 위한 교회와 지역 사회를 연결하는 네트워크를 개발할 때 최선의 사역이 이루어질 것이다.

제 15 장

가정을 도맡아 뛰어야 하는 독신

일반적으로 이런 고통은 치유하는 데는 오랜 시간이 걸린다.
그러나 첫 단계는 은혜의 개념으로 다시 돌아가는 것이다.

● 서른네 살이 된 엘리슨의 생활은 그녀가 15년 전에 기대했던 그런 삶과는 전혀 다르다. 지금 그녀는 아파트에서 남편 없이 두 아이들을 데리고 살고 있으며 금붕어 한 마리와 낡은 자동차를 한 대 가지고 있다. 그녀는 외로움과 피곤함, 실망 속에 살아가고 있으며 때로는 우울증 증세를 보이기도 한다. 그리고 이 고달픈 삶이 아무런 개선도 없이 수년 간 계속될 것이라는 허망한 생각으로 고통을 당한다.

그녀는 혼자서 자녀를 기르는 가정이 급속도로 늘어나고 있다는 소식에 약간의 위로를 받는다. 1970년대 중반에 태어난 아이들의 거의 반 정도는 18세가 되기 전에 한쪽 부모만 있는 가정에서 살게 될 것이다. 미국의 초등학교 어린이들의 반 이상이 한쪽 부모와만 살고 있고 그 대부분의 경우는 어머니와 함께 살고 있다. 이혼한 아버지들의 삼분의 일은 자녀들을 다시 찾지도 않고 있다.

그러나 교회는 이혼과는 관계없는 새로운 도전에 직면하고 있다. 결혼을 하지 않은 18세에서 44세의 연령층에 속한 사람들의 거의 사분의 일(사백만 명)이 적어도 한 명의 자녀가 있다. 이런 추세는 여성들이 남편 없이도 자녀들을 부양할 수 있을 만큼 충분한 돈을 벌기 시작한 1970년대 중반으로 거슬러 올라간다. 그리고 1990년대 말까지는 널리 확산되었다. 더구나 미혼모의 급증은 교육을 받은 전문직의 여성들 사이에서 가장 심하다.

우리의 교회는 이혼한 여성 엘리슨을 그리고 여러 가지 이유 때문에 편친이 된 다른 많은 남녀 독신들을 어떻게 도울 수 있겠는가?

외로움의 극복

이혼한 사람들과 편친을 대상으로 한 조사 분석과 엘리슨과 같은 사람들의 비공식적인 대화에 의한 조사 결과에 따르면 편친들의 많은 문제들 중 외로움이 가장 큰 문제임을 알 수 있다. 원하지 않던 이혼 혹은 기대하지 않았던 죽음과 함께 찾아오는 충격으로 인해 외로움의 강도가 훨씬 커진다.

이혼을 한 외로운 사람들은 낮은 자존감에 시달리게 된다. 이혼 후 가장 큰 어려움 중의 하나가 자신이 무가치하고 거절당했으며 실패했다는 느낌을 해결하는 것이다. 엘리슨은 자신과 아이들을 학대하는 남편을 더 이상 참을 수 없었기 때문에 이혼하게 되었다. 그러나 가장 친한 그녀의 친구인 조앤은 남편이 다른 여성을 원했기 때문에 이혼을 당해야 했다. 두 사람은 모두 이 불행을 막기 위해 무언가를 더 잘 했어야 했던 것은 아닐까라고 느낀다. 조앤은 거절당한 아픔 때문에 마치 자신이 여성으로서 완전히 실패했다는 느낌까지 받았다.

남자들도 감정적인 어려움을 겪는다. 20년 가량 같이 살아온 로저의 아내가 더 이상 결혼 생활을 계속하고 싶지 않다는 결정을 내렸다. 로저는 아내를 용서하고, 아내의 감정적, 인격적 고통을 이해해주지 못한 것에 대한 실패감과 싸우며 두 아들과 살고 있다. 혼자서 자녀들을 돌보는 남자의 숫자가 그런 여자들의 숫자보다 훨씬 적은 것은 사실이지만 결코 적은 수는 아니다. 1991년 미국의 편친의 15퍼센트가 남자였고, 그 수는 120만 가정에 달했다. 더구나 50만 명의 아이들이 결혼하지 않은 아버지들에 의해 양육되고 있다. 이 숫자는 1970년에 3만 2천 명에 불과했던 아이들의 숫자와는 너무나 대조적이다.

이 장 어디에서도 쉬운 대답을 찾을 수는 없을 것이다. 일반적으로 이런 고통은 치유하는 데는 오랜 시간이 걸린다. 그러나 첫 단계는 은혜의 개념으로 다시 돌아가는 것이다. 하나님께서 보시기에 엘리슨과 조앤과 로저는 그리고 그들과 비슷한 처지에 있는 그분의 자녀들은 완전한 사랑과 용서를 받은 사람들이다. 그들 각각은 어느 한 시점에 그 용서를 받아들이고 이혼으로 인한 죄책감에서 벗어나는 중요한 발걸음을 내딛어야 한다. 평강의 왕이신 예수 그리스도께서 애태우는 사람들 사이의 벽을 헐어내고, 고통당하는 사람들이 그들의 내적인 고민들을 내려놓을 수 있도록 도와주실 수 있다.

소속감에 대한 필요

사람들은 참 독특하다. 이혼한 사람들에게 하나님의 가정 안에서 누리는 교제가 가장 절실하게 필요할 때 그들은 그들을 불편하게 생각하거나 판단하는 그리스도인 친구들을 떠나고 싶은 가장 강한 유혹을 받게 된다.

외로움과 불안 때문에 그들은 소속감뿐 아니라 소속되는 행동까지도 포기해버린다. 교회들은 종종 편친들을 외면하고 그들은 교회 사역에서 제외된 듯한 느낌을 받는다. 거절당한 느낌의 벽은 여전히 인정받고 싶은 그들의 마음을 방해한다.

인정에 대한 필요

이혼한 후의 독신 생활이 하나님 보시기에 합당하다는 사실을 순수하게 인정하는 것이 외로움을 극복하는 데 매우 중요한 역할을 한다. 이 장에서 이혼과 재혼에 대한 관점을 다루려는 것은 아니다. 이 주제에 관해 복음주의 신학자들이 쓴 훌륭한 책과 글은 많이 있다. 우리는 편친들이 하나님의 성전을 짓는 일에 따르는 자신들의 역할을 듣고 이해하고 영적인 건축물의 한 부분이 되기를 바란다(엡 2:21-22). 가정에서는 불완전한 가족을 이루고 있지만 우리가 교회라고 부르는 가정을 통해 가족이 많아지고 확대될 수 있다.

자녀 양육

해마다 백만 명 이상 되는 아이들이 이혼으로 인한 충격과 위기를 맞고 있다. 이혼은 아이들에게 그들이 경험하게 될 가장 심각하고 복잡한 정신적 고민을 가져다준다.

그러나 매일의 생활 속에서 일어나는 갈등들을 넘어선 파급 효과는 문제를 더 복잡하게 만든다. 해마다 2만 5천 명 이상의 아이들이 한쪽 부모에 의해 다른 한쪽 부모로부터 격리되고 감추어진다. 그리고 6개월 내에 그 부모를 만나지 못한 아이들은 아마도 수년 동안 계속 만나지 못하게 될 것이다.

엘리슨에게는 아이들에 관한 이런 정보가 그리 도움이 되지 않는다. 그녀는 이미 아이들을 돌보는 일에 따르는 어려움으로 죄책감을 느끼고 있다. 그녀는 자신이 느끼는 피곤함과 아이들과 함께 보내야 하는 시간 사이에 균형을 찾지 못하는 듯하다. 특정한 비결이나 마지막 해결책 같은 것은 없지만 다음은 편친들에게 도움이 될 만한 제안들이다.

스트레스를 최소화하라

편친들이 감당해야 하는 일상 생활의 많은 일들은 심리적, 감정적 스트레스를 일으킨다. 그 중 많은 것들은 가정적 스트레스이다. 아이들이 학교 생활에 적응해야 하고 친구들과의 관계 속에서 일어나는 문제들이 가정에 스트레스를 야기시킨다.

때때로 가정적 스트레스는 제한된 수입으로 인한 경제적 스트레스와 얽히게 된다. 하루 종일 일을 해야 하기 때문에 효과적인 자녀 양육은 거의 불가능하다. 이런 상황 속에서 생겨나는 스트레스를 최소화할 수 있겠는가? 죄책감과 패배감으로 인한 감정적인 스트레스로 더 복잡하게 만들지 않는 것만으로도 다행이라 할 수 있다. 편친들이 이런 힘든 상황을 최소화할 수 있도록 우리는 어떻게 도와줄 수 있을 것인가?

그들이 가정의 문제를 어떻게 해결해야 할 것인지를 의논할 수 있을 만큼 가능한 한 자녀들과 친밀한 관계를 갖도록 격려해줄 수 있다. 그리고 어떻게 하루 일과를 조정하고 친구들과 부모들을 어떻게 활용하며 또 어떻게 아이들이 자신들의 고통과 필요를 알려야 하는지를 가르쳐서 그런 고통과 필요가 없는 것처럼 외면하는 대신 가정을 위해 적어도 함께 기도할 수 있도록 격려해줄 수 있다. "수고하고 무거운 짐진 자들아 다 내게로 오라 내가 너희를 쉬게 하리라"고 한 마태복음 11장 28절 말씀을 실제로 실천하도록 격려할 수 있다.

본을 보여주라

아버지를 잃어버린 아이들에게는 그리스도인 남자의 본을 보여줄 사람이 필요하다. 어머니를 잃어버린 아이들에게는 여성의 본을 보여줄 사람이 필요하다(여기서 남자 친구와 여자 친구는 그 해답이 될 수 없다). 조부모님이 아직 젊고 활동적이라면 좋은 본이 되어줄 수 있을 것이다. 혹은 삼촌이나 고모가 빈 곳을 채워줄 수도 있을 것이다. 주일학교 교사, 청소년 지도자, 목사, 그 밖의 경건한 교인들이 좋은 본보기를 보여줄 수 있다. 효과적인 교회 교육 프로그램보다 이런 필요들을 채워줄 수 있는 더 잘 준비된 기관은 거의 생각할 수 없다.

진보를 기대하라

일이 계속해서 잘못될 거라는 생각을 정당화시켜줄 만한 아무런 근거가 없을 때에도 너무나 많은 편친들이 그저 막연히 그런 염려 속에 살아간다. 한 아이가 이혼에 적응하는 데 얼마나 걸리는가? 물론 아이의 나이와 이혼 이전과 이후의 생활의 안정도, 함께 남은 쪽의 부모가 주어진 상황을 다루는 방식 등에 따라 다양할 것이다.

일반적으로 이혼을 하게 된 가정의 식구들의 상황은 그 이전보다 잘될 것이라고 생각하기보다는 주로 잘못될 것이라고 생각한다. 상황은 비록 점점 더 악화되어가는 것처럼 보일지라도 호전될 수 있다는 좋은 소식이 있다. 한 연구에서 심리학자들은 부모와 헤어진 지 5년이 지난 아이들 중 삼분의 일 정도는 원상 회복을 했고, 삼분의 일 가량은 그들이 감당할 수 있는 만큼 감당하면서 그럭저럭 해나가고 있으며, 나머지는 이혼 전 상태를 몹시 그리워하면서 상처를 입고 있다는 것을 알게 되었다.

그러나 그 연구는 그런 문제들에 대한 초자연적인 대답을 갖지 못한 사람들을 대상으로 한 것이었다. 그리스도인 친구와 가정들의 도움과 경건하고 사랑스런 교회의 지원과 가족들의 삶 속에서 행하시는 성령님의 직접적인 사역은 건강한 편친 가정의 유익을 위해 그런 통계의 결과를 극적으로 바꾸어놓을 수 있다.

서로를 돌아보는 동료 그리스도인들의 도움으로 편친을 가장으로 한 가정들은 살아남을 수 있을 뿐 아니라 잘 성장할 수도 있다. 편친의 슬하에서 건강하게 잘 자라는 청소년들과 어려움을 경험하는 아이들의 비율을 조사해본 결과 잘 자라는 아이들의 가정은 적어도 6가지의 자산을 가지고 있었다. 지원, 절제, 체계화된 시간, 교육적인 결단, 긍정적인 가치관, 사회적 능력 등이 그것들이었다. 어떤 경우이건 이런 영역에서 각각의 편친들이 '건강한 자질'들을 개발할 수 있도록 교회가 도와주어야 한다는 사실에 모두 동의할 것이다.[1]

미래에 대한 대처

가정적, 경제적 스트레스 외에도 엘리슨은 끊임없이 사회적 스트레스를 받고 있다. 데이트를 해야 할 것인가? 재혼을 생각해보아야 하는 것인가? 부적절한 우정이라는 비난을 받지 않고 결혼한 친구들과 여전히 많은 시간을 보낼 수 있을 것인가?

자신의 외로움과 두 자녀의 문제들을 감당해야 할 뿐 아니라 그녀는 앞으로 계속될 수년 간의 자신과 아이들의 삶에 대처해나가야 한다. 그녀는 미래를 생각해야 한다는 것을 알고 있으며 다음과 같은 몇 가지 중요한 영역들을 고려함으로 그렇게 대처해나가고 있다.

독신 생활을 받아들이라

엘리슨은 자신의 독신 생활을 받아들이고 재혼에 대한 쉽지 않은 생각을 가지고 살아가는 것을 배우고 있다. 나중에 결혼을 하게 될 때가 올 수도 있겠지만 재혼을 하려고 노력하거나 재혼이 되지 않는다고 해서 염려하지는 않을 것이다. 그녀는 남편이 있건 없건 '온전한' 삶을 살기로 결단했고 결혼을 갈망하는 일이 없게 해주시기를 하나님께 기도하고 있다. 그녀에게는 지원을 아끼지 않는 가족들이 있고 외로움을 이겨나가는 데 도움을 준다. 그녀는 독신 여성들이 확신을 가지고 성숙해가며 진보를 보일 수 있도록 상담해주는 앤 리 퓨마(Ann Li Puma)의 조언을 따르려고 노력하고 있다. "확신과 성숙과 진보의 균형을 갖추고 여성들은 이 압도적인 필요를 보다 실제적인 것으로 결국 바꾸어갈 수 있을 것이다. 일단 그렇게 되면 우리는 다시 우리의 생활을 감당해나갈 수 있게 되며 아마도 남자가 있거나 없거나 우리의 삶이 충족되어지는 것을 느낄 수 있게 될 것이다"²라고 리 퓨마는 여성들을 위해 말하고 있다. 그러나 그녀가 말하는 원리는 남성들에게도 똑같이 적용될 수 있다.

관리 능력을 발휘하라

조앤이나 엘리슨이나 둘 다 이혼을 하기 전까지 가정의 경제를 맡아 관리하지 않았었다. 그러나 이제 재정적인 두려움을 안고 사는 대신 어떻게 잘 관리해야 하는지를 배우기로 했다. 교회에서 재정을 담당하고 있는 사람이 그들에게 어떻게 예산을 짜는지를 보여주고 그들에게 필요한 조언들을 자상하게 해주었다.

로저의 아들 중 한 아이에게 학습 부진 증세가 있었다. 그동안은 아내가 늘 아이의 약을 챙기는 일과 병원에 데려가는 일 그리고 학업을 평가하는 일을 해왔다. 그러나 이제 로저는 자신이 그 일을 하지 않을 수 없게 되었다.

이 세 사람은 모두 생활을 위해 그들이 하던 일과를 변경해야 했다. 조앤은 일을 해야 했고 그래서 가정에서 그녀가 하던 일들을 다 할 수 없었기 때문에 집을 가꾸는 수준을 낮추어야 했다. 로저는 식단을 짜고 장을 보는 일을 큰아들에게 맡겼다. 엘리슨은 이웃에 살고 있는 자동차 정비사를 찾아가 적절한 가격으로 그녀의 낡은 차를 가능한 한 잘 달릴 수 있도록 고쳐달라고 했다. 이런 새로운 일과와 기술들은 곧 그들 각자에게 개인적인 통제력과 능력을 보다 확신할 수 있게 해주었다.

하나님을 신뢰하라

이 세 사람은 모두 그들의 삶 속에 채워지지 않은 중요한 필요들을 가지고 있었다. 강요된 금욕의 문제가 중요하게 대두되었다. 성경적이 아닌 방식으로 그 필요를 채울 수 있는 기회들은 많이 있었다. 그러나 그들 각자는 하나님의 뜻을 구하기로 결단했다. 하나님의 영광을 가리우지 않기를 원했을 뿐 아니라 그들의 자녀들이 결혼하게 될 때까지 본받아야 할 삶의 모범을 보여주고 싶었다. 그러나 그 문제는 특히 로저의 경우 주된 문제로 드러났고, 매 순간 하나님을 신뢰하는 일이 요구되었다.

도움을 구하라

은혜로 자녀를 양육해야 하는 성경적인 원리는 편친을 가장으로 하는 가정에서 자라는 아이들이나 대가족 속에서 자라는 아이들에게나 동일하게 적용된다. 조앤의 큰 아이는 부모가 이혼할 때 여섯 살이었고 다음 학년으로 진학을 할 수 없었다. 교사는 상담과 심리 치료를 받도록 권했다. 그 일은 조앤이 어머니로서의 역할에 실패했다는 것을 말해주는 것은 아니었다. 다만 아이가 어릴 때 겪은 충격을 성공적으로 해결해주기 위해 도움을 필요로 하는 것뿐이었다. 당신의 교회는 그녀를 어떻게 도와줄 수 있겠는가?

섬기기로 선택하라

엘리슨은 섬기는 사람이 되기로 헌신했다. 그녀는 어느 정도까지는 다른 사람들의 섬김을 받아야 할 것이다. 교회가 그녀를 도와줄 것이다. 친척들과 친구들이 도와줄 것이다. 그리고 그녀는 자신이 받은 모든 도움에 감사하게 될 것이다. 그러나 그녀는 자신 역시 도움을 주는 사람이 되고 싶었다. 물론 그녀의 첫 사역은 자신의 아이들이었다. 그러나 하나님께서 그녀에게 다른 편모들과 이야기할 기회를 주시고 교회에서나 지역 사회 속에서 자신과 같은 처지에 있는 사람들의 네트워크를 형성할 수 있는 기회를 주시기를 기대한다. 그리고 목사와 이야기를 나누고 도움을 구할 계획을 가지고 있다.

엘리슨은 해낼 것이다. 그녀가 해낼 수 있는 것은 그녀가 문제들을 알고 있고, 그 문제들은 해결될 수 있다고 믿고 있으며, 진정한 도움은 주님과 그분의 백성들을 통해서만 온다는 사실을 알고 있기 때문이다. 최근에 그녀는 깨진 가정에서 자란 몇 명의 성숙한 그리스도인 성인들을 만났다. 그녀는 선교사나 목사나 그리스도인 지도자들은 모두 평생 주님을 가르쳐준 부모들을 가진 모범적인 가정에서 자랐을 것이라고 생각해왔다. 그런데 어릴 때 부모로부터 버림을 받았거나 혹은 아버지의 얼굴도 모르는 성숙한 그리스도인을 만나게 된 것은 그녀에게 큰 격려가 되었다.

엘리슨은 높은 목표를 세웠다. 하나님의 은혜로 자녀들이 사랑스럽고 헌신된 예수 그리스도의 제자로, 교회를 섬기는 지도자로, 경건한 배우자로, 성경적인 부모로 성장해가는 것이었다. 자신의 생명을 바쳐서라도 그 일을 할 것이다. 그리고 어쩌면 그 대가를 치러야 할지도 모른다. 엘리슨과 조앤과 로저를 위해 당신의 교회는 어떤 효과적인 지원 사역을 할 수 있겠는가?

각 교회에는 일정 수의 편친들이 있다. 그들을 위한 사역을 고안하면서 우리는 예수님께서 지상 사역을 아름답게 하셨던 것과 같이 은혜와 진리를 연결시켜야 한다. 전통적인 복음주의 교회들에게 이 사역은 어려운 과업이다. 진리를 희생시키지 않고 어떻게 은혜를 베풀어야 할 것인가? 그리고 은혜를 희생시키지 않고 어떻게 진리를 고수할 수 있을 것인가?

편친을 포함한 모든 독신들은 깔때기 모양의 사역 모델(도식 11)을 통해 교회 안에 흡수된다. 깔때기의 꼭대기에서는 지원 그룹, 보육, 사회 활동, 독신들의 모임 등과 같이 그들의 필요를 채워주는 교회의 활동들을 볼 수 있다. 교회가 그 수준에서 멈추고 독신들이 교회 사역에 참여할 수 있도록 할

편친들을 위한 깔때기 모양의 사역 모델

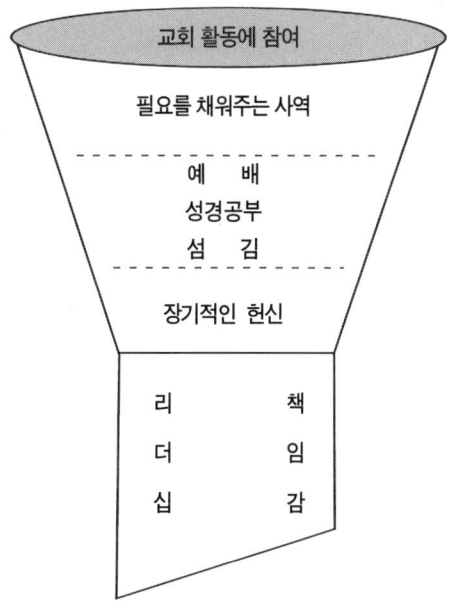

일을 다 했다고 생각하게 되면 문제가 발생한다. 깔때기 사역 모델의 두번째 단계는 그 범위가 좁아지면서 예배와 소그룹 성경 공부 그리고 섬김 활동들이 포함된다. 궁극적으로 장기적인 헌신과 다양한 분야에서의 섬김이 이 과정의 한 부분을 이루고 있어야 한다.

이 모든 일들 속에서 우리는 '문제 그룹'으로 그들을 격리시키기보다는 정상적인 교회 생활 속으로 융합시키도록 애를 써야 한다. 서로를 돌아보는 교회는 독신들이 속할 수 있는 자리를 찾도록 도와준다. 그들은 앨리슨과 조앤과 로저가 정상적인 생활을 할 수 있도록 도와준다. 편친 슬하의 자녀들에게 부모가 모두 있는 것처럼 가장할 수는 없다. 그러나 그들 가정의 어려운 상황을 극복할 수 있도록 도와줄 수 있다. 서로를 돌아보는 교회 안에서 이혼한 독신들은 잘못된 결혼을 다시 해서 같은 실수를 반복하는 가장 최악의 선택을 덜 하게 된다.

  이 모든 일들은 교회가 제공해줄 수 있는 최상의 전문성과 주의를 요한다. 하나님께서는 필요를 가진 사람들을 그들의 실수 때문에 혹은 죄 때문에 밀어내버리기를 원치 않으신다. 그리고 전적으로 혼란에 빠진 것처럼 보일 때 다시 한번 인생을 의미 있게 살아보려고 씨름하는 편친들처럼 그렇게 긴박하고 눈에 띄는 필요를 가진 사람들도 없다.

| 제 16 장 |

부모와의 협력

그리스도인들은 서로에게 헌신하고 그 헌신이 그들의 사랑을 키워준다.
건강한 가정들은 가정이 왜 가정으로서 유지될 수 없는지를
설명하려고 애를 쓰다가 넘어지는 일은 하지 않는다.

● 나의 오래된 친구인 찰스 셀(Charles Sell)이 설립하고 지도하는 가정 생활 센터(Center for Family Life)의 소식지인 '가족 문제(Family Matters)'의 창간호는 '가정 사역은 교회 사역이다'라는 커다란 주제를 발표했다. 그리고 가정의 중요성 때문에 다음에 이어지는 여섯 장에서는 교회가 어떻게 가정을 도울 수 있는지에 초점을 맞추어 살펴보게 될 것이다.

다음에 주어진 숫자들은 우리가 가장 원하지 않는 현대의 가정 생활을 보여주는 통계 자료들이다.

- 거의 50퍼센트 가량의 어린이들이 편친 슬하의 가정에서 살고 있다.
- 편친 가정의 90퍼센트는 어머니가 가장의 역할을 하고 있다.
- 오늘날 출생하는 아이들의 30퍼센트는 미혼모들에 의해 태어난다.
- 3천만 명에 달하는 아이들이 보육 시설에서 어린 시절을 보낸다.
- 미국에서 가정이 없는 아이들이 10만 명에 달한다.
- 초등학생 어린이를 둔 부모의 58퍼센트가 직장 생활을 하고 있다.
- 미국에서 1,400만의 아이들이 궁핍한 생활을 하고 있다.
- 미국 청소년들의 25퍼센트가 고등학교를 졸업하기 전에 학교를 그만둔

다.
- 미국에서 아동 학대의 77퍼센트가 부모들에 의한 것이다.

1997년 중반 미국의 한 잡지는 육아가 남녀 모두의 가장 큰 문제가 되고 있다는 보도를 했다. 펜실베니아 주립대학의 연구 조사를 언급하면서 뉴스위크 지는 남자들은 일주일에 17.4 시간을 그리고 여자들은 35.1 시간을 육아에 사용한다고 발표했다.[1] 미국의 가정들은 절실하게 도움을 필요로 하고 있으며 그 도움은 '사회'로부터 주어지지 않을 것이다. 그들은 교회를 필요로 한다.

찰스 셀은 "가정 사역은 교회 사역이다. 가정 사역은 교회의 영적이며 윤리적인 과업의 중심에 있다. 이 사실을 이해하기 위해 우리는 가정이라는 용어를 적절하게 규정할 필요가 있다. 사회학적인 의미에서 가정이란 하나의 '사회 제도'이며 그것은 공동의 필요를 채우기 위해 스스로 조직화되는 사회의 방식과 관습을 언급하는 것이다"[2]라고 말했다. 그리고 그는 가정의 필요들을(우리는 그것들을 개발적 과업들이라고 부를 수도 있을 것이다) 재생산, 성적 표현, 사회화, 지위, 경제적 협력, 정서적 만족, 사회적 통제 등의 7가지로 열거했다.

사회 제도가 이 필요들의 많은 부분들을 맡고 있다고 주장할 사람들도 있을 것이다. 그러나 나는 사랑스럽고 지원적인 교회의 틀 안에서 자녀들을 자라게 할 것을 성경은 부모들에게 요구하고 있다고 주장한다. 이렇게 되면 앞에서 우리가 본 통계 자료의 많은 부분들은 상당히 다른 양상을 띨 수 있게 될 것이다. 셀은 "많은 그리스도인 지도자들은 교회와 가정 사이의 중요한 관계를 교회들이 인식해야 한다고 주장해왔다. 사람들이 가정 생활 속에서 그리스도와 같은 삶을 지속적으로 살아가도록 하는 것이 교회가 할 일이다"[3]라고 말하며 그의 글을 마무리했다.

가정의 필요를 채워주지 않는 교회는 분명히 교회의 절반 가량의 사람들을 위한 교육적 과업을 수행하는 데 실패하고 있는 것이다. 이 장에서 우리는 교회를 구성하고 있는 모든 가정에서의 인간 관계와 그 책임들을(특별히 자녀 양육에 관련된) 개발할 수 있는 방법들을 다루고자 한다.

서치(Search) 연구원의 소식지인 소스(Source) 지는 성인 교육은 가정을 건실하게 하는 일이 되어야 한다라고 제안한다. 서치 연구원은 아이들에게는 지원, 부여된 권한, 한계와 기대, 건설적인 시간 사용, 학습 의지, 긍정적인 가치관, 사회 적응 능력, 긍정적인 정체성 등의 8가지의 필요가 있다고 주장한다. 복음주의 교회 지도자들은 다른 용어들을 사용하고 건전한 성경적 뒷받침을 제시하겠지만 서치 연구원이 제시한 일반적인 전제들에 동의하지 않을 수 없다. "아이들을 위한 책임은 외적인 자산을 제공해주는 것으로 끝나지 않는다. 내면화된 결단과 가치관과 능력과 아이들이 자신의 선택과 목적과 관심의 대상이 되어야 할 정체성 등에 대해서도 그와 비슷하게 헌신해야 할 필요가 있다. 아이들이 어렸을 때 이런 본을 보여주는 성인들은 아이들이 관찰하고 배우며 이런 자산들을 점차로 내면화할 수 있는 기초를 놓아주는 것이다."[4]

건강한 가정의 특징들

우리는 건강한 가정을 특징지어주는 종교적인 목록들과 세상적인 목록들을 이미 보았다. 그리고 그들 대부분은 한 저자나 연구자가 생각해낸 단순한 아이디어들이 아니라 건실한 조사를 통해 나타난 것들이다. 다음은 교회들이 가정 생활 교육 프로그램에서 개발해야 할 내용들을 요약한 것들이다.

가정에 대한 헌신

다음 장에서 이 주제를 다루고 있지만 여기서도 언급할 필요가 있다. 건강한 가정들은 서로에게뿐 아니라 가정이라는 개념 그 자체에도 헌신되어 있다. 중요한 역할을 맡은 어머니와 아버지가 될 때 우리는 사랑이 결혼 생활을 지탱해주는 것이 아니라 결혼 생활이 사랑을 유지시켜준다는 사실을 알게 된다. 그리스도인들은 서로에게 헌신하고 그 헌신이 그들의 사랑을 키워준다. 건강한 가정들은 가정이 왜 가정으로서 유지될 수 없는지를 설명하려고 애를 쓰다가 넘어지는 일은 하지 않는다. 그들은 가정이 유지되도록 한다. 그리고 그렇게 할 때 우리는 그들이 교회에서 지도자가 될 준비가 되었다는 어떤 힌트를 얻게 된다.

깊어지는 친밀감

우리는 가정 밖에서의 관계 속에서 가질 수 있는 친밀감에 대해 이야기해 왔다. 그러나 가정 안에서 친밀감은 훨씬 더 중요한 의미를 갖게 된다.

가족 간의 친밀감은 한 자세를 공유할 뿐 아니라 느낌과 감정까지도 공유한다. 가족들은 울고, 웃고, 장난치며, 화내고, 시큰둥해진 서로의 모습들을 보며 산다. 그들은 자신들에 대한 감정을 잘 알 뿐 아니라 서로에 대한 감정까지도 잘 알고 있다. 건강한 가정은 저녁 식사 시간에 한 사람이 자신이 느끼는 감정을 솔직하게 이야기했다고 해서 식사 시간을 싸움 시간으로 만들지 않는다. 가족 간의 친밀감은 점점 깊어진다. 그리고 그것은 시간이 걸리며 개발되는 과정이다. 서로 사랑하는 두 사람으로부터 시작된다. 그 때는 미숙하지만 강렬한 감정이 일상 생활이라는 철판 위에서 친밀감을 다듬어 만드는 대장간으로 들어가는 문의 역할을 해준다.

함께 나누는 시간

건강한 가정은 시간을 함께 보낼 수 있는 방법을 찾는다. 그리고 그들은 지난 10년 동안 가정의 가장 큰 핑계 중의 하나인 '질적인 시간'에 대한 이야기로 함께 보내는 시간을 사취하지 않는다. 건강한 가정은 함께하는 모든 시간을 '질적인 시간'으로 만들려고 노력한다.

표현되는 감사의 마음

건강한 가정은 "고마워" "감사합니다" "난 네가 우리 가족이라는 사실에 하나님께 감사를 드린단다" "네가 정말 자랑스럽구나" 등의 말을 서로에게 해준다. 교회나 시민 단체 등과 같은 사회적인 기관들과 직장에서 얻을 수 있는 인정에 대한 이야기를 나누었다. 그러나 그 어떤 것도 가정에서 받을 수 있는 인정과 비교될 수 없다. 그 인정이 서로를 향한 헌신의 표현이 되어질 때 회의실은 가정의 거실과는 상대가 될 수 없다.

충분한 의사 교환

건강한 가정의 특성에 대한 목록을 본 적이 없어도 이 항목은 짐작할 수 있을 것이다. 충분한 의사 교환은 가족들이 서로에게 어떻게 이야기해야 하는지를 배울 때 이루어지게 된다. 충분한 의사 교환은 먼저 남편과 아내 사이에서 이루어지고 부모가 자녀에게, 자녀가 부모에게 그리고 다른 친척들 사이에서 이루어지게 된다.

성경적인 자각

건강한 그리스도인 가정은 하나님께로 가까이 나아가는 데 도움이 되기 때문에 성경을 함께 공부한다. 그들은 성경을 토의하고 그 해석에 대한 의견을 나눈다. 그리고 성경을 생활에 적용하고 가족들의 행동을 평가하는 궁극적인 기준으로 삼는다. 바로 앞에서 이야기한 '충분한 의사 교환'은 하나님께서 그분의 말씀을 통해 그리스도인 가정들에게 말씀하시고 그들이 순종과 기도로 반응할 때 새로운 관점에서의 중요성을 차지하게 된다.

교회 생활

건강한 가정은 그들이 교회의 몸인 교회의 한 부분이라는 사실을 이해하고 있다. 그들은 교회와의 자신들의 연합을 선포하고 그런 삶을 살아감으로 교회가 자신들에게 사역하는 일을 돕는다. 실수하지 말라. 우리는 교회로부터 질적인 사역을 먼저 받지 못한 가정으로부터 질적인 사역을 기대할 수 없다.

믿음의 가정

가정과 교회와의 관계에 대해 좀 더 살펴보기로 하자. 집에서의 믿음의 가정과 교회 건물 안에 모인 믿음의 가정을 비교해보면 성경적으로 결혼이 구원에 어떻게 비유되고 있는지를 곧바로 알 수 있다. 그리스도께서 신랑이 되시고 신자들은 신부가 된다. 전도를 통해 하나님께서 새로운 신자들이 생겨나게 하시고 우리는 그것을 '새 생명'이라 부른다. 그런 다음 우리는 사람들이 식물을 돌보는 모습을 묘사하는 원예학적인 용어로 사용되며 사도 바울의 서신서에서 특별히 많이 나타나는 영적인 주제인 양육에 대해 이야기하게 된다.

가정의 안전은 필요를 채워주는 교회를 반영해준다. 그것은 사도행전 4장 34절에 '그 중에 핍절한 사람이 없으니'라고 기록된 것과 같다. 가정과 교회는 둘 다 도움을 필요로 하는 사람들에게 특별한 관심을 보이는 역동적인 지원 그룹을 대표해준다. 집과 교회에서의 믿음의 가정은 막을 수 없는 하나의 팀이다.

신학적인 개념들

교육가인 존 웨스터호프(John Westerhoff)는 거의 20년 전에 교회는 "사회 생활의 중심이 되는 가장 중요한 단위가 되고 있으며 우리 현대 사회의 가장 근원적인 사회적 단위가 되고 있다 … 따라서 교회의 문제는 가정을 어떻게 돕고 어떻게 인도적인 가정과 국가가 되도록 교화할 것인지가 아니라 사람들과 사회 생활의 교화를 위한 '믿음 공동체'가 되는 것이다"[5]라고 제안했다.

그는 자신의 주장을 옹호하기 위해 게마인샤프트와 게셀샤프트의 개념을 도입했고 독일의 루터교 신학을 의존했다. 이 두 단어는 모두 공동체(community)라는 단어로 번역될 수 있지만 루터는 교회가 후자보다는 전자와 같을 때 그 신실성을 지킬 수 있다고 주장했다. 게셀샤프트는 사람들이 자발적으로 공동체적인 활동에 참석하고 각자의 역할을 하게 되는 보다 자발적인 성격에 가깝다고 할 수 있다. 그룹을 위한 성취와 공헌은 각 구성원의 가치를 보증해준다. 우리 아이들과 손자들이 축구 경기를 벌이는 지역사회의 YMCA 같은 단체가 이런 유에 속한다고 할 수 있다.

반면에 게마인샤프트는 사랑이 요구하는 것이라면 무엇이든지 내어주고 각 구성원의 가치는 그룹의 정상적이고 자연스런 한 부분의 중심을 이루는 가정과 흡사하다. 게마인샤프트는 교제 혹은 형제애라는 말로 표현될 수도 있을 것이다. 웨스터호프는 이 믿음 공동체가 공동으로 소유하고 있으며 교회와 가정에서 우리가 찾고 싶어하는 4가지 특징들을 다음과 같이 설명했다.

공동 유산

한 가족의 공동 유산은 오랜 세월을 지나며 세워진 좋은 전통들을 중심으로 이루어진다. 사진, 슬라이드, 비디오 테이프 등은 우리가 10년 혹은 20년 전에 함께했던 일들을 상기시켜준다. 하나님을 향한 헌신을 공유하고 있는 그리스도인 가정은 우리가 성경에서 알고 있듯이 세상에서 하나님께서 이루신 역사를 중심으로 하는 '공동 유산'을 가진 교회에 영향을 미친다.

공동 비전

건강한 가정과 교회는 과거를 이해할 뿐 아니라 미래를 위해서도 함께 헌신한다. 급속하게 변화하는 사회 속에서 어떻게 그럴 수 있겠는가? 웨스터호프는 심한 재앙에서 살아남은 생존자가 목사에게 루터와 바하가 태어난 땅에서 어떻게 그런 엄청난 재앙이 일어날 수 있는지를 물었던 이야기를 했다. 그 목사는 "그건 이해하기 쉬운 일이지요. 교회들이 지금 여기 일에 관심을 갖게 되었기 때문이에요. 비전을 잃고 성경이 가르치고 있는 바를 잊어버려서 그런 겁니다"[6]라고 대답했다.

공동 권위

교회와 가정에서 예수 그리스도와 하나님의 말씀은 공동의 권위가 있다. 복음적인 신자들은 성경이 가르치고 있는 것들을 잊지 않으려고 부단히 노력하면서 그 어떤 정부의 요구나 헌법이나 법률 조항보다 성경의 권위를 우위에 둔다.

공동 의식

이 부분에서 웨스터호프는 '유산과 비전을 표현하는 반복적이며 상징적인 행동들'을 염두에 두고 있다. 가족의 전통은 교회에서 함께 행하는 세례와 성찬식과 크리스마스나 고난 주간 그리고 다른 여러 가지 행사들과 마찬가지로 게마인샤프트 영역에 속한다. 이런 행사들은 믿음의 가정에서 행하는 의식들이다. 웨스터호프는 이것을 "사회 속에서나 문화적인 공동체 속에서 우리가 그리스도인이 될 수 있는 것은 교회에서 공유되는 우리의 삶이 있기 때문이다"[7]라고 설명했다.

교육적인 개념들

이 일을 어떻게 하고 있는가? 성경이 요구하는 가정 생활과 16장과 21장에서 논의하고 있는 행동 패턴들을 산출하기 위해 어떤 성인 교육 사역을 계획하고 있는가?

다투는 부부와 반항적인 자녀들 혹은 다양한 자녀 양육의 문제로 씨름하고 있는 부모들을 교회의 목사와 지도자들이 상담해주는 부모 상담이 그 한 방법이 될 것이다. 부모 교육은 때때로 가정 문제들을 다루게 될 주중 성경 공부 모임으로부터 부모들을 위해 설정한 목표들을 이루기 위해 계획된 부모 교실에 이르기까지 모든 영역에 초점을 맞춘다. 부모 수련회는 세미나나 가족 캠프 등과 같은 특별한 프로그램이 될 수 있다. 부모 참여는 그저 단순하게 교회가 정기적으로 실시하는 주일 학교, 청년회, 설교, 사회 활동 등의 한 부분이 되는 것을 의미한다.

이 네 가지 중 첫번째인 부모 상담은 일반적으로 보다 전문성을 요한다. 그러나 마지막의 부모 참여는 최소한의 시간으로(사실상 모든 교회 사역은 자원 봉사자에 의해 이루어진다) 가장 많은 사람들을 섬길 수 있다. 보다 많은 부모 참여와 부모 수련회가 이루어지면 가족 상담은 필요하기는 하지만 덜 긴박하게 요구된다.

그러나 성인 목회 중 가정 생활 교육이라는 이 중요한 요소가 빠지게 되면 아무 일도 이루어질 수 없다.

본이 되는 교회

본이 되는 일은 우리가 그 일을 계획하건 하지 않건 일어난다. 가정에서 아버지와 어머니는 좋은 본이 되거나 그렇지 못하거나 둘 중의 하나가 된다. 교회에서도 마찬가지다. 사람들이 구체적으로 교회 지도자들의 가정을 모범으로 생각하지 않는다 해도 성경은 그런 책임 있는 행동을 그들에게 요구하고 있다. 교회가 가정을 위한 효과적이고 긍정적인 모범이 되기 위해서는 어떤 교회가 되어야 할 것인가?

모든 문화적 요소들에 성경적인 접근을 하라

낙태, 동성 연애, 이혼 그리고 그 밖의 수많은 사회적 문제들을 다루는 교회의 입장은 반드시 성경적인 근거가 있어야 한다. 그 어떤 교회도 이런 문제들에 대해 교단의 입장을 따르는 혹은 사회 대부분의 의견이 쏠리고 있는 방향을 따르는 신학적 관점을 채택해서는 안 된다. 성경의 본문을 다르게 해석할 수는 있다. 그러나 이것이 전통으로부터 큰 도움을 얻을 수 없는 가정의 본이 되는 한 영역이다. 기독교 정통파의 대답은 안수 위원회를 운영하는 데는 사용할 수 있겠지만 우리의 실제 삶은 따뜻한 성경주의를 필요로 한다. 잘 알려진 부자 청년은 정통파였고 예수님은 그것 때문에 그를 칭찬하셨다. 그러나 그 청년은 "누가 나의 이웃인가?"라는 날카로운 질문에는 대답할 수 없었다.

부모들에게 가정에서의 역할을 가르치라

우리는 교회에서 모든 일을 결코 다 할 수 없고 다 하려고 해서도 안 된다. 모든 교회가 믿지 않는 사람들의 자녀들을 대신 맡아 양육하고 있기는 하지만 목사와 주일 학교 교사들은 자기 자녀들의 부모일 뿐이다. 성경적인 교회는 가정에서 부모들이 해야 하는 역할까지 맡기 위해 사역 프로그램을 확장시키지 않는다. 그들은 부모들이 자신들의 책임을 잘 감당할 수 있도록 돕기 위한 일에 힘과 노력을 기울인다.

전통적인 실패들을 교정하라

너무 자주 교회가 가정들이 겪고 있는 고민들을 해결해주려고 하기보다는 비판적인 자세를 보여왔다. 우리는 종종 교회에서 하는 모든 일에 신실하게 참여하기 원하는 사람들의 가정 생활을 질식시키면서 사역을 지나치게 프로그램화해왔다. 지난 20년 혹은 30년 동안 우리는 부모들이 알아서 할 것이라고 생각하며 가정 생활(특별히 가정 생활 교육)에 거의 주의를 기울여오지 않았다. 20세기에 나타난 심각한 가정 파탄만이 복음주의 교회들의 주의를 흔들어놓았다.

민감하고 용감하라

필요와 상처들에는 민감하게 대처하면서 진리를 고수하는 일에 용감하기 위해 우리는 다시 은혜와 진리 사이에 균형을 유지해야 함을 돌아보게 된다. 부모들이 이런 성경적인 균형을 유지하고 있는 교회 지도자들과 교사들을 보게 될 때 가정에서, 부부 간에 그리고 자녀들과의 관계에서 같은 방식으로 반응할 수 있게 될 것이다.

가정 중심적인 교회를 개발하는 7가지 방법

성인 교육 프로그램과 가정 생활 목표를 앞으로 다루게 될 것이다. 여기서는 교회가 건강한 가정을 세우고자 하는 그들의 헌신을 보여줄 수 있는 몇 가지 방법들만을 간단하게 언급하고자 한다.

가정에 관한 설교를 하라

가정에 관한 설교는 어버이날 같은 특별한 때에 한다. 그러나 그보다 좀 더 자주 하는 것이 좋다. 강해 설교를 하는 설교자들은 성경 전체를 통해 찾을 수 있는 모든 중요한 성경 구절들을 강조할 뿐 아니라 가정에 관한 설교를 할 수 있도록 그 자리를 마련해두어야 한다. 가정을 강조하는 설교를 하기 위해 사실을 왜곡할 필요는 없다. 다만 본문이 가정을 다루고 있을 때 그 부분을 소홀히하지 말라. 예를 들어 사도행전 16장을 설교하게 된 목사는 디모데를 사역 팀에 연합시킨 바울의 결정에서 멈추고 디모데가 그런 역할로 섬길 수 있도록 준비하는 데 도움을 주었던 그의 가정의 지원에 대해 이야기하는 것이 적절할 것이다.

가정을 염두에 두고 행사를 준비하라

대부분의 교회들이 20-30년 전보다는 이 부분을 잘 해나가고 있다. 그런 프로그램들은 사람들을 교회에 나오게 하기보다는 가정에서 가족들과 함께 시간을 보내도록 저녁 시간을 비워둔다. 그리고 장시간 출퇴근하는 부부 직장인들의 어려움을 인식하고 가정들이 교회를 중심으로 그들의 생활을 재구성하도록 강요하는 대신 가정을 중심으로 교회의 프로그램을 배정한다.

가정 생활 프로그램을 활성화하라

이 일에 관한 다양한 창의적인 방법들을 찾아볼 수 있다. 게시판 광고, '가정을 위한 특별 행사', 다른 가족을 위한 기도 등 그 밖에도 많은 활동들을 할 수 있다. 가정 생활 프로그램을 활성화하면서 독신들이 불편을 느끼게 하는 일이 없어야 한다. 균형을 맞추는 일이 불가능한 것은 아니다.

가정을 대상으로 하라

성경적인 전도 프로그램은 아이들이 아니라 가정을 대상으로 한다. '가정 구원'에 대해 어떤 신학적 의견을 가지고 있건 하나님께서는 가정을 이루는 구성원이 가정에서 격리되는 것을 원치 않으시는 것은 분명하다.

교회 버스로 주일 학교 아이들을 데리고 오는 일은 아이들을 그들의 부모들로부터 격리시킨다. 교회가 버스를 운영해왔기 때문에 수많은 아이들이 복음을 듣게 된 일에 우리 모두 감사하지만 실제로 그 일은 성경적인 지지를 받을 수 없다. 주일 학교 버스가 집 앞에 정차하는 모습은 부모들에게 "다시 들어가 주무세요. 우리가 아이들을 주일 학교로 데려갈테니까요"라고 말하는 것과 거의 다를 바 없다.

가정들을 위한, 가정들에 의한 기도

대부분의 교회들이 창의적으로 기도 모임을 할 수 있는 방법들을 찾고 있다. 내가 다녔던 한 교회에서 주중에 가졌던 기도회는 매주 한두 가정에 초점을 맞추어 그 가정을 위해 기도했다. 목사가 그 가정을 소개하고 사람들이 그 가정을 얼마나 잘 알고 있는지를 보기 위해 그 가정에 대한 질문을 성도들에게 했다. 그리고 그 가족들에게는(특히 어린 자녀들에게) 그들의 부모에 관한 질문들을 했다. 그 기도회는 즐거운 시간이 되었고 순수하게 가정들에 대한 관심과 기도가 집중되었다.

가정들의 필요를 채워주라

가정이 필요로 하는 것들을 채워주라. 가정 예배를 위한 지침을 필요로 하는가? 고집이 강한 아이들에 관한 책자들을 필요로 하고 있는가? 아이들이 성경 이야기를 배우는데 필요한 기독교 비디오 테이프를 필요로 하는가? 그런 것들을 제공해주라. 그것이 교회가 할 일이다. 그리고 가정 교육의 한 부분으로 되어져야 할 일이다.

섬기는 교회가 될 것을 목표로 하라

가정 생활 교육에 헌신된 교회는 가정들을 섬기기로 결단한다. 실제로 이 제안은 앞에서 이야기한 여섯 가지 제안들을 가능케해준다. 가정을 섬기는 일에 적극적으로 결단한 교회는 그 일을 할 수 있는 방법들을 찾게 될 것이다.

그러나 아직도 교회를 섬기는 가정이 될 것을 요구하는 가정관을 가진 교회 지도자들이 있다. 제2차 세계 대전 이후 '죄책감에 얽매인 신학'이 수많은 복음주의 교회들의 특징처럼 보여왔다. 우리는 그런 사고를 떨쳐버리고 성인들에게 동기를 부여해주는 것이 무엇인지를 관찰해서 가정 사역 교육에 그것을 적용시켜야 한다.

찰스 셀(Charles Sell)은 "활동적인 가정 생활을 활성화하는 교회는 도덕적으로 그리고 영적으로 하나님께서 의도하신 일들을 행하고 있는 것이다. 가정 사역은 필수적인 교회 사역이며 해도 되고 안 해도 되는 일이 아니다. 가정 생활을 풍요롭게 해주고 지원해줌으로 교회 역시 성장하게 된다"[8]라고 말했다.

| 제 17 장 |

성경적인 가정의 개발

그리스도인 가정은 하나님의 계획을 따라 그들의 행동을 결정하고 인간 관계를 유지하기로 선택한 사람들, 곧 성경적인 사람들에 의해서만 만들어질 수 있다.

● 호돈 와일더(Thorton Wilder)의 연극 '위기 일발(The Skin of Our Teeth)'에서 안트로버스 여사는 남편에게 "당신이 완벽한 사람이라 당신과 결혼한 게 아니에요 … 당신이 약속을 했기 때문에 결혼을 한 거라구요"라고 말한다. 그리고는 손가락에서 반지를 빼어 들여다보면서 "그 약속이 당신의 약점들을 보상해주었고 내가 한 약속이 나의 약점들을 보상해주었어요"라고 이야기한다.[1] 불완전한 두 사람이 결혼을 한다. 그리고 약속이 결혼을 이루어지게 한다.

모든 결혼에는 약속이 따른다. 가정 생활의 대부분은 부부 사이에서뿐 아니라 부모와 자녀, 그리고 가족 간의 모든 관계 속에서 얼마나 그 약속이 잘 지켜지는지에 따라 달라진다. 불행하게도 우리 사회는 약속을 잘 지키지 않는다. 약속을 지키는 사람들(Promise Keeper)이라는 단체에 속해 있는 수많은 남성들은 특히 가정 내에서 높은 수준의 충성심과 안정감이 요구된다는 필요에 대해 지적하고 있다.

가정 파탄과 이혼에 관한 통계가 다양한 관점들을 지지하기 위해 언급되며 사용되고 있다. 그러나 세계는 가정이 붕괴되고 있는 상태에 직면하고 있다. 수십 년 동안 강력한 원수의 다양한 불길 아래 휩싸여왔다. 그러나 교회에 참석하고 있는 가정들은 그 통계 숫자들로부터 예외가 되어 왔어야 한다고 믿고 싶어한다. 예수 그리스도께, 그리고 서로에게 헌신된 사람들은 분명히 가정을 파괴하려고 결심한 듯이 보이는 사회의 물결을 거슬러 올라갈 수 있다.

그러나 불행하게도 복음주의 교회들의 한 분석에 따르면 낙관적이지 못하다. 이혼, 별거, 직무 유기, 마약, 낙태, 혼외 정사 등 사회 전반에 걸쳐 가정의 파탄을 몰아온 이 모든 문제들이 교회 공동체 안에서도 그 자리를 차지하고 있다.

그러나 한편 헌신된 교회들이 가정의 안전을 강화하기 위해 새로운 헌신을 다짐해가고 있는 수많은 증거들을 볼 수 있다. 전쟁으로 황폐화된 나라의 고립 지대들처럼 그들은 그리스도인 가정을 지원하고 가정을 향한 하나님의 계획을 따르려고 결단하고 있다. 그렇게 하기 위해 어떤 일들이 요구되는가? 그리스도인 가정은 어떤 특징들을 갖고 있는가?

성경적인 사람들

그리스도인 가정은 하나님의 계획을 따라 그들의 행동을 결정하고 인간관계를 유지하기로 선택한 사람들, 곧 성경적인 사람들에 의해서만 만들어질 수 있다.

성경적인 사람들은 어떤 사람들인가? 평범한 사람들은 도달할 수 없는 수준에서 살고 있는 사람들이 되게 해주는 어떤 특별한 자질들을 가지고 있는 것인가? 성경적인 사람이 되는 일은 살아가면서 개발할 가치가 있는 모든 것들과 같다. 많은 노력과 점점 복잡해지는 헌신들이 요구된다. 그리고 가정에서 성경적인 삶의 본이 될 수 있도록 성숙하는 데 도움이 된다. 그러나 자녀 양육의 문제로 도움을 구하는 수많은 사람들이 그런 특권을 가지지 못하고 있기 때문에 두 사람의 삶을 통해 그 과정을 설명하고자 한다.

두 사람의 예

먼저 25세 된 팸으로부터 시작하자. 그녀는 미국의 중서부에 있는 한 큰 대학에서 컴퓨터 공학을 전공했다. 기독교 가정에서 자라지는 않았지만 대학에서 알게 된 선교 단체를 통해 그리스도를 신뢰하게 되었다. 그리고 새로 창업한 첨단 기술 회사에서 프로그래머로서 전망이 좋은 직장 생활을 시작했다.

대학을 다니지 못한 부모님은 그녀를 매우 자랑스럽게 생각하고 있다. 부모님이 작은 인쇄소를 경영했기 때문에 팸은 장학금과 학자금 대출, 아르바이트 등을 하며 학교를 마쳤다. 그리스도인은 아니었지만 부모님은 서로를 존중하고 어려울 때나 기쁠 때나 서로를 세워주는 안정된 결혼 생활을 해왔다. 팸은 부모님으로부터 결혼에 대한 긍정적인 영향을 받았고 그리스도를 향한 자신의 헌신 위에 결혼 생활을 세워나갈 수 있을 것이라고 생각했다.

아직 여러 면에서 영적인 아이에 불과했지만 그녀는 그리스도인 양육 그룹에 속하는 것이 필요하다는 사실을 깨닫고 새롭게 정착하게 된 도시에서 독신 사역으로 잘 알려진 큰 교회를 다니게 되었다.

스코트는 팸과는 전혀 다른 가정에서 자랐다. 그가 2살 때 부모님이 이혼을 했다. 어머니는 알코올 중독자였기 때문에 아버지가 당시 8살이었던 형과 그를 맡아 키웠다. 그 후 아버지는 두 차례의 결혼과 이혼을 했다. 아버지는 경제적으로는 편안한 생활을 할 수 있는 직장을 가지고 있었지만 스코트는 자신의 가정에 대한 해결되지 않은 분노와 상처 속에서 개인적인 불안정감과 씨름해왔다. 그의 형은 아버지의 생활 양식을 따라 두 번 결혼했고 모두 이혼으로 끝났다.

아버지는 불행한 결혼 생활에도 불구하고 아들들이 규칙적으로 교회에 다니는 것을 허락해주었고 청년회 활동을 하도록 격려도 해주었다. 한 청년회 리더가 스코트를 그리스도께로 인도해주었고 청소년기에 보다 안정감을 가지고 생활할 수 있도록 도와주었다. 그의 대학 생활은 처음에는 힘겨웠다. 전공을 정하기가 어려워서 2년 간 휴학을 하며 중앙 아메리카에서 구조원으로 일을 했다. 그동안 스페인어를 배웠고 어린이들을 가르치고 싶은 순수한 마음을 갖게 되었다. 대학으로 돌아가 교사 자격증을 땄고 지금은 학교 주변에서 위기에 처한 아이들을 돌보는 일을 하고 있다.

스코트는 팸을 정말 사랑하지만 자신의 가정적인 배경 때문에 장기적인 헌신을 상당히 꺼려하고 있다. 그는 물질적인 안정감을 누리면서도 그의 자녀들이 자신과 같은 성장 과정을 갖지 않기 원했다.

스코트와 팸이 순전한 그리스도인 가정을 이루기 위해 어떤 결정을 해야 할 것인가? 이렇게 서로 다른 사람들이 당신의 교회에서는 어떻게 그 대답들을 찾을 수 있겠는가?

4가지의 기본 원칙

성인 교육 전문가들은 완전한 가정을 자동적으로 만들어줄 수 있는 정해진 공식은 없다는 사실을 잘 알고 있다. 이 장에서는 성경과, 다른 사람들과의 상호 교제를 통해 얻은 가정과 자녀 양육에 대한 경험을 기초로 한 지침 원리들을 다루고 있다. 결혼의 가능성을 생각하고 있는 팸과 스코트는 4가지의 단계적인 헌신을 고려할 필요가 있다.

- 하나님의 뜻을 따를 결단
- 서로에 대한 헌신
- 가정에 대한 헌신
- 평생 사랑할 것에 대한 결단

각각의 헌신은 서로 관계없이 독립적으로 이루어질 수 없다. 그러나 첫 단계의 헌신은 모든 것의 근원이 되는 요소, 즉 자녀들이 거룩하고 그리스도를 닮은 삶을 살게 되기를 바라는 사랑하는 하나님 아버지와 함께 시작되어야 한다. 팸과 스코트는 둘 다 자신들이 하나님의 자녀임을 알고 있다. 이제 그들은 자신들의 관계까지도 하나님께 맡겨야 한다. 그들은 계속해서 서로를 알아가면서 하나님을 자신들의 관계보다 어떻게 우선시 해야 하는지를 배워야 한다.

진지한 성인 교육 전문가들은 고린도전서 13장에 아름답게 표현된 사랑은 헌신을 통해 나오는 것이지 이성 간의 사랑에 따르는 감정에 기인하지 않는다는 사실을 잘 알고 있다. 유행가 가사들은 이성 간의 사랑에 따르는 감정이 아무런 노력 없이 영원히 계속될 것처럼 이야기하고 있지만 그것은 성숙하지 못한 미신에 불과하다. 지속적인 결혼 관계가 사랑스런 관계를 개발하고 보호해준다.

가정 생활 교육 프로그램은 성경적인 사람이 되고자 하는 바람을 갖게 해준다. 이 기초를 통해서만이 사람들은 결혼의 성경적 목적을 성취하려고 노력할 수 있다.

성경적인 목적

스코트의 성장 배경 때문에 팸은 종종 서로에게 공통점이 없다고 느끼곤 한다. 두 사람 사이의 간격은 극복하기 어려운 것처럼 보인다. 스코트의 성격 때문이 아니다. 그는 재미있고, 부드러우며, 주의를 기울여준다. 그리고 매주 함께 교회에 간다. 그러면 그들은 결혼 생활 속에서 하나님의 목적을 충분히 이루어가고 있는 것인가?

팸은 왜 하나님께서 결혼 제도를 만드셨는지를 생각하며 수많은 밤들을 지새웠다. 결혼 생활의 복잡함은 압도적인 것처럼 보였다. 알다시피 스코트에게는 나름대로의 망설임이 있다. 건강한 결혼 생활의 모범을 보지 못한 그는 성공적인 결혼 생활이 과연 가능할 것인지 의심스럽다.

결혼에 대한 하나님의 계획은 무엇인가? 하나님은 그의 자녀들이 어떤 우선 순위를 따르기 원하실까?

완전한 연합

연합이 결혼의 가장 중요한 목적이라 할 수 있다. 에덴 동산에서 하나님께서 창조하신 그 모든 아름다운 것들에도 불구하고 홀로 있던 아담은 불완전했다. 하나님께서 지으신 동물들 중 그 어떤 것도 그에게 맞는 짝이 될 수 없었다. 그래서 "여호와 하나님이 가라사대 '사람의 독처하는 것이 좋지 못하니 내가 그를 위하여 돕는 배필을 지으리라' 하시니라"(창 2:18).

남편과 아내의 관계의 전략적인 역할은 가정이라는 과녁의 중심이 된다. 연합이 이루어지지 않으면 가정이 제대로 그 기능을 다할 수 없기 때문에 다른 모든 것은 부차적인 것들이며 차선의 것들이 된다.

성적인 충족

창세기 앞부분에는 아담과 이브의 성에 대한 태도나 성적 활동에 대한 구체적인 언급이 없다. 그러나 성경 전체를 통해 그리스도인 결혼 생활에서 육체적인 나눔은 영적인 나눔으로부터 흘러나오는 것임이 분명하다. 아내와 남편의 상호적인 책임을 고린도전서 7장 3-5절에서 볼 수 있다. "남편은 그 아내에게 대한 의무를 다하고 아내도 그 남편에게 그렇게 할지라 아내가 자기 몸을 주장하지 못하고 오직 그 남편이 하며 남편도 이와 같이 자기 몸을 주장하지 못하고 오직 그 아내가 하나니 서로 분방하지 말라 다만 기도할 틈을 얻기 위하여 합의상 얼마 동안은 하되 다시 합하라 이는 너희의 절제 못함을 인하여 사단으로 너희를 시험하지 못하게 하려 함이라"

팸과 스코트와 같은 사람들에게 우리는 결혼 생활에서의 성적인 충족감은 하나님의 계획의 일부이며 서로를 조종하기 위한 도구로 사용해서는 안 된다는 사실을 강조해준다. 성적인 흥정들은 사단의 유혹에 우리의 삶을 열어놓게 한다. 성경적인 목적을 실천하는 성경적인 사람들은 "모든 사람은 혼인을 귀히 여기고 침소를 더럽히지 않게 하라 음행하는 자들과 간음하는 자들을 하나님이 심판하시리라"고 한 히브리서 13장 4절의 의미를 이해하고 있다.

서로에 대해 느끼는 강렬한 육체적 호감 때문에 팸과 스코트는 아무런 문제가 없을 거라고 그저 단순하게 생각한다. 그러나 성적인 문제는 결혼 생활을 파괴하는 첫번째 요인으로 손꼽을 수 있다. 배우자를 성적으로 만족시켜주는 일에는 많은 시간과 신뢰가 요구되고 신혼 부부들에게는 어느 정도의 교육이 필요할 수도 있다.

부모가 될 계획

그들 또래의 다른 많은 사람들처럼 팸과 스코트는 20대 후반에 결혼을 하게 될 것이다. 아이를 원한다면 새로운 가정 생활을 통해 하나님의 목적을 어떻게 이루어갈 것인지를 계획할 필요가 있다.

결혼 생활에서 얻는 자녀들로 인한 영광이 종종 성경 속에서 찬양의 주제로 나타나고 있다. 시편 127편 3-5절과 128편 3절을 통해 우리는 자녀들이 하나님께로부터 오는 상급임을 알 수 있다. "생육하고 번성하여 땅에 충만하라"(창 1:28, 9:1, 7)고 하신 명령은 아담과 노아 두 사람 모두에게 주어졌다. 하나님께서 하시는 재생산의 기적은 신비로운 은혜로 부모가 될 사람들에게 계속되어질 것이다.

그러나 이 목적은 모든 부모들에 의해 이루어지지는 않는다. 어떤 경우에는 모든 의학적인 노력에도 불구하고 하나님께서 자녀들을 허락하지 않으시는 사람들도 있다. 성경은 우리에게 자녀가 없는 상태를 받아들이는 일에 수동적이 되거나 대가족을 이루는 데 호전적이 될 것을 요구하지 않는다. 성경에 계속되는 부드러운 어조는 단지 남편과 아내가 하나님의 뜻을 함께 추구할 것을 말해주고 있다.

스코트와 팸은 아직 부모가 되는 일에 대해서는 별로 이야기하지 않고 있지만 곧 중요한 한 문제로 삼을 것이다. 그들이 가족 계획을 하지 않는다면 팸은 1년 내에 임신하게 될 것이다. 기대하지 않았던 '놀라운 일'이 즐거움이 될 수도 있지만 감정적으로 혹은 경제적으로 준비되어 있지 않을 때는 상당히 힘든 일이 될 수도 있다

가족 계획은 최근의 세대가 누리게 된 호사임이 분명하다. 팸과 스코트에게 있어서 가족 계획은 윤리적인 문제가 아니라 실용성에 관계된 문제다. 둘 다 식구가 별로 없는 가정에서 성장했다. 팸은 무남 독녀였고 스코트는 형이 하나 있을 뿐이다. 그들은 그렇게 단출한 가정을 다시 갖고 싶어할 것인가? 아니면 여러 명의 자녀를 양육하는 도전을 즐길 것인가? 자녀들 사이의 터울은 몇 년으로 하는 것이 가장 좋을 것인가? 스코트가 특별히 보수가 좋은 직장에서 일하는 것이 아니기 때문에 팸은 아이들이 학교를 들어가기 전에도 일을 계속해야 할 것인가? 그들이 이런 문제들을 다룰 수 있도록 교회가 도움을 줄 수 있다면 나중에 그들에게 생겨날 수 있는 많은 오해와 다툼이 제거될 수 있다.

가정의 일체감

모세는 세상을 떠나기 직전 율법을 다시 반복해서 말해주고 이스라엘 백성에게 부모로서의 책임을 강조했다(신 6:4-25). 가정은 언제나 성숙과 성장이 이루어지는 하나님께서 세우신 첫번째 장소였다. 결혼을 계획하신 하나님 아버지께서 아이들이 지혜와 믿음 안에서 자라갈 수 있는 제도를 만드신 것이다.

하나님께서 아이들에게 학교 시설이나 교회를 마련해주지 않으셨다. 그들에게 가정을 주셨다. 재생산의 과정 자체가 부모들에게 아이들이 성인이 될 때까지 그들을 양육할 책임을 부여해준다. 그리고 그 주기가 계속해서 반복된다. 그런 가정적인 환경 속에서 하나님께서는 교회에 속한 사람들의 삶과 사랑 속에 함께하시는 성령님의 임재를 반영해주는 일체감과 조화를 보기 원하신다.

교회의 상징

신약 시대 교회를 가장 잘 상징해주는 비유는 인간의 몸이었다(롬 12:1, 고전 12장). 그러나 에베소서 5장에서 바울은 남편과 아내 사이의 관계를 그리스도와 교회와의 관계로 비유했다. 교회는 어떤 모습이어야 하는가? 가정과 같아야 한다. 교회는 어떤 일을 해야 한다고 우리는 이해하고 있는가? 우리는 경건한 남편과 아내가 서로를 대하는 모습과 자녀들을 대하는 모습을 보고 하나님께서 교회 안에서 원하시는 것이 무엇인지를 배운다.

어떤 그리스도인 가정들은 믿지 않는 이웃들에게 보여지는 유일한 '교회'가 되기도 한다. 남편과 아내가 서로를 그리고 가족들을 귀하게 여기며 세워주는 것을 보면서 그들은 하나님께서 교회를 귀하게 여기고 세워주시는 것을 배우게 된다. 자녀들이 부모님을 공경하고 순종하는 모습을 보며 하나님의 백성들이 하나님께 어떻게 반응하는지를 배운다. 그리스도인 가정들은 세상에서 그리스도의 몸을 나타내는 축소된 우주가 되어야 한다.

교회는 이웃을 전도하기 위한 복잡한 계획들을 많이 개발하고 때로 효과를 보기도 한다. 그러나 경건한 그리스도인 가정의 매일의 삶과 교회를 대표하는 믿음의 가족들의 이야기가 이웃과 함께하는 크리스마스 축하 모임에서, 식당에서, 운동 시합에서 그들을 바라보는 사람들에게 하나님의 은혜를 끊임없이 증거한다.

성경적인 원리들

결혼은 성인만을 위한 것이다. 그리스도인으로서 성숙해가면서 팸은 스코트도 자신만큼 따라와주기를 바란다. 그의 구원에 대해서는 의심할 바 없지만 때때로 그의 말과 행동은 성경의 진리와 어긋나는 것처럼 보이곤 한다. 그들의 관계가 계속되면서 그들은 서로에게 헌신되어갔고 팸은 결혼 후 그런 문제들은 모두 해결되어지기를 바라며 기도하고 있다.

성경적인 사람들은 가족 관계에 따르는 여러 가지 일들을 처리하고 그런 관계에 성경적인 원리들을 적용할 수 있는 성숙도를 유지하려는 목적을 가지고 시작할 준비가 되어 있다. 각 교회는 결혼과 가정 생활에 대한 많은 성경적인 원리들을 가르치고 싶을 것이다. 그 중 4개의 원리들을 살펴보도록 하자.

일부 일처

다윗을 비롯한 사람들이 여러 명의 아내를 두고도 하나님의 엄청난 사랑과 축복을 받은 내용을 말하고 있는 구약의 성경 구절들을 당신의 교회 교사들은 어떻게 다루고 있는가? 다윗은 하나님의 마음에 합한 자라고까지 불렸다(삼상 13:14, 행 13:22). 구약과 신약 전체를 흐르고 있는 하나님의 진리를 보면 동산에서 한 남자와 한 여자를 지으신 하나님의 주도적인 설계를 볼 수 있다. 그 후 죄가 세상에 들어왔고 모든 종류의 탈선이 일반화 되었다.

헬라인들에게 간음에 대해 이야기하면서 바울은 "알지 못하던 시대에는 하나님이 허물치 아니하셨거니와 이제는 어디든지 사람을 다 명하사 회개하라 하셨으니"(행 17:30) 라고 말했다. 신약 성경이 시작되고 교회가 형성되면서 마치 하나님께서 그리스도인 가정을 위한 그분의 계획을 전체적으로 다시 시작하는 것처럼 보여진다. 마리아와 요셉은 일부 일처의 경건한 가정의 아름다움과 순결을 보여주었다. 그리스 로마의 이방 문화 속에서 초대 교회는 결혼 관계의 순결을 포함한 몇 가지의 기본적이면서 절대적인 진리에 헌신되어 있었다.

신실성

무슨 일이 있더라도 '죽음이 우리를 갈라놓을 때'까지? 이 말을 바울은 로마서 7장에서 그리스도인의 삶에 적용되는 율법의 한 예를 보여주는 개념으로 사용하였다. 바울의 예는 결혼으로 맺어진 결합의 최종성을 강조한다. "남편 있는 여인이 그 남편 생전에는 법으로 그에게 매인 바 되나 만일 그 남편이 죽으면 남편의 법에서 벗어났느니라"(롬 7:2). 때때로 우리는 결혼을 '영원한' 것으로 말하지만 그것은 성경적이라 할 수 없다. 하늘나라에서는 결혼이 없다(마 22:30). 죽음과 함께 결혼 관계도 끝나는 것이 하나님 계획의 일부이다.

우리가 서로에게 '영원히' 헌신할 것을 이야기할 때 그것은 죽을 때까지를 의미한다. 결혼식에서 사용되는 좋은 말들은 오랜 세월에 걸친 교회 전통에서 나왔을 뿐 아니라 바른 성경적 기초를 바탕으로 하고 있다. 때로 일이 잘못되어 결혼이 지속되지 않기도 한다. 그런 고통스런 경험 속에 있는 사람들에게 비판적인 말이나 손가락질을 하는 것이 아니라 하나님의 은혜를 돌아볼 수 있게 도와주어야 한다. 교회 지도자들이 완전한 사람들이 아닌 것처럼 그들도 완전한 사람들이 아니다. 그러나 성경적인 원리들을 그들의 가정에 적용하도록 돕기 위해 최선을 다하지 않아도 된다는 핑계는 있을 수 없다.

이성 간의 결혼

몇 년 전까지만 해도 결혼이 이성 간의 연합이라는 사실을 강조할 필요가 없었다. 그러나 지금은 '동성 결혼'이 현대 사회의 왜곡된 결혼관을 반영해 주고 있다. 수없이 많은 성경의 증거들이 동성 연애를 정죄하고 있다. 역사상 하나님께서 특정한 한 죄를 지적하시며 그 죄 때문에 두 개의 도시를 전멸시키신 유일한 이야기가 있다. 그 죄가 동성 연애였고 그 도시는 소돔과 고모라였다(창 19장).

동성 연애에 대해 그리스도인들이 모두 동의하는 것은 아니지만 동성 연애를 결혼으로 인정하는 것은 성경이 분명히 견책하고 있다. 이성 간의 결혼만이 하나님께서 계획하신 유일한 결혼이라고 말한다고 해서 하나님의 은혜와 용서를 축소시키는 것은 분명히 아니다. 교회 교육은 사회적인 문제들을 성경적으로 그리고 용감하게 다루어야 한다.

상호 부조

스코트와 팸은 둘 다 상당히 흥분되어 있다. 그들은 문제들을 해결해왔고, 결혼 날짜가 정해졌으며, 결혼식을 준비중에 있다. 두 사람은 어떻게 직장 생활의 균형을 맞추면서 집안 일과 자녀 양육의 책임을 분담하고 서로를 위한 상호 책임을 평생 감당해나갈 것인지에 대한 이야기들을 나누었다. 그리고 긍정적인 부부 관계와 교회 안에서의 그리스도께 헌신된 섬김을 향해 좋은 출발을 하고 있는 듯하다.

결혼 생활 속에서의 상호 부조는 두 사람의 삶을 연합하고 결혼 생활을 잘 이루어가기 위한 공동의 책임을 기꺼이 감당하려는 자세를 요구한다. 어떤 사람들은 결혼이 50대 50의 동의로 이루어질 수 없다고 주장한다. 그런 결혼 관계에는 '가장'이 있을 수 없기 때문이라고 한다. 그러나 가정에서의 가장의 개념은 다른 문제다. 상호 부조의 개념은 결과와 성과에 대한 공동의 책임을 의미한다. 건강한 그리스도인 가정은 '50대 50'의 결혼 동의로 세워지지 않는다. 그보다는 100대 100의 동의에 보다 가까워야 한다.

스코트와 팸은 서로를 좋아할 요소들을 많이 가지고 있다. 그들은 서로를 사랑하고 지적이며 조심스럽고 긍정적이다. 스코트가 자라난 역기능적인 가정 배경에도 불구하고 하나님과 서로에 대한 신뢰는 훌륭한 결혼 생활을 시작하고 교회의 도움을 받으며 그리스도인 가정으로 세워져갈 수 있는 가능성을 갖게 해주었다.

그러나 그들은 불화를 경험하게 될 것이다. 편친 가정이 급속한 속도로 늘어가고 있으며 2차, 3차에 걸친 결혼과 이혼이 역사상 그 어느 때보다 평범하게 이루어지고 있는 사회 속에서 스코트와 팸은 그들을 위한 하나님의 최선을 이루기 위해 이 장에 설명된 원리들을 실천해야만 할 것이다.

이 장이 어떤 공식을 다루고 있지 않다는 것을 기억하라. 결혼은 수학 공식처럼 되지 않는다. 서로에 대한 사랑이 깊어져가고 하나님께서 그들의 헌신을 귀하게 인정해주실 때 그들 앞에는 그 어느 때보다 행복한 시간들이 기다릴 것이다.

| 제 18 장 |

경건한 가치 기준의 확립

하나님께서 주신 권위는 가족들이 참여할 수 있는 분위기 속에서 사랑으로
행사되어야 하며 가족들의 삶을 절대적으로 통제하기 위해 사용되어서는 안 된다.

● 샌디와 그녀의 친구 킴은 막 15세가 되었다. 지난 주 농구 시합을 마치고 약 20명 가량의 아이들이 모이는 '진짜' 파티에 처음으로 참석을 하게 되었다. 감독하는 부모가 없었고 그들은 자기들보다 2-3살 많은 아이들과 데이트를 하게 되었다. 두 아이는 모두 그리스도인들이었지만 파티에 참석한 대부분의 다른 아이들은 그렇지가 않았다.

귀를 울리는 랩 음악과 춤은 말할 것도 없고 농구 팀의 권유에 따라 맥주도 마셔야 했다. 그러나 늦은 밤 그들의 삶을 바꾸어놓은 일이 벌어졌다. 그들의 데이트는 집 뒤쪽에 있는 방으로까지 이어졌고 거기서 마약을 시도해 보라는 권유를 받았다. 마약 가루가 자기들 앞으로 오게 되자 거절했고 끝까지 버텼다. 그러나 파티의 나머지 시간 동안 내내 조롱을 당하는 대가를 지불해야 했다. 그러나 그날 밤이 그들의 영적인 성숙을 위한 중요한 한 계기가 되어주었다. 두 사람은 각각 옳고 그른 일에 대한 개인적이고 독자적인 선택을 했다.

그들은 왜 그런 선택을 했던 것인가? 왜 친구들과 휩쓸리지 않았던 것인가? 더 중요한 질문은 가정과 교회가 대부분의 그리스도인들이 옳다고 여기는 선택을 그들이 할 수 있도록 어떤 도움을 주었는가? 그리스도인 부모들

과 복음주의 교회들은 성경 말씀에 자신들의 특별한 해석이나 독자성을 지나치게 부여하지 않으면서도 성경적인 도덕관과 윤리관의 절대적인 기준들을 규정하고 가르치기 위해 씨름을 하고 있다. 그러나 도덕성은 종종 흔들리는 과녁처럼 보인다. 여기서 중요한 단어는 절대적인 기준, 즉 변하지 않는 진리 혹은 원리다. 우리 사회는 절대적인 것들을, 특별히 도덕과 윤리적인 영역에서의 절대성을 사실상 내던져버렸다.

미국인들은 어떤 특정한 문제에 대해 쉽게 마음을 바꾸어왔다. 도박은 널리 비난을 받아왔다. 그러나 오늘날은 교회들이 빙고 게임을 주도하고 정부는 복권을 팔고 있다. 주류 소비 역시 널리 비난을 받았었다. 그러나 지금은 미국인들의 거의 삼분의 이가 적어도 가끔씩 술을 마신다. 교회는 아이들과 청소년들을 불경하게 만드는 문화 속에서 그들에게 경건한 삶을 가르치는 일을 할 수 있도록 부모들을 돕기 위해 하나님께 부르심을 받았다.

가치 기준을 지키기 위한 투쟁

샌디와 킴이 어떤 결정을 했건 그 아이들은 가정과 교회에서 배운 가치 기준 때문에 내적 갈등을 겪어야만 했다. 그러나 더 중요한 것은 그들 마음속에 내주하시는 성령님께서 그들에게 옳고 그른 것의 차이를 끊임없이 상기시켜주셨다는 사실이다. 죄를 지으려는 인간의 경향을 이해하고 전투의 실체를 인식할 수 있도록 성인들을 도와주면 그들은 갈등을 해결해나가기 시작하고 또 자녀들에게도 필요한 지침들을 해주기 시작한다.

과정과 결과

대부분의 그리스도인들은 18년 후 자신들의 가정에서 볼 수 있게 될 결과에 대해서는 어느 정도 동의를 한다. 그러나 그 과정에 대해서는 종종 의견이 일치하지 않는다. 잠언 22장 6절을 하나의 지침으로보다는 어길 수 없는 약속으로 받아들일 때 부모들은 그 말씀을 남용하는 것이다. 부모들은 성경적인 지침은 바뀌지 않지만 양육의 규칙들은 각 자녀에 따라 다양해질 수 있다는 사실을 인식할 필요가 있다.

사회의 기준과 가정의 기준

젊은 그리스도인들이 담배를 피워도 되는 것인가? 록 음악 콘서트에는 가도 되는 것인가? 그리스도인 가정에서의 사교적인 음주는 해로운 것인가? 해롭지 않은 것인가? 이런 질문들에 대한 그리스도인들의 대답은 일치하지 않는다. 교회가 어떤 입장을 취하건 당신의 자녀들은 다양한 가치 기준을 가진 가정의 자녀들과 같이 놀고 이야기를 나누게 될 것이다. 어떤 것은 '해야 하고' 어떤 것은 '해서는 안 되는' 경직된 법적 규정들은 적절하지 않다. 그보다는 부모와 십대의 자녀들이 함께 하나님의 말씀에서 얻게 되는 확신과 기준을 개발해나가야 한다.

부모의 가치관과 청소년의 가치관

한 가정이 얼마나 민주적이 될 수 있는가? 우리는 민주적인 가정의 리더십을 가르칠 수 있고 또 그래야 한다. 그러나 항상 부모만이 결정할 수 있는 특정한 일들이 있다. 아이들이 특정한 문제들을 간청할 수는 있지만 그리스도인 부모는 가정에 영향을 미치는 기본적인 결정을 내리는 일에 하나님께서 주신 권위를 포기할 수는 없다.

그러나 하나님께서 주신 권위는 가족들이 참여할 수 있는 분위기 속에서 사랑으로 행사되어야 하며 가족들의 삶을 절대적으로 통제하기 위해 사용되어서는 안 된다. 부모들이 다양한 문제와 쟁점들에 대해 이야기하고 그들의 결정과 지침을 뒷받침해주는 성경적인 원리들을 토의하는 것을 보며 자녀들은 부모들이 가장 중요하게 생각하는 것들을 이해하기 시작하게 된다. 정해진 결정 사항에 항상 동의하지는 않을 것이다. 그러나 우리는 부모들이 자녀들과 함께 공정성을 유지하기 위해 노력하도록 도와줄 수 있다.

킴을 다시 살펴보기로 하자. 이미 학교 수업과 읽어야 할 책들과 연극반 활동, 데이트 등으로 꽉 짜인 바쁜 일정 속에서 생활하고 있으면서도 어느 날 집으로 돌아온 그녀는 응원 단장도 한번 시도해보고 싶다고 말했다. 부모가 동의할 것인가? 아니면 너무 많은 활동을 하지 못하게 함으로 '그녀를 자신으로부터 보호해주어야' 할 것인가? 교회는 이런 실제적인 상황들에 대처하도록 부모들에게 어떤 조언들을 해주어야 할 것인가?

킴의 이런 경우는 도덕적으로나 윤리적인 면은 문제가 되지 않는다. 따라서 그 상황에서 어떻게 하는 것이 킴에게 가장 최선이 될 것인지를 생각해야 한다. 지혜로운 부모는 성적, 응원 단장으로 활동하면서 투자해야 할 시간, 응원단을 만들 경우 가족들에게 따르는 희생 등을 고려하면서 아이와 함께 공동의 결정을 내릴 수 있도록 이끌어갈 것이다. 중요한 질문은 이미 하기로 한 일들에 대한 킴의 헌신을 어떻게 다룰 것인가 하는 점이다.

킴에게 의사 결정에 대한 책임을 지도록 하는 것은 그녀의 자존감과 가족들에 대한 헌신을 높여주고 자신의 결정을 중요하게 여기도록 만들어줄 것이다. 그러나 그녀의 부모들이 이런 사실을 알고 있는가?

율법주의와 방종

바울 당시 갈라디아 교회는 하나님의 구원의 은혜를 받아들이는 데는 아무런 문제가 없었다. 그러나 그들은 구약의 가르침을 기초로 하는 그리스도인의 행동 규범들을 문서화하려 했다. 바울은 그리스도를 위해 사는 삶은 구원 그 자체만큼이나 믿음과 은혜의 행동이라는 사실을 지적해주었다(갈

3:1-5, 5:1).

　방종은 율법주의와 반대되는 개념이다. 바울은 "자유하나 그 자유로 악을 가리우는 데 쓰지 말고 오직 하나님의 종과 같이 하라"(벧전 2:16)고 방종의 문제를 분명하게 언급했다. 자유는 율법주의와 방종 사이에서 즐거운 성경적 균형을 제공해준다. 그러나 우리는 하나님의 말씀의 원리(기준)에 합당하게 살 때만이 자유를 누릴 수 있다.

가치 기준을 지키기 위한 투쟁에서 얻어지는 확신들

　경건한 가치 기준의 개발은 위험한 사태를 방지해주는 확실한 발걸음이 된다. 그리고 그것은 샌디와 킴이 유혹에 넘어질 것인지 아니면 굳게 설 것인지를 결정하는 차이를 만들어낼 것이다. 확신은 행동으로 나타날 수 있는 가치 있게 여겨지는 신념이다. 확신은 어른들의 본을 통해 배우게 된다. 그러나 효력을 발하는 확신은 다른 사람의 신념으로부터가 아니라 자신의 내면으로부터 생겨난다.

　바울은 성령께서 동기를 유발케 하는 행동들에 대해 많은 언급을 했다. 다음은 그가 주장한 많은 원리들 중에서 선택한 다섯 가지 사항이다.

신체적인 절제

　모든 사람들이 마약, 술, 비만, 식욕 감퇴, 과식, 부도덕한 성 관계 등 몸에 관련된 유혹에 직면하게 된다. 그리고 하나님께서는 몸의 사용과 관련된 몇 가지를 명령하셨다. 고린도전서 6장 12절-20절이 그 한 예라 할 수 있다. "너희 몸은 너희가 하나님께로부터 받은바 너희 가운데 계신 성령의 전인줄을 알지 못하느냐 너희는 너희의 것이 아니라 값으로 산 것이 되었으니 그런즉 너희 몸으로 하나님께 영광을 돌리라"고 19절과 20절은 말하고 있다.

너무나 확실한 말씀이 아닌가? 이 성경적인 기준을 적절하게 적용하면 우리 행동에 관한 수많은 논쟁을 일으키는 질문들을 제거할 수 있을 것이다. 예수님께서 우리 안에 사신다고 성인들에게 가르칠 때 우리는 그들이 거룩을 향한 길로 중요한 발걸음을 내딛게 도와주는 것이다. 모든 연령층의 모든 그리스도인들은 "내 안에 하나님께서 사시며, 내가 가는 곳에 하나님께서 함께 가시며 내가 읽는 것을 하나님께서도 읽으신다"라는 사실을 인식하고 있어야 한다. 이것은 물론 도덕성을 언급하는 것이지만 항상 우리의 온 몸을 성령님께서 다스리시게 하는 것에 적용될 수도 있다.

독학

바울은 자유에 관해 "모든 것이 가하나 모든 것이 유익한 것이 아니요 모든 것이 가하나 모든 것이 덕을 세우는 것이 아니니"(고전 10:23)라고 말했다. 이 말은 그리스도인들은 자신들의 삶을 세우고 좀더 그리스도를 닮게 하는 방식으로 생각하고 행동해야 한다는 뜻이다. 우리를 해칠 수 있는 것들을 경계하는 일은 전쟁의 일부일 뿐이다. 바울은 우리에게 한 걸음 더 나아가 "이 일은 그리스도인인 나에게 어떤 도움을 주는가?"라는 질문을 하라고 권고했다.

습관으로부터의 자유

그리스도인의 삶은 법률로 제정될 수는 없지만 배울 수는 있다. 고린도전서 6장 12절에서 바울은 "모든 것이 내게 가하나 다 유익한 것이 아니요 모든 것이 내게 가하나 내가 아무에게든지 제재를 받지 아니하리라"고 썼다. 따라서 습관으로부터의 자유는 규정의 문제가 아니라 책임의 문제다. 술이 술을 마시는 사람들을 지배하는가? 그렇다. 마약이 마약에 중독된 사람들을 지배하는가? 그렇다. 그렇다면 동성 연애, 분노, 비통, 시기, 절망, 이런 것들은 어떤가? 스스로 대답해보라. 그리고 그리스도인 가정 안에서 '습관으로부터의 자유'에 관해 부부와 자녀들이 서로 대화하는 일의 중요성을 생각해보라.

생활 속에서의 증거

고린도전서 8장은 "그러므로 만일 식물이 내 형제로 실족케 하면 나는 영원히 고기를 먹지 아니하여 내 형제를 실족치 않게 하리라"(고전 8:13)는 최종적이면서도 중요한 구절을 향해 나아가는 논쟁을 보여주고 있다. 손님들이 찾아왔을 때 부모들이 보고 있는 TV 프로그램은 손님들에게 어떤 느낌을 줄 것인가? 자녀들에게 보이는 부모의 태도는 어떤 모습이며 어떤 용어들을 사용하는가? 그 기준은 분명하다. 나는 내 형제의 형제 혹은 자매이다. 그리고 나는 그를 실족케 하는 행동에 대한 책임을 져야만 한다. 이것은 끊임없이 최고가 되려고 하는 사회 속에서는 지켜나가기 어려운 기준이다.

농구 경기를 마친 후 참석했던 파티를 돌아보면서 샌디는 확신을 따라 살 수 있는 용기를 주셨던 하나님께 감사의 기도를 드렸다. 그 날 이후 자신의 믿음을 나누고 왜 자신이 특정한 행동을 하고 특정한 행동은 하지 않는지를 설명할 수 있는 기회들이 갑자기 많아졌다. 그녀는 학교에서 왕따를 당하게 되리라고 생각했다. 그러나 하나님께서 그녀에게 친구들의 신뢰를 얻게 해주셨다. 샌디는 '진짜' 그리스도인이라는 평판을 받아가고 있다.

그리스도의 탁월하심

효과적인 성인 교육 사역은 부모들에게 그리스도인의 생활 속에서 주님의 제자가 되는 것을 가르친다. 그리스도의 탁월하심을 묘사하면서 바울은 "그는 몸인 교회의 머리라 그가 근본이요 죽은 자들 가운데서 먼저 나신 자니 이는 친히 만물의 으뜸이 되려 하심이요"(골 1:18)라고 썼다. 헌신된 제자들은 "그는 흥하여야 하겠고 나는 쇠하여야 하리라"(요 3:30)고 한 세례 요한의 단순하지만 마음에 사무치는 삶의 철학을 실천한다.

가치 기준을 지키기 위한 투쟁에의 헌신

자녀 양육 과정에서 부모들은 종종 조용하고 우아하게 꾸며진 정신 병원 병실에 들어가 있고 싶은 마음을 갖게 된다. 그들에게 우리는 자녀 양육에 대한 몇 가지 '단호한' 제안을 할 수 있다. 성장의 새로운 단계마다 그리고 매 걸음마다 다음의 각각의 영역에서 자신들의 재헌신을 다짐하게 될 것이다.

인내
자녀 양육은 인내를 요한다. 우리는 의존적인 자녀들이 독립적인 자녀가 되도록 노력한다. 가정에서 의혹을 제기하고 그 이유를 생각해보는 기회를 가져보지 못했기 때문에, 대학에 들어가서도 아주 사소한 결정조차 스스로 하지 못하는 신입생들이 있다. 그들의 부모들은 아이들이 너무 오랫동안 의존적인 자리에 남아 있도록 만들었기 때문이다.

그러나 부모가 독립을 너무 일찍 강요했을 때 일어나는 반대적인 문제들도 있다. 너무 많은 자유를 갖게 된 학생들은 반항적이고 권위에 도전하는 태도를 갖는 경향이 있다. 해결책은 출생에서 성인이 되기까지 그 과정을 진행해나가려는 자발적인 의지와 인내다.

끈기
교회에 출석하는 부모들에게 "그러므로 피곤한 손과 연약한 무릎을 일으켜 세우고 너희 발을 위하여 곧은 길을 만들어"(히 12:12-13)라고 한 히브리서의 중요한 한 구절을 강조하려고 한다고 생각해보라. 이 구절은 본문과는 내용이 거의 동떨어진 것처럼 보이지만 자녀들에 대한 하나님의 징계와 아버지들의 징계에 관한 본문에(히 12:5-11) 이어지고 있다. 이 구절은 그런 징계는 쉽게 이루어지지 않는다는 사실을 명백하게 보여주고 있다. 너무나 많은 부모들이 시작은 잘 하지만 끝까지 지키지 못하기 때문에 결코 목적을 완수하지 못한다.

신뢰

분명히 부모들은 자녀들이 특정한 방식으로 행동할 것을 요구한다. 그 요구는 긍정적인 결과와 부정적인 결과를 모두 가져올 수 있다. 그러나 결국 성인이 될 때까지 계속되는 가치 기준은 하나님 아버지 그분에 의해 자녀들의 마음속에 심어진 믿음에 그 뿌리를 박고 있다. 성령님의 능력과 말씀의 역동성을 신뢰하며 모든 과정을 위해 기도하는 경건한 부모는 승리할 수 있다.

우리 아이들이 어렸을 때 아내와 나는 아이들을 위해 TV 프로그램을 조심스럽게 선택하고, 특정한 이웃의 아이들과 놀 때에는 잘 살펴보며, 규칙적으로 잠자리에 들게 하고, 무엇을 먹게 하고 언제 교회에 가게 할지 등에 대한 결정을 해두었다. 이런 일들은 아이들과의 토론을 필요로 하는 영역이라고 여기지 않았다.

그러나 아이들이 십대 청소년으로 접어들면서부터는 상당한 대화를 나누었다. 아이들은 적극적으로 의사 결정 과정에 참여했다. 우리는 아이들의 의견을 존중했고 격려해주었다. 그러나 최종적인 권위는 여전히 부모인 우리에게 주어져 있었다.

두 아이 모두 결혼해서 각각 그리스도인 가정을 이룬 지금 우리는 하나님의 말씀의 원리에 기초를 두고 자신들의 의사를 결정하는 그들을 기쁨으로 바라보고 있다. 뿌리는 오래 전에 심겨졌고 규칙적으로 물이 뿌려졌다. 이제 우리가 열매가 자라 익는 것을 볼 차례가 되었다.

그러나 많은 교회에서 어릴 때 배운 모든 것을 저버리고 성인기에 접어든 자녀들 때문에 가슴 아파하는 경건한 부모들을 찾아볼 수 있다. 톰과 루스는 20대 후반과 30대 초반에 들어선 세 자녀를 두고 있다. 큰 딸 젠은 홍콩에서 남편과 두 자녀와 함께 선교사로 일하고 있다. 아들 톰 2세는 부모님 가까이에 살고 있으며 교회 활동에 적극적으로 참여하고 있다. 그러나 막내 딸 메리가 대학 기숙사로 들어가기 위해 집을 떠나던 날은 지금까지도 계속되는 반항과 쓰라림의 시기가 시작되는 날이었다. 그녀는 부모님들의 신앙을 저주했고 모든 기독교 가치관을 내던져버렸다.

이런 행동에 대해 하나님께서는 부모에게 얼마나 엄한 책임을 물으시는가? 자녀들이 집에서 사는 동안 그들이 감당했던 엄청난 책임들을 부인하지 않으면서 에스겔서 18장에 나오는 흥미로운 균형을 이루고 있는 구절을 볼 수 있다. 선지자는 고대의 속담을 인용하면서 "너희가 이스라엘 땅에 대한 속담에 이르기를 아비가 신 포도를 먹었으므로 아들의 이가 시다고 함은 어찜이뇨 나 주 여호와가 말하노라 내가 나의 삶을 두고 맹세하노니 너희가 이스라엘 가운데서 다시는 이 속담을 쓰지 못하게 되리라"(겔 18:2-3)고 말했다. 그리고 뒤에 이어지는 내용은 하나님과 책임감 있는 성인과의 관계를 자세하고 구체적으로 요약하고 있다. 성경은 하나님께서 자녀들이 어릴 때에는 자녀들의 행동에 대한 책임을 부모에게 물으시지만 성인이 된 자녀들에게는 그들 스스로에게 선택권을 갖게 하셨다고 가르치고 있는 것으로 보인다.

가정에서 부모들이 자녀들을 그리스도를 위해 양육하는 책임을 다했을 경우 주님께서는 성인이 된 자녀들에게 그들의 결정에 대한 책임을 물으신다. 에스겔은 이 개인적인 책임의 문제를 에스겔 18장 19-20절에서 다음과 같이 언급하고 있다. "그런데 너희는 이르기를 아들이 어찌 아비의 죄를 담당치 않겠느뇨 하는도다 아들이 법과 의를 행하며 내 모든 율례를 지켜 행하였으면 그는 정녕 살려니와 범죄하는 그 영혼은 죽을지라 아들은 아비의 죄악을 담당치 아니할 것이요 아비는 아들의 죄악을 담당치 아니하리니 의인의 의도 자기에게로 돌아가고 악인의 악도 자기에게로 돌아가리라."

우리 성인들은 이 내면화되어야 할 기준을 개발해주는 과업을 심각하게 받아들이고 행함으로 자녀들이 성인이 될 때 그들 스스로 그들 앞에 놓여 있는 하나님의 의로운 길을 자발적으로 선택할 수 있도록 해주어야 할 것이다. 그러나 우리가 경건한 기준을 개발하는 과정을 통해 그들을 신실하게 양육했다면 설사 그들이 다른 길을 선택한다 해도 그들의 행동에 대한 죄책감을 우리에게서 제거해주신다는 사실을 기억해야 한다. 그들 스스로 하나님 앞에서 그 책임을 지게 될 것이다. 그리스도인 교육자로서 우리는 교회에 그 이상의 것을 제시할 수는 없다.

| 제 19 장 |

부모가 되기 위한 준비

아이들은 보고 따라하며 배운다. 이 점에서 모든 부모는
좋은 본이건 아니건 그들이 원하든 원치 않든 아이들의 본이 된다.

● 여러 가지 이유들 때문에 오늘날의 젊은 세대들은 그들의 부모 세대보다 늦게 결혼하고 자녀를 갖는다. 과거에는 20대 초반 심지어는 10대 후반 경에 결혼을 하는 추세였다. 결혼 준비라는 말이 거의 없을 정도였다. 효과적인 임신 조절 기구들이 있기 전에는 결혼 후 1년 내에 자녀가 태어났다. 20대 중반 혹은 후반까지 결혼을 미루고 또 자녀가 생기기 전 서로를 알아가는 시간을 투자하는 젊은 성인들은 효과적인 자녀 양육을 위한 보다 나은 가정 생활을 시작하게 된다.

조엘과 에이미는 첫 아이를 기다리고 있다. 아기의 출생을 기다리며 준비하는 에이미는 아기 방을 꾸미고 조엘은 작은 장난감들을 사들인다. 친한 친구들 역시 출산을 기다리고 있지만 에이미가 가장 빨리 출산을 하게 될 것이다. 두 사람은 모든 것이 잘 이루어지고 있다고 생각한다. 자녀 출산 과정 수업을 즐겁게 받았고, 호흡법을 연습했으며, 필요한 짐들도 꾸려두었다. 장롱에는 일회용 기저귀들이 쌓여가고 아기 침대에는 교육용 장난감들이 이미 달려 있다.

드디어 그 날이 왔고 기다림은 끝이 났다. 출산은 기대했던 것보다 상당히 길어졌고 태아의 최종 상태는 예상치 않았던 제왕 절개 수술을 요했다. 마

침내 남자 아이가 건강한 모습으로 태어났다. 며칠 후 조엘은 에이미와 아기 제레미를 데리고 집으로 돌아왔다. 그러나 그 때부터 문제가 터지기 시작되었다.

  부모로서의 그들의 생활은 그들이 기대했던 것과는 전혀 달랐다. 에이미는 많은 시간을 제레미에게 쏟아야 했다. 밤에는 울고 잠을 잘 자지 않았고, 복통을 앓았으며, 잠은 낮에 잤다. 에이미의 어머니가 일주일쯤 머물며 도와주셨지만 그 후에는 집으로 돌아가셨다. 조엘은 에이미가 자신에게 소홀하며 간단하게 할 수 있는 일들을 제대로 하지 못하고 있다고 생각했다. 에이미는 전에는 경험한 적이 없는 피곤에 시달렸고 집에만 갇혀 지내야 하는 일이 답답했다. 조금이라도 시간이 있으면 자고 싶었다. 그런데 조엘은 다시 부부 관계를 요구했다. 그들의 불편해진 관계는 제레미에게 가장 중요한 첫 몇 달 동안의 사랑스런 환경보다는 긴장감이 감도는 분위기를 만들었다. 설마라고 생각하는가? 경험해보지 않은 사람들만이 그렇게 말할 수 있을 것이다. 적응은 생각보다 훨씬 더 많은 것을 요구한다. 두번째, 세번째 아이들이 태어나면 그 상황은 종종 보다 더 어려워진다.

  이런 상황 속에서 출생 초기에 형성되는 제레미의 마음에는 어떤 일이 일어나고 있는가? 아기는 강하지만 부드러운 손을 통해 사랑과 신뢰와 안정감을 느낀다. 그리고 그를 안아주고 매순간 필요로 하는 것들을 채워주는 팔을 통해 배운다. 조엘과 에이미는 자신들의 필요에 소홀하지 않으면서 제레미의 육체적인 그리고 정서적인 필요들을 충족시켜주어야 한다. 누가 이런 것들을 그들에게 가르쳐주어야 할 것인가? TV 토크쇼? 나는 그렇게 생각하지 않는다. 이런 중요한 정보는 교회에서 찾을 수 있어야 한다.

성경적인 자녀 양육에 관한 이해

아내 베티와 나는 우리가 아는 한 젊은이에게 그가 곧 아버지가 된다는 사실을 알게 된다면 어떤 질문들을 가장 먼저 하게 될 거라고 생각하는지를 물어보았다. 그 질문들은 다음과 같은 순서를 따랐다. "어디서 일회용 기저귀를 사야 하나?" "값은 얼마나 할까?" "어머니가 오셔서 도와주실 수 있을까?" 그는 자녀 양육이 실제로 무엇인지에 대해서는 생각해보지 않은 것이 분명하다. 부모들은 어떤 것들을 알 필요가 있는가? 우리 교회의 성인 목회 프로그램은 어떤 기본적인 지식들을 제공해주어야 할 것인가?

아이들의 속성에 대한 이해

대학 친구인 빌은 아이들은 중성적인 속성을 가지고 태어난다고 주장하곤 했다. 그는 아이들을 긍정적인 환경 속에 그냥 놓아두면 좋은 성품이 개발될 것이라고 말했다. 그 후 빌과 그의 아내 클라우디아는 딸을 낳았는데 그 후 2년도 채 못 되어 생각을 바꾸었다. 놀랍게도 그들은 그 아기에게 밤에 소리를 지르도록 혹은 욕구가 채워지지 않은 것에 불만을 품고 부모를 치도록 가르칠 필요가 없었다. 실제로 그들은 그 푸른 눈과 장밋빛 볼 뒤에 감추어진 죄악된 성품 때문에 빚어지는 행동들을 다루는 데 많은 시간을 보냈다. 특별히 힘든 하루를 보낸 후에는 종종 잠자고 있는 예쁜 딸의 모습을 바라보며 "웬일이야? 천사처럼 보이네!"라고 말하기도 했다.

아이들은 기본적으로 선하다고 생각하는 관점은 훈련된 가정 환경보다는 수동적인 가정 환경을 만든다. 빌과 클라우디아는 그들의 딸이 사랑스런 가정 환경 속에서 자라기 때문에 자연스럽게 옳고 그른 것을 구분해 선택할 것이라고 생각했다. 그러나 그 딸이 '옳다'고 생각하는 것들은 그들의 생각과는 거의 일치하지 않는다는 것을 발견하는 일은 놀라운 각성제와도 같왔다.

사실상 성경은 출생시 아이들은 선하지도 중립적이지도 않다고 가르치고 있다(시 51:5, 엡 2:3). 그들은 통제를 받아야 하고 궁극적으로는 하나님의 능력으로 변화되어야 할 죄악된 성품을 지니고 있다. 이 어려운 개념은 첫 아기를 기다리고 있는 사람들에게는 잘 와닿지 않는다. 그 예쁜 신생아들은 순진 무구해 보인다. 더구나 배부르게 한 숨 푹 자고 난 뒤 맑고 사랑스런 웃음을 지을 때면 거의 모든 사람들을 녹여놓을 듯하다. 그러나 부모들이 타고나는 죄악된 본성을 이해하고 있을 때에만 하나님께서 주신 자비로운 권위를 확신을 가지고 사용할 수 있다.

무조건적인 사랑을 베푸는 일

우리 삶에 무슨 일이 벌어지건, 혹은 우리가 얼마나 방황하고 또 얼마나 반항적으로 행동하건 하나님께서는 우리를 변함없이 돌보신다(벧전 5:7). 아이들은 부모가 그들을 사랑스럽게 돌볼 때 그 속에서 예수님을 본다. 일반적으로 하나님 아버지에 대한 개념은 부모로부터 배운다. 사랑스럽고, 인정과 용서를 베푸는 부모를 가진 사람들은 일반적으로 그들을 위한 부모의 사랑을 하나님을 위한 기쁨에 넘친 사랑으로 전환하는데 그다지 어려움을 느끼지 않는다. 그러나 자신을 절제하지 못하고 자녀들을 학대하는 아버지를 가진 경우를 생각해보라. 정서적으로 따뜻함을 느끼게 해주는 어머니를 가진 경우는 또 어떻겠는가? 좋든 싫든 어린 시절의 경험들은 하나님께 대한 반응에 영향을 미친다. 우리는 하나님에 관한 어떤 인상을 그 어린 부모에게 전해주어야 할 것인가?

주님께서 우리에게 얼마나 많은 것을 주셨는지를 생각하라. 요한복음 3장 16절이나 그와 비슷한 구절들을 돌아보기만 해도 우리는 하나님의 희생적인 사랑에 나타난 관대함을 볼 수 있다. 종종 부모들이 자신들을 내어주거나 인격적인 사랑과 친밀감 대신 물질적인 선물로 대신하려고 할 때가 있다. 부모들은 결코 우리 하나님 아버지의 모습을 완전하게 보여주지 못한다. 이런 우리의 부족함에 우리는 부끄러움을 느껴야 하며 우리의 잘못을 깨달으면서 하나님의 은혜를 의지해야 할 필요를 인식하게 된다. 우리는 부모들이 자신들의 잘못에 대해 자녀들에게 용서를 구할 수 있어야 한다는 사실을 이해할 수 있도록 도와주어야 한다.

아이들을 용서하는 일

아이들이 부모를 용서하는 것을 배울 필요가 있듯이(그리고 겸손한 마음으로 정직하게 구할 때 아이들은 쉽게 용서를 베푼다) 부모 역시 아이들을 용서하는 것을 배워야 할 필요가 있다. 아이들은 가장 적절하지 않은 순간에 잘못된 행동을 한다. 그것은 종종 우리를 몹시 당황하게 만들 것이다. 또 부모의 기대에 맞지 않을 수도 있을 것이다. 우리가 가장 아끼는 옷에 젖을 토하고, 가장 소중한 가보를 깨뜨리고, 공공 장소에서는 가장 숨기고 싶은 비밀들을 털어놓는다.

대부분의 독자들은 '잉크 자국'이라는 영화를 기억하기에는 너무 어리겠지만 그러나 그렇지 않은 사람들은 "넌 항상 네가 사랑하는 사람들, 네가 상처를 입혀서는 안 되는 사람들에게 상처를 주지"라는 오래된 노래를 잊지 못할 것이다. 그 가사 내용은 가정에서 일어나는 일을 이야기하고 있다. 가족들은 상처를 줄 수 있는 가장 많은 기회를 가지고 있기 때문에 또 가장 많은 용서를 베풀 수도 있을 것이다. 그러나 그 용서가 적절한 징계를 대신해서는 안 된다. 이 세 요소는 부모들이 자녀들을 효과적으로 징계하고 완전하게 용서하는 건강한 가정의 테두리 안에서 공존하게 된다. 예수님께서 제자들에게 "우리가 우리에게 죄 지은 모든 사람을 용서하오니 우리 죄도 사하여 주옵시고"(눅 11:4)라고 가르치신 대로 우리도 기도해야 한다.

아이들을 존중하는 일

아이들의 타고나는 죄악된 성품에 대해 앞에서 이미 간단히 언급했다. 이제는 그들의 타고난 존엄성에 대해 생각해보자. 예수님께서 우리와 우리 자녀들을 위해 돌아가셨다. 우리 각각은 인간성의 가장 깊은 곳에 지울 수 없이 새겨진 하나님의 형상을 지니고 있다. 히브리서 기자가 시편 8편의 극적인 표현을 기억하며 "사람이 무엇이관대 주께서 저를 생각하시며 인자가 무엇이관대 주께서 저를 권고하시나이까 저를 잠깐 동안 천사보다 못하게 하시며 영광과 존귀로 관 씌우시며 만물을 그 발 아래 복종케 하셨느니라"(히 2:6-8)고 말한 것은 그다지 놀랄 일이 아니다. 신자들은 하나님의 자녀들이다(요 1:12). 그것은 부모들이 친절과 부드러움과 절제된 모습으로 자녀들을 존중해주어야 한다는 것을 의미한다. 우리의 목표는 하나님께서 그분의 어린 자녀들을 각각의 부모들에게 한둘씩 맡겨주셨다는 사실을 부모들이 깨닫고 감탄하며 아이들을 양육하도록 돕는 것이다.

자녀 양육에 관한 중요한 질문들

조엘과 에이미는 결혼과 자녀 양육은 계속적으로 서로의 관계를 새롭게 하고 성숙을 요구한다는 사실을 배우고 있으며, 때로는 그 속에서 고통을 겪기도 한다. 상호 보완, 상호 부조, 애정, 동료 의식 등은 건강한 결혼과 가정 생활에 꼭 필요한 자질들이다. 결혼 생활에 관련된 많은 중요한 질문들은 결혼식을 마친 후 그리고 가정이 자라가기 시작하면서부터 드러나게 된다. 조엘과 에이미는 최종적인 결정은 자신들이 내려야 하지만 그들의 교회가 도움이 되는 정보들을 제공해줄 수 있기를 바란다.

몇 명의 자녀를 두어야 할 것인가?

성경을 탁 폈을 때 정확하게 몇 명의 자녀를 가져야 한다고 말해주는 구절이 눈에 쏙 들어온다면 얼마나 좋을까? 그러나 그런 일은 일어나지 않을 것이다. 각 부부는 충분한 기도와 토의를 통해 이 문제에 대한 결정을 내려야 한다. 인구 억제에 관한 주장들이나 혹은 조부모의 소원에 의해 영향을 받긴 하지만 결정은 부부가 내려야 한다.

우리는 이 문제를 어떻게 도울 수 있을 것인가? 조엘과 에이미가 첫 아이를 갖기로 결정했을 때 그들은 "우리는 왜 아이를 원하는가? 몇 명의 자녀를 두는 것이 우리에게 최선이 될 것인가? 이 문제에 대해 성령님께서는 우리를 어떻게 인도하고 계시는가? 언제 첫 아이를 갖고 싶은가? 부모가 되기에 얼마나 적절한 준비가 될 것인가?" 등의 질문을 해야만 했다. 이런 질문들에 대한 쉽고 간단한 대답은 없다. 에이미는 조엘보다 훨씬 일찍 부모가 될 준비가 되었다고 생각했다. 조엘은 그후 거의 2년이 지난 후에야 자신이 준비되었다고 느끼게 되었다. 다행스럽게도 에이미는 조엘이 준비될 때까지 기다릴 수 있을 만큼 성숙해 있었다. 그녀는 그가 느끼는 경제적인 부담은 정당한 것이며 2년이란 기간은 다른 몇 가지 문제들을 해결해나갈 수 있는 시간을 줄 수 있다는 것을 알고 있었다.

그 사이에 그들은 "자식은 여호와의 주신 기업이요 태의 열매는 그의 상급이로다 젊은 자의 자식은 장사의 수중의 화살 같으니 이것이 그 전통에 가득한 자는 복되도다 저희가 성문에서 그 원수와 말할 때에 수치를 당치 아니하리로다"라는 시편 127편 3-5절과 같은 구절을 목사가 설명할 때 들을 수 있어야 한다.

이런 구절들은 자녀들은 일시적인 우리의 보호를 받도록 하나님께로부터 우리에게 주어진 선물이라는 사실을 말해주고 있다. 청지기라는 단어는 분명히 자녀 양육에 적용되는 말이다. 자녀들은 또한 상급이다. 하나님께서 주시는 가장 큰 선물은 소유물이 아니라 사람이다.

시편은 아이들을 '장사의 수중의 화살'이라는 흥미로운 비유를 들어 표현하고 있다. 우리는 "그 당시 장사들이 그들의 전통에 몇 개의 화살을 가지고 다녔는가?"라는 질문에 대한 대답은 알 수 없다. 우리가 알아낸다 해도 찰스 스윈돌은 아마도 각자 다른 크기의 전통을 가지고 다녔다는 사실을 부모에게 상기시켜주고 싶어할 것이다. 전통에 관심을 집중시키는 것이 중요한 것이 아니라 누가 활을 쏘느냐가 더 중요하다는 사실을 부모에게 강조해 주도록 하자.

누가 아기에 대한 책임을 질 것인가?

금세기 초까지만 해도 이런 질문은 아무도 생각해내지 않았다. 제2차 세계 대전이 끝난 후에도 미국에서의 경제 성장은 한 사람의 수입으로 가족들이 편안하게 생활할 수 있었다. 그러나 오늘날은 다르다. 점점 더 많은 어머니들이 직업 전선에서 일하게 되면서 그리스도인 부모들도 가능한 한 빨리 아이들을 보육 시설에 맡기고 직장으로 돌아가는 것이 필요하거나 아니면 적어도 편리하다는 생각을 한다.

이 문제에 대한 교회의 입장을 알려주어야 할 필요가 있다. 부모들은 먼저 다른 가능성을 먼저 알아보아야 할 것이라고 제안하고 싶을 수도 있을 것이다. 급격한 성격적인 변화가 유년기 첫 몇 년 사이에 일어난다. 그리고 아이들의 환경이 중요한 영향을 미친다. 자비로운 자녀 양육이란 아이들이 안정감과 사랑받고 있다는 느낌을 가지고 자라고 배울 수 있는 곳으로 가정을 만들기 위해 우리가 할 수 있는 모든 일을 다 하는 것을 의미한다.

이것은 어머니가 집에 머물러 있어야만 한다는 뜻은 아니다. 집에서 일을 하거나, 부부가 일하는 시간을 조정한다거나, 근무 시간 자유 선택제를 취한다거나 하는 방식으로 아버지들이 자녀 양육에 중요한 역할을 맡아줄 수 있다. 이런 면에서 잘 준비되어 있지 않다 할지라도 조엘과 에이미는 이 문제를 신중하게 검토하고 있는 중이다. 제레미를 임신하기 전까지 경제적인 기반을 마련할 수 있었기 때문에 에이미는 적어도 2년은 집에 머물 수 있었다.

부모들이 어떻게 책임을 분담할 것인가?

건강하고 행복한 환경을 만들기 위해 상황이 어떻게 달라질 수 있는지를 살펴보기 위해 에이미와 조엘과 제레미에게로 다시 돌아가 보도록 하자. 에이미가 조엘보다 아기와 지내는 시간이 많아질 것이므로 에이미는 제레미를 잘 먹이고 목욕을 시키고 기저귀를 갈아주고 건강하고 행복하게 해주어야 할 보다 큰 책임을 맡고 있다. 또 규칙적인 건강 진단과 필요한 병간호도 해주어야 할 것이다.

그러나 조엘 역시 중요한 역할을 맡고 있다. 그는 일터에서 돌아오기까지 제레미를 돌보며 하루 종일 수고하고 그의 저녁 식사까지 준비한 에이미를 격려하고 도와줄 수 있다. 그리고 일주일에 하루나 이틀 정도는 가까운 곳에서 외식을 할 수도 있을 것이다. 또 에이미와 둘만의 시간을 갖기 위해 가끔씩 보모를 오게 할 수도 있을 것이다. 이런 제안들에 대해 조엘은 "왜 그렇게까지 해야 하는 거예요? 아내가 다 할 수 있어야 하는 거 아닌가요?"라고 말했다. 그렇다. 그녀가 다 할 수도 있다. 그러나 그렇게 해주는 것은 사랑으로 행하는 좋은 행실이며 에이미 역시 그런 사랑으로 반응하게 될 것이다.

아이들은 어떻게 다른가?

거의 1년이 지났고 조엘과 에이미는 부모로서의 자신들의 역할에 편안함을 느끼게 되었다. 초기에 가졌던 갈등이 해결되고 제레미의 잠자는 습관에 질서가 잡히게 되면서 그들에게 큰 기쁨이 되어주었으며, 그들은 아이를 하나 더 낳기로 했다. 그래서 제레미가 21개월이 지난 다음 새로운 아기가 태어나게 되었다. 또 아들이었고 네이슨이라는 이름을 지어주었다. 네이슨을 집으로 데리고 온 후 제레미를 키우며 실수를 통해 고통스럽게 배운 자신들의 능력을 확신하며 두번째 아이는 큰 문제가 없을 것이라 생각했다.

그러나 몇 주가 채 지나기도 전에 그들은 아이들은 각기 독특한 성품을 지니고 있으며 개별적으로 다루어져야 한다는 사실을 발견하게 되었다. 어린 네이슨은 훨씬 더 요구하는 것이 많고, 만족시켜주기가 어려웠으며, 자주 안아주어야 했다. 부모들은 그 아이를 깊이 사랑했지만 큰 아들과는 다른 성품과 요구들은 그들에게 자녀 양육의 기술에 대해 다시 생각하게 해주었다.

한 가지 위로가 되었던 것은 예수님께서 그분의 영적인 자녀였던 열두 제자를 모두 다른 방식으로 대하셨다는 내용의 설교였다. 그 설교는 에이미에게 필요할 때마다 두 아들을 다르게 다루어야 한다는 새로운 확신을 갖게 해주었다.

몇 가지의 기본적인 지침들은 모든 아이들에게 적용된다. 둘째가 보다 고집이 세고 다루기 어렵다는 이유로 부모가 갈등을 피하기 위해 포기하려 해서는 안 된다. 반면 한 아이가 부끄러움을 잘 타고 예민하다고 해서 그의 소극적인 성격을 고려해 필요한 징계를 뒤로 물러서도 안 된다. 존중, 징계, 징벌, 성숙 등에 대한 부모의 태도는 각 아이들마다 다를 수 있지만 각각 그 자리는 정해져 있어야 한다.

어떻게 영적인 분위기를 조성해주어야 하는가?

적절한 가정 분위기가 효과적인 그리스도인 성숙을 위한 열쇠가 된다고 하는 자녀 양육 원리에 모두 동의할 수 있을 것이다. 부모들이 이 사실을 볼 수 있도록 도와주면서 우리는 영적인 분위기를 조성하기 위한 세 단계에 초점을 맞출 수 있다. 그 세 단계는 교훈, 모범, 경험이며 앞에서도 살펴보았던 것들이다.

교훈은 가장 자주 거론되지만 실제로는 세 단계 중 가장 덜 중요한 요소이다. 부모들이 자녀들을 교훈할 수 있도록 우리가 도와야 하는 것은 분명하다. 옳고 그른 것의 차이점을 설명해주어야 한다. 그리고 잘못된 행동에 따르는 결과들을 이야기해주어야 한다. 왜 뜨거운 난로에 손을 대어서는 안 되는지, 왜 길거리로 뛰어나가 처음 보는 강아지에게 달려가서는 안 되는지, 아무도 없는 곳에서 누가 그들의 몸에 손을 대도록 허용해서는 안 되는지 등을 설명해주어야 한다. 그러나 교훈은 형식적인 상황을 벗어나 영적인 분위기를 형성하는 데 필요한 두 가지 다른 요소들과 실제로 결합될 때 가장 효과적으로 이루어진다.

이 세 원소의 중간 요소가 모범이며 부모가 본을 보이는 일은 교회가 제자도를 가르치는 과정에서 아무리 강조해도 지나치지 않다. 아이들은 보고 따라하며 배운다. 이 점에서 모든 부모는 좋은 본이건 아니건 그들이 원하든 원치 않든 아이들의 본이 된다. 모범을 통해 아이들은 착한 행실과 경제적인 면에서의 정직성과 인간 관계 속에서의 인내와 친절을 배우게 된다.

그러나 제자도에 있어서 가장 중요한 요소는 경험이다. 가정에서 무슨 일이 일어날 때마다(가시에 손가락이 찔렸거나, 강아지가 다쳤거나, 특별 휴가, 죽음, 출생 등) 가르칠 수 있는 기회가 주어진다. 현명하고 경건한 부모는 그런 사건들이나 경험들을 성경적인 가치관을 전해줄 수 있는 기회로 곧바로 사용할 것이다.

우리 아들의 애완용 강아지가 사고로 죽었을 때 온 가족이 슬픔에 빠졌다. 그렇다. 우리 모두 그 강아지를 사랑했지만 더 중요한 것은 우리 아들이었고 그 아이가 마음의 상처를 입고 있었다. 그는 우리가 교회로 가기 전 너무 꼭 죄는 고리를 목에 걸어준 것을 후회하며 자책하고 있었다.

그래서 혼자 슬퍼할 시간을 조금 준 다음 우리에게 잠시 동안 강아지를 주시고 좋은 시간을 가질 수 있게 해주신 사랑의 하나님에 대한 이야기를 나누었다. 하나님께서 모든 생명과 죽음을 주관하신다는 사실을 이야기했다. 우리가 그 슬픈 경험을 함께 나누는 동안 우리 가족들이 보다 가까워지도록 그 순간을 가르칠 수 있는 부드러운 기회로 사용하셨다. 교회의 모든 부모들은 교훈과 모범, 경험을 기초로 한 제자도를 개발할 수 있어야 한다.

부모들이 어떻게 그리스도인의 자세를 개발하는가?

교육자들은 이것을 학습의 효과적인 면이라고 부른다. 부모들은 서로를 향한, 성경과 하나님을 향한, 기도와 교회를 향한 그리고 이웃을 향한 자신들의 태도를 끊임없이 나타낸다. 그런 태도들이 아이들이 사람들에 대해 배우고 그런 사람들에 대해 어떻게 생각해야 하는지를 배우는 환경을 조성한다. 성경에 대해 부모들이 하는 모든 말과 의견은 성경의 진리에 대한 아이들의 긍정적인 태도 혹은 부정적인 태도를 형성하는 데 영향을 미친다.

부모의 역할은 상당한 책임감과 큰 기쁨을 느끼게 한다. 또 그 역할은 교회의 각 가정이 아이들을 맞이하기 위해 영적으로, 정서적으로, 신체적으로, 경제적으로, 사회적으로 그리고 모든 다른 방면에서 준비될 수 있도록 우리가 할 수 있는 최선을 다해야 할 것을 요구한다. 진보 과정을 기억하라. 먼저 경건한 사람이 되고 난 다음 경건한 부부가 되며, 그 다음에 경건한 부모가 된다.

에이미와 조엘은 학생이다. 물론 공식적인 교육 기관에 등록을 한 학생들은 아니다. 그러나 매일 하나님께서 그분의 진리를 그들의 삶 속에서 적용하도록 그들을 가르치신다. 그들은 세상이 주는 영향과 그리스도인 가정을 붕괴시킬 수 있는 가능성을 인식하고 있으며 인간으로서 그리고 부부와 부모로서 그 영적인 전투에서 승리할 것을 결의한다. 그리고 그들은 자신들이 부모로 준비될 수 있도록 도움을 준 교회가 있음을 하나님께 매일 감사드리고 있다.

제 20 장

자녀들에게 책임 의식을 가르치는 일

부모들은 아이들이 첫 18년 간을 그저 '잘 지내도록' 하기 위해서만이 아니라 새로운 가정을 위한 그리고 보다 넓은 의미에서는 그리스도의 몸을 위한 경건한 성인 지도자들을 길러내기 위해 자녀들에게 책임 의식을 갖도록 가르쳐야 한다.

● 미 상원 의원인 데니얼 모이니한(Daniel Moynihan)에 의하면 우리는 자녀들을 부모보다 못한 세상에서 살게 하는 첫번째 세대인 듯하다. 이혼, 낙태, 아내와 자녀 학대, 마약과 술의 남용, 널리 퍼진 부도덕성 등은 분명한 영향을 미치고 있으며 이 사회의 정신 속에 만연되어 있다.

이런 이상한 분위기 속에서 부모들이 아이들에게 책임 의식을 갖도록 가르치는 일을 돕기 위해 교회는 어떻게 최선을 다해야 할 것인가를 생각하게 된다. 제리 맥칸트(Jerry McCant)는 아이들과 교회에 대해 다음과 같이 말하고 있다.

교회에서의 어린이 교육은 이 세상에서 일어나고 있는 문제들을 다룰 만큼 실제적이어야 한다. 이상주의는 사실주의로 대체되어야 한다. 어려운 질문들을 피해서는 안 되며 대답을 찾아야 한다. 하나님과 화목하게 되었다고 해서 배우자와도 화목할 것이라는 사실이 보장되어 있는 것은 아니다. 은혜로 구원받은 사람이라고 해서 좋은 부모, 좋은 배우자가 되는 것이 보장되지는 않는다. 대화 기술, 이성의 필요에 대한 이해, 자녀 양육의 기술 등은 은혜와는 별개의 문제들이다. 교회 활동에 적극적으로 참여하는 부부의 가정에 아무런 문제가 없을 거라고 생각해서는 안 된다. 교회는 고백하고 상담하고 배울 수 있는 장소를 제공해주어서 이혼을 하려고 법정을 찾거나 그 외의 다른 비극들을 피할 수 있도록 도와주어야 한다. 이런 일들이 교회의 어린이들에게 최고의 유익을 가져다줄 것이다.[1]

다음 문단에는 전제와 유형을 둘 다 포함하고 있다. 전제는 가정 교훈은 기본적으로 지연된 영원한 목적을 겨냥해야 한다는 것이다. 부모들은 아이들이 첫 18년 간을 그저 '잘 지내도록' 하기 위해서만이 아니라 새로운 가정을 위한 그리고 보다 넓은 의미에서는 그리스도의 몸을 위한 경건한 성인 지도자들을 길러내기 위해 자녀들에게 책임 의식을 갖도록 가르쳐야 한다.

유형은 좀 평범하지 않은 것으로 보일 수도 있을 것이다. 유형은 이 중요한 과정을 전달하기 위한 한 방법이며 성경에 나오는 포로로 잡혀간 아이들의 행동을 관찰하는 것임을 말해준다. 부모들은 그들에게 주어진 책임을 효과적으로 수행하기 위한 모든 가능한 자원들을 필요로 한다. 포로 생활을 하는 사람들에게 관심을 집중함으로 우리는 가정을 떠나 가정의 영향을 받지 못한 아이들이 어떻게 행동하게 되는지를 볼 수 있다.

나는 내 아내와 딸 아이가 유치원에서 가르친다는 사실 때문에 이 연구의 영향을 받아왔다. 그들의 이야기는 학교에서의 아이들의 행동은 그들의 가정 환경을 반영해준다는 사실을 상기시켜주었고, 성경 안에서 그런 가정적인 관계를 찾을 수 있을 거라는 생각을 하게 되었다. 이 장에서는 그런 예를 발견할 수 있으며 그 속에서 우리가 배울 수 있는 교훈들은 흥미로울 뿐 아니라 우리가 부모들에게 제시해줄 수 있는 성경적 가르침들과 유용한 역사적 모델들이 될 수 있음을 보여줄 것이다. 우리는 또 가정에서의 교훈이 부모의 문제에 너무 치중되지 않은 성경 구절들로부터 어떻게 개발될 수 있는지도 보게 될 것이다.

성경적인 가치 기준을 가지고 살도록 가르치라

느브갓네살은 바벨론의 왕이었고, 히브리 포로였던 사드락과 메삭과 아벳느고는 막 성인기에 접어들고 있었다. 우상을 섬기던 왕은 커다란 금신상을 만들고 모든 관료들에게 그 앞에서 절을 하라고 요구했다. 그런 행동은 분명히 그들의 하나님께 대한 헌신에 위배되는 것이었다. 그래서 그들은 죽음의 위협 속에서도 그 앞에서 절하기를 거부했다. "우리가 이 일에 대하여 왕에게 대답할 필요가 없나이다 만일 그럴 것이면 왕이여 우리가 섬기는 우리 하나님이 우리를 극렬히 타는 풀무 가운데서 능히 건져 내시겠고 왕의 손에서도 건져 내시리이다 그리 아니하실지라도 왕이여 우리가 왕의 신들을 섬기지도 아니하고 왕의 세우신 금신상에게 절하지도 아니할 줄을 아옵소서"(단 3:16-18).

이 구절은 아이들이 아니라 젊은 성인들의 행동을 묘사하고 있다. 그러나 그들이 어디서 이런 믿음을 갖게 된 것인가? 그것은 분명히 그들이 포로로 잡혀오기 전 평생 유일하신 참 하나님을 섬기기로 한 그들의 헌신을 견고하게 해준 가정 생활로부터 나온 결과였다. 그들의 행동은 그들의 삶을 전적으로 하나님의 손에 맡기고 있는 하나님의 능력과 그분의 선택에 대한 전적인 신뢰를 보여준다.

가정 교훈의 어떤 요소들이 이런 일을 가능케 했다고 생각하는가? 의심할 것도 없이 몇 가지를 들 수 있다. 그러나 그들 중 우리가 이미 살펴본 한 요소인 교훈을 들지 않을 수 없다. 이 젊은이들은 이 사건이 일어나기 오래 전에 고향을 떠나 잡혀왔지만 어린 시절 이미 하나님께 관한 것들을 잘 배워왔다. 젊은이들이 대학을 가게 되면 그들은 바벨론과 비슷한 환경 속으로 들어가게 된다. 어떤 교수들은 상대주의와 지적 성취라는 제단 앞에서 제사를 드리도록 그들을 격려한다. 그런 환경 속에서 그들은 믿음을 굳게 지킬 수 있을 것인가?

우리 모두 그렇다고 긍정적인 대답을 신나게 할 수 있기를 바란다. 그러나 주의를 주는 다음 글귀를 자세히 읽어보라. 훌륭한 자녀 양육의 일부는 자녀들을 성인이 되게 하는 과정이며, 그 과정은 보장되어 있지 않다. 우리는 자녀들이 부모의 지혜로부터 유익을 얻고 부모의 실수를 자녀들이 피할 수 있도록 부모가 자녀들을 도울 수 있기를 바란다. 그러나 기술의 개발은 개인적인 수준에서만 일어난다. 걸음마를 배우는 아이들은 자주 넘어진다. 자전거를 배우는 아이들은 우체통에 부딪히곤 한다. 악기를 배우는 청년들은 수많은 어려운 음계를 만난다. 새로 맞게 된 자유를 행사하려는 젊은이들은 종종 잘못된 길로 들어서기도 한다.

하나님의 은혜로 하는 자녀 양육은 어떻게 하는 것인지를 가르치면서 우리는 사람들이 용서가 그 중심을 이루고 있다는 사실을 배울 수 있도록 도와주고 있다.

- 자신들의 모든 잘못에 대한 하나님의 용서를 받아들이는 것을 배워야 한다.
- 어리석고 잘못된 행동을 한 자신들을 용서하는 것을 배워야 한다.
- 기대에 미치지 못하는 삶을 살고, 조언을 따르지 않으며, 상처난 영혼을 안고 돌아오는 자녀들을 용서해주는 것을 배워야 한다. 용서는 부모들이 소중하게 여기는 모든 가치 기준들을 명백하게 어기는 반항을 보이는 때에도 없어서는 안 될 요소이다.

이 세 사람의 히브리 남자들도 유혹에 넘어가 그 신상에 절할 수도 있었을 것인가? 아마도 그럴 수 있었을 것이다. 성경에 나타난 사람들은 인공적인 성자들이 아니다. 그 당시 그들은 아마도 엄청난 고민에 쌓였을 것이다. 그들이 왕에게 한 대답을 다시 읽어보라. 그들은 전능하신 하나님께서 자신들을 불 속에서 건져내실 수 있음을 알고 있었지만 그분이 그렇게 하실 것이라고는 감히 말하지 않았다. 그분께서 그들을 구하실 것이다. 풀무불에 던져지는 죽음은 참담한 일이다. 그러나 그들은 포기하지 않았다. 그들의 본보기는 우리에게 오늘날의 그리스도인 자녀들과 젊은이들을 위한 큰 소망을 갖게 해준다.

기도하는 것을 가르치라

풀무불 사건이 있은 후 50년쯤 지났을 때 포로 된 사람들의 믿음이 행동으로 드러나는 또 다른 한 예를 발견하게 된다. 메데의 다리오가 거대한 메데 바사 제국의 한 속국이 된 바벨론 지역을 다스리는 왕으로 추대되었다. 다리오는 총리 셋을 두고 120명의 방백들을 세워 나라를 다스리게 했다.

이야기의 영웅은 곧 그 책의 영웅이다. 다니엘이 B.C. 650년 바벨론으로 오게 되었을 때 그는 십대의 청소년이었다. 이제 그는 외국 땅에서 총리로 일하게 되었다. 이미 80세가 넘었지만 그의 행동은 여전히 어린 시절 유대인의 고향 땅에서 배운 경건함을 반영해주고 있었다.

이 경건한 사람은 정부로부터 하나님께 대한 충성을 지상의 왕에 대한 충성으로 돌리고 그 증거를 사람들 앞에서 공개하라는 요구를 받았다. 이 요구를 거절할 경우 그 대가는 사자굴 속으로 던져지는 것이었다. 바사인들은 불을 숭배했기 때문에 불을 사형 도구로 사용하지 않았다. 다니엘은 어떻게 반응했는가? "다니엘이 이 조서에 어인이 찍힌 것을 알고도 자기 집에 돌아가서는 그 방의 예루살렘으로 향하여 열린 창에서 전에 행하던 대로 하루 세 번씩 무릎을 꿇고 기도하며 그 하나님께 감사하였더라 그 무리들이 모여서 다니엘이 자기 하나님 앞에 기도하며 간구하는 것을 발견하고"(단 6:10-11).

하나님의 선지자는 위험과 죽음 앞에서도 자신의 자연스런 삶의 일부가 된 규칙적인 기도를 변함없이 드리는 용기를 보여주었다. 순전한 경건함으로 그는 감사의 기도를 드렸다. 다니엘의 행동은 분명히 성인이 된 후 정착되었지만 이 예배의 유형은 포로로 잡혀오기 전 어린 시절의 훈련을 통해 시작되어졌을 것이다.

다니엘의 이야기는 오늘날 일어나는 일들과는 상당히 거리가 먼 것으로 보인다. 그러나 전 소비에트 공화국에서 신자들은 종종 강압적인 정부의 압제를 받으며 수년씩 감옥에서 보내야 했던 사실을 잊지 말라. 마오저뚱의 통치하에 있던 중국의 신자들은 끔찍한 죽임과 핍박을 당했고 오늘날도 수천만의 그리스도인들이 핍박을 받고 있다. 현재 자유 세계의 그리스도인들은 이런 고난을 당하게 될 가능성이 거의 없어 보이지만, 믿지 않는 사회 환경 속에서 믿음을 지키기 위해 일어서야 하는 젊은이들은 아마도 동료들로부터 거절당하고 있으며 그런 거절은 아이들과 청소년들에게는 매우 고통스러운 일이 될 수 있다. 예배 습관은 이런 어려운 시기를 그들이 감당할 수 있도록 도와줄 것이다.

그 어떤 그리스도인 부모도 자녀들이 기도를 배우는 일의 중요성을 부인하지 않는다. 우리는 모두 매일 규칙적으로 무릎 꿇게 했던 다니엘의 용기를 우리 자녀들에게서(그들뿐 아니라 우리 자신에게서도) 보고 싶어한다. 부모들이 그 일을 할 수 있도록 우리가 그들을 어떻게 도울 것인가? 다음의 제안들을 그들에게 가르칠 수 있을 것이다.

- 암기된 기도를 가능한 한 빨리 버리게 하라. 아이들에게 가르치는 '잠자리에 들기 전'이라고 시작되는 기도는 다정스럽기는 하지만 같은 말

을 반복하는 것이 기도는 아니다. 기도는 하나님과 대화하는 것이다. 아이들이 암기한 동요로 아버지와 어머니에게 이야기하는 그림은 얼마나 우스꽝스러운가?

- 아이들이 어른들과 마찬가지로 자주 기도하게 하라. 식사 기도와 잠자리에서 드리는 기도를 어른들이 모두 해야 한다고 생각하지 말라. 아이들에게 가정에서의 기도를 '인도하게' 하라. 식탁에서 모든 사람들을 웃게 만드는 더듬거리며 하는 귀여운 기도를 하나님께서 들으시고 판독하실 것이다.
- 아이들이 구체적으로 기도하도록 도와주게 하라. 그저 '하나님께서 선교사들을 축복해주시도록' 기도하지 말고 어린아이들의 경험과 직접적으로 관련된 간구와 감사를 하라. 그리고 하나님께서 어떻게 응답해주셨는지 혹은 왜 응답해주시지 않으셨는지 등에 대한 이야기를 나누라.
- 기도를 존중해야 할 것을 강조하라. 누가 기도하든지 온 가족이 그 기도를 존중해주고 가능한 한 동참하게 하라.

하나님의 능력을 신뢰하도록 가르치라

벤하닷 2세는 수리아(아람)를 다스렸지만 그의 용감하고 명성 높은 군대 장관 나아만은 문둥병을 앓고 있었다. 이스라엘에 살았더라면 그는 격리되었겠지만 아람에서는 그렇지 않았다.

그의 집에는 이스라엘에서 잡혀온 어린 히브리 여종이 있었다. 주인이 문둥병에 걸린 것을 알고 그녀가 한 말을 역사가는 간단한 두 문장으로 다음과 같이 표현했다. "우리 주인이 사마리아에 계신 선지자 앞에 계셨으면 좋겠나이다 저가 그 문둥병을 고치리이다"(왕하 5:3).

아이들의 증거는 가장 심오한 믿음 생활을 반영해준다. 얼마 전에 어머니의 품을 떠나지 않을 수 없었던 그 어린 소녀가 다른 사람들에 대한 배려와 하나님의 능력을 아는 지식을 드러낸 것이다. 더 중요한 것은 그 소녀가 하나님의 능력에 대한 살아 있는 믿음을 가지고 있었다는 점이다. 소녀는 그 나이에 비해 훨씬 더 영적으로 성숙해 있었다. 그 소녀가 가정에서 받은 훈련은 자녀 양육의 중요성을 반영해주고 있다.

　우리의 교회에 속한 어린아이들은 그들의 부모들이 겸손한 믿음으로 기도하는 것을 듣고 하나님께서 능력으로 응답하시는 것을 볼 필요가 있다. 그들은 개인적인 문제에 깊은 관심을 가지고 돌보시는 살아 계신 하나님께 대한 확신을 개발해나가야 한다.

　우리가 아는 한 젊은이는 수년 동안 심한 천식을 앓고 있었다. 그는 두 번씩이나 죽기 직전에 중환자실로 실려가기까지 했다. 그 가정의 주위에 있던 많은 사람들이 찾아와 그를 위해 기도했다. 그는 회복되었고 그 이후 건강으로 인한 고통에서 거의 벗어나게 되었다. 그리고 그 경험을 통해 하나님께 깊은 감사를 드리게 되었다.

　하나님을 바라보지 않을 수 없는 어려운 시기를 자녀들의 믿음을 세워주는 기회로 받아들이도록 가정들을 격려하라. 경제적인 어려움이 따를 때 가족이 함께 기도하게 될 것이다. 누군가 병이 들면 가족들이 함께 그 사람을 은혜의 보좌 앞으로 데려갈 것이다. 개인적인 고통이 가정을 혹은 가족 중 한 사람을 무겁게 압도할 때 하나님께 그 고통을 함께 표현하게 될 것이다. 살아 있는 믿음을 경험할 수 있는 기회들을 주시도록 부모들이 하나님께 기도하게 가르치라.

　그러면 아이들이 그 믿음을 나아만의 여종처럼 사람들 앞에 드러낼 수도 있을 것이다. 그리고 부모들이 없을 때에도 그들이 개발한 믿음이 그들의 삶에 영향을 미치고 그들의 삶을 지배하게 될 수도 있을 것이다.

죄를 멀리하도록 가르치라

그리스도께서 오시기 거의 이천 년 전에 있었던 또 하나의 짤막한 장면이 우리를 애굽으로 데려간다. 또 포로로 잡혀 간 종의 이야기다. 가나안에서 어려움을 겪어야 했던 어린 요셉은 이제 애굽에서 살고 있다. 보디발의 아내의 유혹에 직면한 그는 "내가 어찌 이 큰 악을 행하여 하나님께 득죄하리이까"(창 39:9)라고 말하고는 "자기 옷을 그 손에 버리고 도망하여" 나갔다(창 39:12).

이 이야기에서 특별히 흥미로운 것은 좋은 자녀 양육을 받았다고 할 수 없는 요셉의 행동이다. 아버지 야곱의 서투른 자녀 양육 방식과 의아스러운 생활 방식에도 불구하고 요셉은 '잘 자랐다'고 주장할 수도 있을 것이다. 그러나 요셉의 어머니인 라헬에 대한 야곱의 사랑을 기억해보라. 진정한 부부의 사랑에 대한 기억이 분명히 요셉의 마음속에 깊이 자리잡고 있었을 것이다. 그럼에도 불구하고 이 이야기는 실패하기 쉬운 부모들에게(우리 모두 어느 정도 다 하게 되는) 부적절한 자녀 양육이라 할지라도 하나님의 은혜로 자녀들의 삶이 여전히 바로 세워질 수 있다는 소망을 갖게 해준다.

창세기 39장에 기록된 사건은 잘 개발된 책임 의식을 보여주는 몇 가지 유용한 교훈을 준다. 요셉은 유혹을 받게 될 때 어떻게 반응할 것인지를 미리 결심해두었던 것이 분명하다. 그는 그 순간 적절한 행동이 무엇인지를 결정하려고 자신의 내면을 들여다볼 필요가 없었다.

오늘날 대부분의 청소년들처럼 요셉은 규칙적으로 어려운 문제들을 겪어야 했다. 그는 하나님께 대한 책임 의식으로부터 나오는 순결을 선택했다. 오늘날 성적인 순결의 가치를 주장하며 결혼 전까지는 성 관계를 갖지 않기로 결단하는 젊은이들의 모습을 볼 수 있다. 그런 결단을 한 현대의 청소년들은 요셉과 같은 가치관을 보여준다. 유혹에 압도된 순간에 결정을 내리려

하지 말고 맑은 정신으로 있을 때 미리 결단해두라.

현대의 부모들은 자녀들에게 이런 영적인 결단이 개발되도록 도와줄 수 있을 것인가? 좋은 본을 보여주는 교육이 분명히 중요한 한 요소가 된다. 부부 간의 신실함을 지키는 부모가 그들의 본을 따라 그 가치를 귀하게 생각하는 자녀들을 양육하게 되리라는 보장은 없다. 그리고 부도덕한 부모에게서 항상 부도덕한 자녀들이 나오게 된다는 주장도 할 수 없다. 그러나 아이들이 그런 가치들을 듣고 자랄 뿐 아니라 부모들의 삶 속에서 그 가치들이 실천되는 것을 보며 자랄 때 성경적인 윤리관과 정직성과 순결을 지키고자 노력할 가능성이 훨씬 높다.

용감하게 하나님을 섬기도록 가르치라

마지막 이야기는 약 B.C. 480년경 크세르크세스(아하수에로라고도 알려진) 왕이 인도로부터 구스라고 알려진 나일 강 상류 지역까지 펼쳐지는 127개의 도를 다스렸던 바사의 역사 속으로 우리를 데려간다. 에스더가 왕비가 되기까지의 자세한 이야기는 잘 알려져 있다. 성경 이외의 다른 자료들로부터 우리는 크세르크세스 왕이 술 잔치와 난폭한 행동으로 유명했었음을 알 수 있다.

에스더는 삼촌(아버지와도 같았던)에게 순종했으며 전능하신 하나님께서 주신 기회를 놓치지 않으려는 의지를 보여주었다. 위험과 윤리적 위기에 처한 순간에 그녀는 "이 때에 네가 만일 잠잠하여 말이 없으면 유다인은 다른 데로 말미암아 놓임과 구원을 얻으려니와 너와 네 아비집은 멸망하리라 네가 왕후의 위를 얻은 것이 이 때를 위함이 아닌지 누가 아느냐"(에 4:14)라고 촉구하는 모르드개의 말 앞에서 그녀는 어린 시절 신실하게 교육받았던 대로 행동했다.

그 말을 하면서 모르드개는 에스더에게 그녀의 주위에 있는 바사인들과는 그녀가 다른 사람이라는 사실을 상기시켜주었다. 그녀는 하나님께서 선택하신 백성에 속한 여자였다. 그녀에게 있어서 책임 의식은 다른 사람들의 유익을 위해 하나님의 은혜가 자신에게 주어졌다는 사실을 받아들이는 것이었다. 우리는 "무릇 많이 받은 자에게는 많이 찾을 것이요 많이 맡은 자에게는 많이 달라 할 것이니라"(눅 12:48)고 하시는 예수님의 경고를 부모들에게 상기시켜주어야 한다.

오늘날의 많은 젊은이들처럼 에스더는 하나님을 위해 언제 어떻게 말해야 하는지를 배워야 했다. 또래 집단으로부터 받는 압력을 해결하기 위한 궁극적인 해답은 부모나 교회가 하나님의 자녀들의 마음속에서 일하시는 성령님께서 주시는 내적인 능력이다.

이런 예들이 의미 없는 과거의 일화들이라고 생각하는가? 분명 과거에 일어난 일이었지만 결코 의미가 없지는 않다. 대신 이 이야기들은 우리에게 지속적인 훈련으로 아이들이 하나님을 섬기고 어려움과 도전의 시기에 하나님의 길을 따르기로 선택하도록 무장될 수 있다는 소망을 준다.

아내가 첫 아기를 출산했다는 소식을 알려주는 아들의 전화를 받은 어느 조부모의 이야기가 생각난다. 아들은 전화로 "그런데 어머니, 아이가 아무런 지시도 없이 태어났어요!" 물론 그랬을 것이다. 그러나 하나님의 말씀에는 아이들과 젊은이들에게 책임 의식을 어떻게 가르쳐야 하는지를 자세하게 알려주는 지시들이 풍성하게 들어 있다. 우리의 과업은 부모들이 그 지시들을 찾고 따르도록 도와주는 것이다.

그러나 이야기의 무대 뒤에 있는 부모들은 어떤가? 야곱에 대해 우리는 알고 있다. 그리고 에스더의 삼촌 모르드개는 그녀의 이야기 속에서 아버지와 같은 사람으로 등장한다. 그러나 나머지는 알려지지 않은 사람들이다.

그들은 자신들의 자녀들 속에서 드러난 자녀 양육을 실제로 행한 사람들이었다. 자녀 양육은 대인기를 끄는 그런 일이 아니다. TV 인터뷰와 신문 기사 속에서 찾아볼 수 있는 그런 일도 아니다. 그러나 하나님의 은혜로 21세기에 새로운 다니엘을 양육해내는 일은 때로는 피곤하고 때로는 즐거운 일이 될 것이다.

| 제 21 장 |

하나님의 은혜와 자녀 양육

이 책은 부모들이 은혜로 자녀들을 양육할 수 있도록
부모들을 훈련하고 지원해줄 것을 교회들에게 요청하고 있다.

채드와 신디는 그들의 마지막 남은 에너지가 다 말라버릴 때까지 렌스와 씨름을 했다. 이미 한 시간 전에 탑승했지만 외국행 비행 일정에 걸려 비행기는 활주로에 있었고, 승객들은 출발이 지연되는 것에 불만을 터뜨리고 있었다. 가장 가만히 있지 못하는 승객은 처음 타보는 비행기가 이륙하기도 전에 비행이 금지된 것으로 생각하는 세 살짜리 렌스였다.

신디는 가져온 장난감들을 꺼내주는 일에도 이미 지쳤다. 읽어줄 책, 색칠 공부 그림책, 크레용, 솜을 넣은 동물 인형, 사탕 껍질 등이 신디의 좌석 주변에 흩어져 있어서 마치 유치원 놀이방처럼 보였다. 이륙만 할 수 있었다면 렌스는 아마도 잠이 들었을 것이다. 그러나 작은 공간에 갇힌 채 가만히 있지를 못하는 렌스는 점점 짜증을 부리고 화를 내었고, 급기야는 절박해진 부모도 거의 통제할 수 없을 정도가 되었다. 달래다 못한 채드는 "이 녀석 스무 살 될 때까지 아무 데도 안 데리고 다닐 거야"라고 말해버렸다. 진심으로 한 말이었고 적어도 십여 명의 승객들이 증인이 될 수 있겠지만 아마도 그 말을 지키지는 않을 것이다.

익숙한 광경인가? 비행기 대신 음식점이나 교회로 바꾸어 생각해볼 수 있을 것이다. 짜증이 난 부모들이 똑같이 짜증이 난 아이들을 달래려고 최선을 다하는 이런 모습은 20세기 후반 미국 사회에서 거의 익숙한 모습들이다. 실망스럽게도 성경을 읽기 때문에 좀 더 잘 알고, 더 잘 해야 할 그리스도인들 사이에서도 이런 장면을 보게 된다.

불행하게도 많은 그리스도인들이 그리스도인의 생활에 대해 갈라디아 교회가 일반적으로 생각하고 있던 것과 같은 관점을 가지고 있다. 그 초기 신자들은 구원을 위해서는 하나님의 은혜가 필수적이라고 믿었다. 우리는 하나님께서 우리에게 은혜로 자녀들을 주신다고 믿는다. 그러나 갈라디아 교회는 이상하게도 영적으로 성숙하기 위해서는 자신들의 방법을 따라야 한다고 생각했다. 우리는 하나님께서 자녀들을 우리의 방식대로 양육하기를 기대하시는 것처럼 행동한다. 두 경우 모두 잘못되었고 위험스럽다. 이 장은 경건한 삶과 자녀 양육에 있어서 가장 중요한 한 가지 요소는 하나님의 은혜를 적극적으로 신뢰하는 것이라는 사실을 선포하는 것이다. 이 책은 부모들이 은혜로 자녀들을 양육할 수 있도록 부모들을 훈련하고 지원해줄 것을 교회들에게 요청하고 있다.

구원의 은혜

사실의 인식

잠시 다시 렌스에게로 돌아가 보자(이름들은 가명이지만 내가 이야기하는 내용은 실제로 일어난 일이다. 나는 통로 바로 맞은편에 앉아 있었고 그들과 1미터 정도도 채 안 떨어져 있었다). 그리스도인 부모들은 자신들에게 있는 죄를 인식해야 하며 끊임없이 자녀들이 죄의 속성을 이미 가지고 이 세상에 들어왔다는 사실을 의식하고 있어야 한다. 새로 태어난 예쁜 아기를 바라보며 이 사실을 믿어야 한다는 것은 참 어려운 일이다. 그러나 아무리 맹목적인 사랑을 가진 부모라 해도 몇 달 후면 이 사실이 분명하게 나타나는 것을 볼 수 있을 것이다.

반항에 대한 숙고

아이들이 말을 막 하려고 하자마자 부모들은 '아빠' 혹은 '엄마'라는 소리를 듣고 싶어한다. 그리고 그 예쁜 소리와 함께 부모들이 아이들에게 전혀 가르칠 필요가 없는 '싫어'라는 말이 함께 따른다는 사실을 부모들은 알고 있다. 아이들은 토라지고 불순종하고 심지어는 가장 긍정적인 부모라도 받아주기 어려운 심통을 부리기도 한다.

그러나 그것은 하나님의 말씀이나 오랜 세월에 걸친 기독교의 가르침을 접해보지 못한 사람들에게나 놀랄 일이다. 그리스도의 탄생으로부터 거의 400년이 지난 후 어거스틴은 "하나님의 자비가 우리를 제지하지 않는 한 우리가 보게 되는 다른 사람들의 모든 죄를 우리도 지을 수 있다"라고 썼다. 아이들은 얼마나 많이 다른 사람들의 죄를 보고 있는가? 그리고 그 죄를 짓는 '다른 사람들'은 누구인가? 아이들이 바라보는 사람들 중 그 첫번째가 부모이다. 이 사실을 기억하라. 채드는 로렌스를 야단치기 오래 전 먼저 신디에게 큰 소리를 쳤다. 신디는 로렌스에게서 보게 되는 실패에 대한 쓰라린 죄책감을 느끼기 오래 전에 채드에게 느끼는 미움을 신랄하게 표현했었다.

도움을 구함

가정 생활 속에서 하나님의 은혜를 활성화하기 위해 교회 지도자들은 부모들에게 문제가 되는 부분들을 열거하도록 도와줌으로 시작할 수 있다. 자녀들이 충분히 자랐다면 문제에 대한 해결책들을 아이들과 이야기하고 이 해결책들을 실행할 수 있도록 도와주시는 하나님의 은혜를 정기적으로 함게 간구할 수 있을 것이다.

　예를 들어, TV를 보는 일이 문제가 된다면 부모와 자녀들은 어떤 프로그램을 몇 시간 동안 시청할 것인지를 결정해주는 몇 가지의 적절한 지침을 세우고 동의할 수 있다. 그런 다음 그 지침들을 계속해서 지켜나가는 데 필요한 훈련과 순종을 위해 하나님을 신뢰해야 한다. 줄리가 어렸을 때 TV는 그 아이에게 정말 신기한 것이었다. 그 배불뚝이 유리 우상을 제자리에 두기 위해 우리는 절제와 통제와 부모 감독 하에서의 시청 계획들에 초점을 맞추어야 했다.

　물론 우리는 하나님께서 우리를 부르신 가장 중요한 과업인 자녀 양육에 관해 우리가 배운 모든 것들을 부모들이 어떻게 적용시켜야 할지를 가르친다. 그러나 책을 읽고 비디오 테이프를 보고 설교를 들으며 성경 공부 모임에 참석하고 특별한 세미나에 참석한 뒤에도 하나님의 은혜만이 그들 편의 저울을 무겁게 해줄 수 있다. 하나님께서는 그들이 위를 향해 "주님, 저는 제 구원과 제가 부모로서 매일 감당해야 하는 일들을 위해 주님을 의지합니다. 저 혼자서는 그것들을 다 감당할 수가 없습니다"라고 말하기를 원하신다.

섬김의 은혜

　체스터톤(G. K. Chesterton)은 "여러분은 식사를 하기 전에 감사를 드립니다. 그러나 저는 연극이나 오페라에 가기 전에 은혜를 구합니다. 콘서트나 판토마임을 보러 가기 전에도 그렇게 합니다. 책을 펴기 전, 그림을 그리기 전, 수영을 하기 전, 산책을 하기 전에도 그렇게 합니다. 그리고 글을 쓰려고 펜을 잉크에 담그기 전에도 그렇게 합니다"라고 말하며 은혜를 구하다라는 말을 융통성 있게 사용했다. 은혜를 구한다는 표현은 자신의 감사의 마음을 의미하는 것으로 그것은 이 땅에서 살아가는 모든 사람들에게 꼭 있어야 하는 필요들을 채워주시는 창조주의 놀라운 은혜에 대한 감사이며 신학자들은 이 은혜를 '일반 은총'이라 말한다. 일반 은총은 비와 태양과 나무 열매와 젖소와 병원과 질병의 치료 등을 공급해준다. 이런 것들은 인간에게서 나온 것들이 아니다. 궁극적인 의미에서 모든 진리와 아름다움과 선함은 일반 은총을 주실 수 있는 그분 한 분으로부터 주어지는 것이다.

그러나 체스터톤의 말은 '특별 은총'이라는 면에서도 생각해볼 수 있다. 십자가에 달려 돌아가신 예수 그리스도를 통해 주어지는 하나님의 특별한 은혜는 구원과 죄악된 인간의 속성을 제어하는 부활의 능력을 허락해준다. 그리고 또 자녀 양육과 같은 중요한 사역들을 효과적으로 감당할 수 있게 해준다.

바울은 로마의 성도들에게 "내게 주신 은혜로 말미암아 너희 중 각 사람에게 말하노니 마땅히 생각할 그 이상의 생각을 품지 말고 오직 하나님께서 각 사람에게 나눠 주신 믿음의 분량대로 지혜롭게 생각하라 … 우리에게 주신 은혜대로 받은 은사가 각각 다르니…"(롬 12:3, 6)라고 썼다.

자신에 대한 바른 태도

목사와 장로와 성경 교사들은 그리스도를 위한 효과적인 사역을 어떻게 수행하고 있는가? 하나님의 은혜로 하고 있다. 선교사들과 전도자들과 기독교 학교의 교사들은 어떻게 효과적으로 섬길 수 있는가? 하나님의 은혜를 통해서이다. 바울은 섬김의 은혜는 하나님의 은혜를 받은 사람들의 겸손함에 의한다는 사실을 분명하게 말하고 있다.

미국인들은 일종의 높아진 자만감 때문에 고통을 당하는 경향이 있다. 신약 성경은 그런 태도는 하나님의 은혜에 대한 우리의 신뢰를 방해하고 무너뜨리는 것이므로 경계해야 한다고 가르치고 있다. 로마서 12장 3절에서 바울 사도는 실제의 자신 그 이상으로 자신을 생각해서는 안 된다고 썼다. 그것은 자녀 양육을 포함한 그 어떤 사역에서도 우리 자신의 능력을 과대평가해서는 안 될 것을 요구한다.

다른 도전들

다른 경우들과 마찬가지로 자신에 대한 지나친 확신은 성공한 경험을 통해 오게 된다. 우리 두 아이들이 어렸을 때 그 아이들은 우리가 아주 다른 어려움들을 겪게 했다. 우리 딸 줄리보다 세 살 먼저 태어난 아들 제프는 별 어려움 없이 키울 수 있었다. 그 아이의 느긋한 성격은 우리 부부의 부산한 자녀 양육과 어우러져 상당히 쉬운 첫 3년 간을 보낼 수 있었다. 물론 작은 문제들이 없었던 것은 아니지만 일반적으로 우리는 승리를 거둘 수 있었다.

그 후 하나님께서 예쁘고, 쾌활하면서도 고집스럽고도 다루기 어려운 딸아이의 모습을 가진 폭탄을 우리에게 떨어뜨리셨다. 비행기 안에서 잠시도 가만히 있지 못하는 렌스를 바라보며 나는 줄리의 어린 시절을 되돌아보게 되었다. 그 아이는 주님께로부터 "너희들의 힘만으로도 잘 할 수 있다고 생각하겠지. 그러나 그럴 수 없으니 나를 신뢰하라"는 메시지를 가지고 우리에게 왔다. 지금 두 아이는 모두 부모가 되어 활동적이고 효과적으로 주님을 섬기고 있다.

영적 섬김

성경에 나타나는 섬기다라는 단어와 섬김이란 단어에 대한 연구는 자녀 양육에 대해 우리가 정의를 확장하는 데 도움을 준다. 다음의 한 예를 살펴보라. "형제를 사랑하여 서로 우애하고 존경하기를 서로 먼저 하며 부지런

하여 게으르지 말고 열심을 품고 주를 섬기라"(롬 12:10-11). 가정에서 서로에게 친절을 베풀고 서로를 배려하면서 우리는 하나님을 섬긴다.

여기서 두 가지 생각을 해볼 수 있다. 첫째, 자녀 양육은 선교 현장에서 겪는 문화적인 갈등이나 가장 어려운 목회 사역에 있어서 만큼이나 많은 기회들을 제공해준다. 그리스도인들이 이 사실을 인정하고 그렇게 살게 될 때까지 하나님의 은혜를 간구하는 일은 일어나지 않을 것이다. 둘째, 부모들이 가정에서의 섬김이 어둠의 세력에 대항하는 일종의 전투라는 사실을 인식할 때 유일한 도움이 되는 하나님의 은혜에 보다 자주 그리고 보다 자발적으로 자신들을 맡기게 될 것이다.

고통당하는 은혜

부모들의 고통? 오늘날 흔하게 들을 수 있는 단어의 조합은 아니다. 채드와 신디는 비행기 안에서의 짜증과 창피함과 스트레스로 '고통'을 당하고 있었다. 때로 그리고 심지어는 그리스도인들에게 있어서까지도 자녀 양육에는 하나님의 사랑으로부터 분무된 듯한 지독한 고민과 마음을 찢는 상실감이 따른다. 어린아이들은 납치를 당하고 십대의 청소년들은 마약에 빠진다. 똑똑하고 건강하며 그리스도를 사랑하는 아이들이 술 취한 운전사들의 차에 치어 넘어진다. 남편들은 아내들을 떠나고 아내들은 가정을 버린다. 원하든 원하지 않든 고통이 하나님의 사랑하는 자녀들의 삶에 덮쳐온다.

1세기 당시 베드로는 "젊은 자들아 이와 같이 장로들에게 순복하고 다 서로 겸손으로 허리를 동이라 하나님이 교만한 자를 대적하시되 겸손한 자들에게는 은혜를 주시느니라 그러므로 하나님의 능하신 손 아래서 겸손하라 때가 되면 너희를 높이시리라 너희 염려를 다 주께 맡겨 버리라 이는 저가 너희를 권고하심이니라 근신하라 깨어라 너희 대적 마귀가 우는 사자같이 두루 다니며 삼킬 자를 찾나니 너희는 믿음을 굳게 하여 저를 대적하라 이는 세상에 있는 너희 형제들도 동일한 고난을 당하는 줄을 앎이니라"(벧전 5:5-9)고 말했다.

베드로가 부모들이 자주 경험하는 마음의 고통을 이야기하지는 않았지만 그가 말하는 내용의 원리는 동일하다. 고통을 당하는 시기에 우리는 하나님께 보다 신속하게 나아간다. 하나님께서 겸손하고(5:5-6), 주님을 신뢰하며(5:7), 깨어 생활하고(5:8) 형제들의 고통에 동참하며(5:9) 서로를 위로(5:10-11) 하도록 우리를 부르셨다.

동일한 고난

애석하게도 우리는 위에 언급한 첫 네 요소가 마지막 요소인 위로를 불러온다는 분명한 사실을 무시하고 그 마지막 요소(위로)에만 마음이 끌리는 경향이 있다. 부모들은 위로라는 말을 어떻게 이해하는가? 비록 많은 사람들이 자녀 양육에 보다 노력을 기울일 필요가 있기는 하지만 그렇게 노력하는 것을 위로라고 생각하지 않을 것이다. 또 비록 자녀 양육의 어려움으로부터 벗어나고 싶은 사람들이 많이 있겠지만 마치 아무 문제가 없는 것처럼 가장하는 것을 의미하지도 않을 것이다. 우리는 위로를 은혜라는 말로 해석한다.

가족 중 한 사람이 고통을 당하면 가족 전부가 고통을 느낀다. 점수가 떨어진 성적표 같은 사소한 문제도 고통이 될 수 있다. 아이의 죽음은 가까운 친척들에게까지도 큰 고통이 될 수 있다. 넓은 의미에서 한 가족이 된 교회는 상처와 두려움 속에 있는 가정들을 돕고, 이야기를 나누면서 함께 울고 기도하며 하나님의 은혜가 이 어려운 시기에 주어질 수 있도록 간구해야 한다. 어려움을 통해 교회가 하나로 가까워질 때 가정들을 통해 하나님께서 그리스도를 영광되게 하실 것이다.

다음 주 교회의 성도들을 살펴보라. 이런저런 방식으로 우리는 모두 하나님의 은혜를 드러내며 다니는 살아 있는 광고라 할 수 있다. 남편을 잃은 아내 혹은 아내를 잃은 남편이 앉아 있을 수 있다. 또 두뇌 손상을 입은 아들을 매일 돌봐야 하는 부부가 있을 수 있다. 또 다른 자리에는 자신들의 삶을 추스르기 위해 애를 쓰고 있는 세 명, 네 명 혹은 다섯 명의 이혼한 사람들이 앉아 있을 수도 있다. 또 일주일에 4-5일은 술에 취해 사는 아버지를 대해야 하는 십대의 두 아이들이 뒷좌석에 앉아 있을 수도 있다. 이들이 어떻게 살아가고 있으며 어떻게 견뎌내고 있는가? 베드로의 말에 귀를 기울이라.

"모든 은혜의 하나님 곧 그리스도 안에서 너희를 부르사 자기의 영원한 영광에 들어가게 하신 이가 잠깐 고난을 받은 너희를 친히 온전케 하시며 굳게 하시며 강하게 하시며 터를 견고케 하시리라 권력이 세세 무궁토록 그에게 있을지어다 아멘"(벧전 5:10-11).

우리 딸이 어릴 때 심통을 부리고 나면(유치원에 들어가기 전까지 고쳐졌지만) 우리 부부 중 한 사람이 그 아이가 누운 자리 옆에 앉아 있곤 했다. 눈물을 흘리며 훌쩍거리는 그 아이에게 우리는 매질을 한 것이 그 아이와 하나님을 향한 우리 사랑과 헌신의 표현이었다는 사실을 거듭 설명해주곤 했다.

때때로 다시는 그 일에 대해 이야기하지 않을 것을 약속하며 아이에 대한 용서를 확인시켜주고 기도할 때면 훌쩍거리던 아이의 얼굴에 미소가 번지기도 했다. 부족한 우리 인간의 방법으로 우리는 하나님의 회복을 보여주고 하나님의 은혜로 감당하는 자녀 양육을 보여주려는 시도를 했다. 그것이 교회가 해줄 수 있는 일이다. 큰 문제가 터진 후 비상시에 해야 하는 상담뿐만

이 아니라, 부모들이 하나님의 은혜로 자녀 양육을 감당할 수 있도록 준비시켜주는 건강한 가정 생활 교육을 제공해주어야 한다.

4부

성인 목회를 위한 프로그램

21세기 교회의 성인 목회

신발의 비유를 적용시켜본다면
교과 과정 제작자들을 제조 공장이라 생각할 수 있다.
그리고 성인 목회 위원회는 판매 유통 업체라 할 수 있으며
교사들은 구둣주걱을 들고 신이 잘 맞는지를 알아보려고
발가락 부분을 눌러보는 판매 사원과 같으며 학생들은 구매자라 할 수 있다.

| 제 22 장 |

서로에게 배우는 학습

학습 목표를 이루기 위해 서로를 도울 수 있도록 학생들을 소그룹으로
내보내는 선생님을 우리 역사 속에서 찾아볼 수 있겠는가?
우리는 예수님과 제자들로부터 시작해볼 수 있다.

● 랜디는 학생들이 스스로 배우도록 어떻게 도와야 할 것인지를 생각하기보다는 학생들을 위해 무엇을 해야 할 것인지를 생각한다. 그러나 이 책의 앞 부분에서 보았듯이 교육에 관한 수많은 연구들은 경험을 통한 학습 방식이 성인들에게는 보다 효과적이라는 사실을 말해주고 있다. 장기적으로 볼 때 그 방식이 가장 만족스럽고도 장기적인 효과를 가져다준다.

그러나 지금까지 우리는 학습 환경을 조성해주고 성인들을 학습 과정에 참여하게 하는 학습 방법을 사용하는 일에 대부분의 관심을 집중시켜 왔다. 학생들이 서로 어떻게 대하는지에 대해서는 이야기를 나누지 않았다. 랜디는 지난 20년 동안 한 기독교 단체에 속해 성인 성경 공부반을 가르쳐왔지만 그 역시 이 영역에 대해 거의 생각해보지 않았다.

훌륭한 학습 환경의 조성은 기본적으로 지적인 활동은 아니다. 지성은 학습 과정 속에서 매우 중요하기는 하지만 교사와 학생 사이에 영향을 미치는 것이며 그것은 성인 교육에 있어서 최우선적인 요소는 아니다. 그리고 훌륭한 학습 환경이 기본적으로 물리적이라고 할 수도 없다. 랜디는 적절한 조명과 공간과 그의 가르침에 중요성을 더해주는 모든 요소들을 추가해 교실을 매력적으로 만들기 위해 많은 노력을 한다. 그럼에도 불구하고 그는 학

습 분위기를 중요한 이슈라고 생각하려 하지 않는다.

그는 기본적으로 학습 도구들에 따라 학습 분위기가 좌우될 수 있다고 종종 생각한다. 그래서 지속적으로 대형 화면을 사용하고 있으며 한 달에 한 번씩은 대화를 열어주기 위해 짧은 비디오 테이프를 보여주고 있다. 학생들은 그런 것들을 고맙게 생각한다. 그리고 아마도 그들의 학습에 도움이 될 것이다. 그러나 도구 자체가 학습 환경에 가장 중요한 요소는 아니다.

가장 중요한 요소는 태도이다. 랜디는 그의 모든 노력에도 불구하고 태도가 얼마나 중요한지를 매우 자주 보게 된다. 학습 도구가 별로 잘 갖추어지지 않은 그리 좋지 않은 학습 환경 속에서 평범한 지능을 가진 학생들이 종종 놀라운 능력을 드러낸다. 동기 부여 면에서는 학생들의 태도가 차이를 만들어내고 학습 환경 면에서는 교사가 그 분위기를 만들어낸다.

랜디는 경험을 통해서 그리고 성인 교육에 관한 책들을 통해서 각 개인의 독특성은 그저 단순한 생물학적인 현상이 아니라는 것을 이해하고 있다. 그는 신학에 대해서도 상당한 이해를 하고 있으며 그가 가르치는 모든 사람들은 하나님의 형상을 따라 지어졌다는 사실을 이해하고 있다. 그는 죄가 그 형상을 손상시키기는 했지만 구원을 통해 회복될 수 있다는 사실을 알고 있다. 랜디는 학생들에 대한 자신의 태도와 자신에 대한 학생들의 태도를 향상시키려고 많은 노력을 해왔다. 그러나 그는 대부분의 성인들을 가르치는 교사들도 잊고 지내온 사실, 곧 학습은 경쟁적인 분위기 속에서보다는 협동적인 분위기 속에서 훨씬 더 잘 이루어진다는 사실을 무시해왔는데 그 이유는 기본적으로 성인 교육에 대한 책이나 글들이 그 사실을 강조하고 있지 않았기 때문이다.

성인 목회 프로그램 속에서 협동적인 학습 형태를 확립하는 데 가장 큰 방해가 되는 것은 미국의 교육 체제 자체가 매우 경쟁적이라는 사실이다. 학생들은 시험 점수에서, 좋은 평판을 받는 대학에 진학하는 면에서, 상을 받는 면에서, 교사와 가족들과 친구들의 칭찬을 받는 면에서 서로 경쟁을 하고 있으며 사실상 유치원으로부터 박사 과정에 이르기까지 늘 경쟁 속에 살아간다. 점수와 점수로 표시된 평균제가 주된 교육 제도를 이루고 있는 한 학교 교육의 변화를 기대하기란 거의 어렵다. 그러나 성인 교육, 특히 교회에서의 성인 교육에서는 그 결함을 얼마든지 제거할 수 있다.

성인들을 경쟁의 형태로 서로를 싸우게 만드는 성인 교육을 조직화할 필요도 가치도 없다. 오랫동안 주일 성인 성경 공부반을 전담해온 해럴드 웨스팅(Harold Westing)의 다음 주장에 주의를 기울이라. "성인 성경 공부 모임의 주된 목적은 교제다. 그러나 그런 친밀감과 개인적인 돌봄이 실제로 일어나는 것을 보려고 행동을 취하는 경우는 거의 없다. 그런 의지는 어느 정도까지는 자연스럽게 일어나지만 역동적인 모임은 실제로 그런 일이 일어나는 것을 보면서 보다 적극적이 될 필요가 있다. 구성원들이 공통된 경험을 하며 그 경험들이 공동의 추억을 만들어주면 그 추억들은 공동체에 대한 헌신을 갖게 해준다. 구성원들은 공동의 추억들을 만들어주는 사건 속에서 누군가가 말하도록 해야 하며 그런 사건들은 소속감을 증진시켜줄 수 있을 만큼 자주 일어나야 한다."[1]

훌륭한 조언이다. 그러나 웨스팅은 여전히 학습 환경에 대해 이야기하고 있다. 그러나 랜다나 그와 같은 다른 사람들을 돕기 원한다면 교육 전략에 대해 이야기해야만 한다.

협동 학습의 차이점

협동 학습이 경쟁적인 학습과 어떻게 다른지를 살펴보기 전에 협동 학습에 대한 정의를 먼저 다룰 필요가 있다. 협동 학습은(때로는 '공동 학습'이라고도 불림) 동료들로 이루어진 그룹 상황에서 성인 교육의 원리들을 적용하는 학생을 중심으로 하는 교육 전략이다. 협동적인 학습 과정이 성인들 외에 다른 그룹에서는 효과가 없을 거라고 생각하지 말라. 그렇지 않기 때문이다. 실제로 현대 교육에서는 그룹 작업을 완성시켜나가며 서로를 도와주면서 함께 일하는 유치원 학생들의 그룹도 찾아볼 수 있다. 정규 학교 교육의 형태로 방해를 받지 않는 교회에서 우리는 협동 학습을 잘 해나갈 수 있다. 그렇다면 협동 학습은 우리가 이미 알고 있는 것들과 어떻게 다른가? 구체적으로 4가지를 들 수 있다.

협동 학습이 학습 계획의 중심을 이룬다

이 책의 앞부분에서 일방적 교육 방식이 권위를 가진 사람에게 초점을 맞춘다는 사실과 성인 교육은 그런 교육의 장애로부터 얼마나 멀어져야 할 필요가 있는지를 강조했다. 협동 학습에서는 그런 권위를 가진 사람이 상호 교류를 통한 학습 방식으로 고안된 구체적인 학습 계획으로 대체된다. 구체적인 것들은 이 장의 뒷부분에서 다루게 될 것이다.

협동 학습은 학생들을 주도적이 되게 할 수 있다

너무 많은 공식적, 비공식적 교육들이 학생들의 반응을 요구하는 방식을 취하고 있다. 교사들이 학생들에게 무엇을 어떻게 해야 할 것인지를 말하고 학생들은 교사를 가장 기쁘게 할 수 있는 방식으로 반응을 보이려고 한다. 학생들은 그렇게 하면 최고의 점수를 받게 된다는 사실을 알고 있다. 그리고 애석하게도 그것이 최종적인 목표가 되는 경우가 너무나 많다. 학습이 권위를 가진 사람들에 의해 주도되는 한 학생들이 주도적이 되도록 교사가 어떤 프로그램을 고안하지 않는다면 학생들은 대체로 반응을 나타내는 상태에 머문다.

협동 학습에서는 학생들이 자신들의 학습과 동료들의 학습에 대한 책임을 스스로 진다. 여기서 우리는 공동 학습이 어떤 면에서 성인 학습보다 한 걸음 더 나아간 것임을 볼 수 있다. 성인 학습에서 학생들은 각자 자신의 학습에 대한 책임을 진다. 그러나 공동 학습에서는 학생들이 동료들의 학습에 대해서도 책임을 진다. 학습 목표를 이루기 위해 서로를 도울 수 있도록 학생들을 소그룹으로 내보내는 선생님을 우리 역사 속에서 찾아볼 수 있겠는가? 분명히 여러 사람이 있을 것이다. 그 중 우리는 예수님과 제자들로부터 시작해볼 수 있다.

협동 학습은 팀워크를 요구한다

내가 쓴 「기독교 사역에서의 팀 리더십(Team Leadership in Christian Ministry)」에서 나는 어떻게 성경적인 리더십이 팀 방식을 통해 가장 잘 일어날 수 있는지를 보여주고자 했다.[2] 분명히 같은 방식이 성경적인 학습에도 적용될 수 있다. 협동 학습을 제대로 활용하면 팀으로부터 얻어지는 교육적 결과는 개인적인 학습을 통해 얻어지는 결과를 능가할 것이다. 이것이 어떤 면에서는 가장 중요한 원리라 할 수 있다. 협동 학습에 대해 읽으면서 나는 왜 더 일찍 여러 가지 원리들을 조합해보지 않았는지 의아했다.

대학과 대학원을 다니며 나는 형식화된 교실과는 전적으로 별개로 구성된 비공식적인 학습 모임을 통해 가장 어려운 정보들을 얻어낸 것을 선명하게 기억할 수 있다. 예를 들어 중요한 신학 시험을 치르기 전 우리는 한 학생의 집에 모여 콜라와 팝콘을 준비하고 시험을 준비하면서 우리가 알아야 할 필요가 있다고 모두 동의하는 내용을 '서로에게 가르쳐주게' 될 수 있을 때까지 공부를 했다. 그러나 매우 전통적인 교육 체제를 거친 나는 우리 동료들과의 그룹 학습 경험을 최근에 내가 가르치는 학생들을 협동 학습 형태로 재구성하게 될 때까지는 실제로 적용하지 못하고 있었다.

그 옛날의 공부하던 때를 즐겁게 기억할 수 있다. 물론 그 당시에는 그 순간의 어려움 때문에 거의 아무런 기쁨도 느낄 수 없었지만 말이다. 우리들 서너 명은 시험 범위를 여러 부분으로 나누었다. 15주간의 학기를 마치는 종강 시험을 위해 나는 5주에 해당하는 분량을 시험에 맞추어 잘 정리해야 하는 책임을 졌다. 나는 교수가 시험 문제로 낼 거라고 생각되는 문제들을 만든 다음 우리 팀 친구들이 그 부분의 내용을 잘 터득할 수 있도록 도와주어야 했다.

때때로 서로 기록한 내용의 차이점을 찾아내게 되면 그 주제에 대해 교수님이 정말로 말씀하고자 했던 내용이 무엇인지에 대해 모두 동의할 수 있는 결론을 내려야 했다. 어떤 점을 강조하셨는가? 특별한 한 부분에 대해 얼마나 많은 시간을 투자하셨는가? 노트에 별표나 밑줄이 표시되어 있지는 않은가? 그렇게 준비하는 저녁 시간에 무슨 일이 일어났건(때로는 들떠서 떠드는 즐거움을 누리기도 했다) 분명한 한 가지 사실은 우리가 절대적으로 서로를 의존했으며 함께 준비했기 때문에 우리 각각은 얼마나 더 잘 할 수 있을 것인가에 초점을 맞추었다는 점이다. 외로운 도서실 책상에서 시험을 준비하며 혼자 공부하는 학생은 전혀 다른 그림을 그려준다. 그리고 그의 교사가 가진 학습 방법에 대한 매우 다른 접근 방식을 보여준다.

첫눈에 우리는 "물론이지. 누구나 알 수 있는 거 아냐? 협력이 언제나 경쟁보다 낫지"라고 말할 수 있다. 이런 그림을 보면 우리는 정말 잘 이해할 수 있다. 그러나 교실에 나란히 앉아 있는 고등학교 학생들을 보라. 그들은 각각 '1등'을 생각한다. 그리고 그 체제가 요구하는 경쟁적인 목표를 달성하기 위해 많은 경우에 커닝이 행해지고 있다. 협동적인 학습은 개인이 아니라 그룹의 성취를 강조한다.

협동 학습은 동료 의식을 강조한다

내가 공부하던 때를 돌아보며 혼자 외롭게 격리된 듯한 느낌을 자주 가져야 했던 때를 기억할 수 있다. 그 때를 대학원에서의 그룹 공부와 비교해보면 왜 내가 그렇게 분명하게 동기 부여를 해주는 '동료 의식'을 항상 찾으려 하지 않았는지 의아하다. 랜디의 학생들이 스스로 배우려고 한다면 그들은 반드시 자발적으로 동기 부여가 되어야 한다. 성인 교육에서는 자발성이 외적으로 동기를 부여해주는 다른 요소들보다 훨씬 중요하다. 그러나 팀으로부터 생겨나는 자발성은 개인적인 자발성보다 훨씬 강하다. 그룹 내에서 생겨나는 동지애와 서로에 대한 격려와 활기를 돋우는 토론과 심지어는 특정한 상황에 대한 의견의 불일치까지도 뛰어난 학습 활동이 된다. 경쟁적인 학습은 암기식 학습과 정보를 수집하는 기계적인 체제를 강조하는 경향이 있다. 그러나 동료 의식이 수반된 협동적인 학습은 우정과 상호 의존을 강화시켜주며 학습 그룹이나 교실을 떠난 후에도 지속되게 한다.

협동 학습의 원리

편의 제공자로서의 교사의 중심 역할은 학생들에게 정보를 전달하는 일보다 학생들의 학습이 이루어지도록 돕는 것이다. 협동 학습의 다음 단계에서 편의 제공은 학습 체제의 계획을 의미한다. 랜디에게로 돌아가보자. 그는 이미 학생들의 높은 참여로 이루어지는 학습 방법을 채택하기로 했다. 이제 그의 성경 공부반에서 학습 팀을 만들기 위해 취해야 할 다음 단계는 무엇인가? 그 대답은 학습 도구들과 특별히 학생들이 상호 의존적으로 그 기능을 발휘하도록 도와주기 위해 만들어진 문서를 계획하는 일이다. 그리고 그 일은 우리를 첫번째 원리로 인도한다.

협동 학습은 의미 있는 방향을 제시해준다

편의를 제공하는 교육 방식이 무제한적인 자유를 허용한다는 의미는 아니다. 성인 교육에 있어서 교사는 때로 학생들이 전적으로 자신들의 자원만을 의존하게 하는 결정을 내릴 수 있다. 그러나 서로의 자원을 의존하게 할 필요는 없다. 그것이 여기서 중점적으로 다루고자 하는 내용이다. 위에서 설명한 학습의 계획은 동료들의 지원을 가능케 하는 문서가 될 수 있다. 실제로 우리는 '학습 계획'과 '학습 도구'를 구분할 수 있다. 계획은 지식과 태도와 기술을 습득하기 위한 단계로 구성된 틀을 제안해주는 한 체제를 제공함으로 방향을 제시해주는 것이다. 도구는 학생들이 계획을 실현하게 해주는 실제적인 작업이나 프로그램이다.

협동 학습은 효과적인 학습 도구를 필요로 한다

랜디의 경우를 구체적인 예로 들어보자. 그는 다음 달 첫번째 화요일에 새로 시작하는 반에서 요한복음 1장을 가르치게 될 것이다. 첫 모임은 3주 후에나 시작이 된다. 효과적인 학습 도구들을 만드는 일은 모임이 있는 날 아침 커피를 한 잔 마시며 끝낼 수 있는 것이 아니다. 그러나 다른 상황을 생각해보자. 즉 랜디의 학생들이 미리 공부를 잘 해올 것이다. 수업을 시작하면서 랜디는 그룹을 서너 개로 나눈 다음 요한복음 1장에 대한 문제를 풀게 한다. 학생들이 각자 문제를 풀고 난 다음 그룹별로 모이게 하고 답안지를 각 그룹에 나누어준다. 다음에 주어진 문제는 학습 지시의 한 예를 보여주는 것에 불과하다는 사실을 이해하기 바란다.

요한복음 1장에 관한 문제

1. 다음 중 1절이 말하고 있는 말씀에 대한 내용이 아닌 것은?
    a. 그는 하나님의 아들이었다.   b. 그는 하나님과 함께 있었다.
    c. 그는 태초에 있었다.   d. 그는 하나님이었다.

2. 요한은 누가 혹은 무엇이 '사람들의 빛' 이라고 말하고 있는가?
    a. 말씀   b. 그리스도
    c. 생명   d. 하나님 아버지

3. 다음 중 세례 요한의 목적을 바르게 말하고 있는 것은?
    a. 증인이 됨   b. 사람들을 믿게 함.
    c. 증거   d. 셋 모두이다.

4. 하나님 아버지로부터 온 유일한 한 분에 대해 본 것을 묘사하기 위해 요한은 어떤 단어들을 사용하였는가?
    a. 육체   b. 영광
    c. 은혜   d. 진리

5. 그분의 충만한 은혜를 통해 우리 모두가 받은 것들은 무엇인가?
    a. 영생   b. 은혜와 진리
    c. 이어지는 축복   d. 하나님 아버지께 나아갈 수 있게 됨.

6. 요한에 따르면 결국 누가 아버지를 알게 해주는가?
    a. 빛   b. 종교 지도자
    c. 말씀   d. 하나님의 아들

7. 세례 요한에게 그가 누구인지를 묻기 위해 사람들을 보낸 예루살렘 사람들은 누구인가?
    a. 유대인들   b. 레위인들
    c. 제사장들   d. 바리새인들

8. 요한은 질문한 사람들에게 대답하면서 구약 선지자 중 누구의 말을 인용했는가?

a. 엘리야　　　　　　　b. 예레미야
　　　c. 이사야　　　　　　　d. 아모스

9. 요한복음 1장1-28절은 어디에서 일어난 사건인가?
　　　a. 베다니　　　　　　　b. 베들레헴
　　　c. 벳세바라　　　　　　d. 벳세다

10. 세례 요한 자신의 증거에 따르면 그는 왜 '물로 세례를 주기 위해' 왔는가?
　　　a. 죄인들의 회개를 위하여　　b. 어린양의 계시를 위하여
　　　c. 죄를 책망하기 위하여　　　d. 이스라엘의 회복을 위하여

11. 이틀 동안의 심문을 받으며 세례 요한은 다음의 말들로 예수님을 설명했다. 다음 중 아닌 것 하나는 어떤 것인가?
　　　a. 하나님의 아들　　　　b. 내 뒤에 오시는 이
　　　c. 하나님의 어린양　　　d. 그리스도

12. 예수님께서 가장 먼저 이야기하셨던 두 제자는 누구였는가?
　　　a. 베드로와 요한　　　　b. 안드레와 빌립
　　　c. 안드레와 베드로　　　d. 빌립과 나다나엘

13. 빌립, 안드레, 베드로 이 세 사람은 어느 마을 출신인가?
　　　a. 베다니　　　　　　　b. 베들레헴
　　　c. 베다브라　　　　　　d. 벳세다

14. 누구에 대해 예수님께서는 "보라 이는 참 이스라엘 사람이라 그 속에 간사한 것이 없도다" 라고 말씀하셨는가?
　　　a. 베드로　　　　　　　b. 나다나엘
　　　c. 빌립　　　　　　　　d. 안드레

15. 예수님께 "랍비여 당신은 하나님의 아들이시요 당신은 이스라엘의 임금이로소이다" 라고 말한 제자는 누구인가?
　　　a. 베드로　　　　　　　b. 나다나엘
　　　c. 빌립　　　　　　　　d. 안드레

협동 학습 문제 답안

1. a(1절)
2. b(4절)
3. d(7절)
4. a, b, c, d 모두
5. a, b, c, d 모두
6. d(18절)
7. a(19절)
8. c(23절)
9. a(28절)
10. a, b, c, d 모두
11. d(20-34절)
12. b(35-45절)
13. d(44절)
14. b(47절)
15. b(49절)

랜디가 세번째 준비해야 할 문서는 점수와 그룹이 어떻게 점수를 계산해야 하는지에 대한 해석을 담고 있어야 한다. 문제 풀이가 끝나고 난 후부터는 모든 것이 팀워크로 이루어진다. 누가 정답을 말했는지는 더 이상 문제가 되지 않는다. 그룹의 구성원들이 각자 대답한 것보다 더 나은 대답들을 할 수 있도록 어떻게 서로를 도와야 할 것인지를 찾아낸다. 그리고 협력적인 학습은 팀워크를 중시하며 경쟁을 피한다는 사실을 잊어서는 안 된다. 그룹 활동이 시작되면 전체가 일부를 합한 것보다 낫다라고 한 오래된 격언 하나가 적용된다. 사람들이 자기들이 공부한 주제에 대한 정보들을 풀어놓을 때 보통 개인적으로 할 수 있는 것보다 좋은 결과를 얻게 되거나 그룹으로 토의하기 전에 그들 각각의 결과를 모아 평균한 것보다 좋은 결과를 얻게 된다.

협동 학습에 따르는 한계

랜디가 자신이 고안한 체제를 실제로 활용할 때 어떤 어려움이 있으리라 예상되는가? 어떤 사람들이 불평을 할 것인가? 그런 협동적인 노력을 통해 얻게 되는 칭찬에 누군가 의의를 제기한다면 그 이유는 무엇인가?

교육에 대한 자세

많은 전문 교육자들은 학생 중심의 학습 방식을 좋아하지 않는다. 그들은 교사들이 항상 주목을 받는 상태를 선호한다. 그러나 이곳에서 제안하고 있는 방법은 학생들에게 초점을 맞추고 특별히 학생들의 협동적인 연합을 강조한다. 랜디의 성경 공부 그룹에는 전문 교육자들이 있을 수 있다. 혹은 랜디가 모든 정보들을 다 쏟아낼 것을 기대하며 그저 수동적으로 받아 마시는 학습 과정에 익숙해진 그룹원들도 있을 것이다. 협동 학습에서 실제로 교사는 학습 지시를 나누어준 다음에는 학생들의 학습 활동에서는 빠져나가게 된다. 물론 전략을 고안하고 중요한 단계를 형성하기 위한 지시 사항들을 만들어내는 일은 교사의 몫이며 따라서 그 누구도 교사의 역할이 중요하지 않다고 주장할 수 없다. 그러나 실제적인 학습 활동에서는 일반적으로 교사들에게 감독하는 일만이 요구된다.

학생들의 자세

협동 학습은 각 개인에게 주어지는 외적인 보상은 거의 없다. 이 과정은 '가장 중요한 선수'나 슈퍼스타 혹은 우등생 등을 만들어내지 않는다. 심지어는 각 개인의 점수조차 없다. 모든 것은 그룹이 함께 한 일에 초점이 맞추어진다. 점수나 트로피나 상장이나 별 모양의 스티커나 스마일 스티커 혹은 어떤 개인적인 인정이 주어지지 않기 때문에 학생들은 너무 많은 자치권이 그룹에 주어진다고 느낄 수도 있다. 그러나 그런 느낌은 성경적인 이해나 우리의 삶 속에서 일하시는 성령님의 사역에 기인한 것이라 할 수 없다. 우리의 야욕이 경쟁적인 교육을 불러왔고, 교육 체제 자체로 우리의 야욕이 너무나 자주 지지를 받아왔다. 앞에서 이미 언급했듯이 협동 학습이 팀의 성취를 강조하기 때문에 개인에게로 칭찬이 돌아가게 될 여지가 거의 없다. 협동 학습은 체스나 혹은 두 사람이 하는 게임이 아니라 팀을 이루어 하는 게임이다.

계획에 따르는 어려움

경쟁적인 교육 방식에 헌신된 교사들은 이런 유형의 학습 지시 사항들을 고안하고 그 내용들을 실행에 옮기는 일을 잘 하지 못할 수도 있다. 그들은 학생들이 받아들일 수 있는 잘 정리된 방식으로 정보를 제공해주는 후견인으로 인식되어왔다. 예를 들어 신학교의 교수는 많은 지식을 가지고 있기 때문에 학생들은 아무도 주어진 주제에 대한 교수의 전문성을 의심하지 않는다. 그러나 그들은 시험이나 평가에서 계속해서 낮은 점수를 얻게 되는데 그것은 시험에 대처하는 공식적인 지시를 해주는 교수가 거의 없기 때문이다. 더 나아가 학생들이 보는 시험은 경쟁을 강조한다.

이런 장벽들 중 해결되지 않을 것은 아무것도 없다. 랜디는 자세의 문제를 다룰 수 있고 효과적인 학습 지시를 만드는 것을 배울 수 있다. 그러나 시간이 걸릴 것이다. 그리고 모든 시도가 다 성공하지는 않을 것이다. 먼저 그는 자신이 성취하기 원하는 것과 그 이유를 정확하게 학생들에게 설명해주어야 한다.

협동 학습 고안 방식

협동 학습을 실행하는 데는 이 장 앞부분에서 이야기했던 비공식적인 신학생 그룹 활동으로부터 모든 공식적인 학습 지시들을 채택하는 매우 조직화된 교실에서의 학습에 이르기까지 수많은 방법들이 있다. 다음에 소개하는 것들 중 나는 첫번째 방식을 선호하지만 인내와 실천을 통해 랜디는 다음의 어느 방식이든 효과적으로 사용할 수 있다.

팀의 효율성을 고려한 계획

우리는 랜디의 요한복음 공부반에서 이미 이 방식에 대해 간단하게 살펴 보았다. 이 계획을 실행에 옮기기 위해 그는 다섯 단계를 거칠 필요가 있다.

첫째, 팀의 토의를 듣기 전에 먼저 학생들의 지식을 평가한다. 요한복음 1장의 경우 학생들은 모임에 오기 전에 미리 준비를 해와야 한다. 그런 다음 그룹으로 모이기 전 각 학생들이 무엇을 알고 있는지를 알아보아야 한다.

둘째, 시험을 준비하라. 시험은 복잡할 필요는 없다. 요한복음 1장에 대한 객관식 문제는 간단한 한 예가 될 수 있다. 랜디는 맞다, 틀리다로 대답하는 문제를 낼 수도 있지만 학생들이 알고 있는 것을 드러낼 수 있는 기회가 객관식의 경우보다 반으로 줄어들게 된다.

셋째, 최선의 답에 동의하기 위해 적절한 팀 조정을 하라. 팀 구성원들은 그들의 대답을 가지고 모여 랜디가 나누어준 답안지와 확인해보면서 어떤 문제에서 답이 다른지 그리고 그 이유는 무엇인지를 토의해야 한다. 그리고 각 팀 구성원은 자신의 답과 팀의 답을 비교하기 위해 다음에 주어진 샘플 용지를 작성하게 된다. 팀이 결정한 답이 따로 표시된 개인의 점수를 바꾸지는 않는다. 작성이 모두 끝나면 각 학생은 한 문제 대해 자신의 답과 그룹의 답 두 개를 갖게 된다. 물론 그 대답들은 같을 수도 있고 다를 수도 있다.

그룹과 개인의 선택을 비교할 수 있는 점수표 샘플은 오른쪽과 같다.

넷째, 그런 다음 그룹은 가장 적절한 답이 무엇인지를 토의한다. 각 개인과 팀의 노력을 평가한다. 주어진 문제에 대한 개인의 대답은 팀의 대답과 어떻게 다른가? 더 나은가? 아니면 그렇지 못한가? 궁극적인 목표는 그룹 안에서 동료들이 서로에게 주는 도움 때문에 얼마나 많은 학습이 이루어졌는지를 확인하는 것이다.

다섯째, 팀은 과정을 평가한다. 이 시점에서는 대답은 더 이상 문제가 되지 않는다. 그보다는 과정과 구성과 사용된 도구에 대해 관심이 집중된다.

협동 학습 그룹의 점수표

	개인의 선택				그룹의 선택
1.	a	b	c	d	
2.	a	b	c	d	
3.	a	b	c	d	
4.	a	b	c	d	
5.	a	b	c	d	
6.	a	b	c	d	
7.	a	b	c	d	
8.	a	b	c	d	
9.	a	b	c	d	
10.	a	b	c	d	
11.	a	b	c	d	
12.	a	b	c	d	
13.	a	b	c	d	
14.	a	b	c	d	
15.	a	b	c	d	

점 수 _____   그룹 점수 _____

(%) 높음 / 낮음 _____

잠시 후에 점수를 해석하는 일로 돌아가게 될 것이다. 그러나 그 전에 다른 계획들에 대해서도 간단히 살펴보도록 하자.

팀 구성원들이 가르치는 계획

이 방식은 내가 신학원에서 콜라와 팝콘을 먹으며 했던 모임을 설명해준다. 팀의 각 구성원은 맡은 한 특정한 부분을 습득해서 그 내용을 다른 사람들에게 가르친다. 그런 다음 팀은 모든 분야에 대한 그룹의 지식과 이해도를 평가한다. 모든 경우 팀 구성원들은 최선을 다해 서로를 도우려 한다. 이 특별한 계획은 경험이 많은 다양한 전문가들이 속해 있는 성인 그룹에서 매우 손쉽게 활용될 수 있다. 개인 전도를 특별히 효과적으로 잘 하는 사람은 그룹 원들이 전도를 잘 이해할 수 있도록 도와줄 수 있다. 가정 성경 공부를 특별히 효과적으로 잘 인도하는 사람은 어떻게 그 일을 가장 잘 할 수 있는지를 그룹원들이 이해할 수 있도록 도와줄 수 있다.

발표와 평가로 이루어진 계획

이 방식에서는 팀이 특정한 과업에 대한 효율성을 측정하는 기준을 고안한다. 요한복음에 대한 공부를 마치고 랜디의 반이 그 도시의 반대편에서 새로운 반을 개설하기 위한 기초 작업을 하기로 했다고 가정해보자. 랜디나 다른 전문인 지도자가 반을 주도하는 것보다 그룹의 협동으로 이루어지는 프로젝트로 할 것이다. 그들은 먼저 새로운 반에서 어떤 일이 일어나게 되기를 바라는지 결정하고 난 다음, 각 구성원들이 그 목표를 달성하고 기준에 맞도록 어떻게 일할 것인지를 정해야 한다.

입장을 규명하기 위한 계획

기본적으로 이 방식은 정서적인 학습을 중심으로 한다. 그룹원들은 일종의 도구들(성경 시험을 고안하는 것보다는 상당히 더 어려운)을 통해 자신들의 자세를 평가한 다음 모여 측정표 상에 나타난 결과를 확인하고 토의한다. 다시 말해서 논쟁의 여지가 있는 어떤 주제들에 대해 다른 방식으로 생각하도록 서로를 돕는다. 이 방식은 교리, 그리스도인 생활 혹은 다양한 사회적 이슈들을 다루는 모임에서 잘 사용될 수 있다.

과정에 대한 평가

팀 효율성 계획 모델의 다섯번째 단계는 계획이나 도구들이 적절한지를 결정하는 데 도움을 주어야 하기 때문에 부연 설명을 필요로 한다. 팀이 득실을 토의할 때 팀과 각 개인의 점수를 해석하는 데 지침이 될 몇 가지 원리들은 다음과 같다.

1. 팀의 점수가 평균적인 개인의 점수보다 훨씬 뒤지는 실제적인 손실은 그룹 토의의 성과가 없었음을 말해준다. 토의 과정 속에서 그룹의 자원을 충분하게 사용하지 못했기 때문이다. 팀의 점수가 개인의 점수와 비슷하거나 조금 낮은 경우는 토의 과정 속에서 가장 잘 알지 못하는 사람이 가장 큰 영향을 미쳤다는 결론을 내릴 수 있을 것이다.
2. 약간의 득실은 토의를 통해 좋은 답을 찾아내는 데 실질적인 도움이 되지도 않았고 그렇다고 크게 해가 된 것도 아님을 말해준다. 그러나 이런 상황은 비록 결과적으로 진보는 없었다 할지라도 그 과정 자체는 가치 있는 것이 될 수 있다.
3. 팀의 점수가 각 개인의 평균 점수보다 높은 경우는 토의가 도움이 되었지만 그룹의 자원들이 다 사용되지 않은 채 남아 있음을 말해준다. 도구에 항상 문제가 있기 때문만은 아니다. 그룹원들이 사용 가능한 지식을 활용하는 방법에 문제가 있을 수도 있다.
4. 팀의 점수가 가장 높은 개인 점수보다 더 높은 경우는 그룹원 각각의 부분적인 지식들이 모여 전체적으로 효과적인 이해를 할 수 있었음을 보여주는 것으로 협력적인 학습의 긍정적인 결과로 생각될 수 있다.

이 모든 일에서 랜디의 반은 학습의 효율성과 상호 교류의 질에 대해 토의

하게 될 것이다. 다시 말해서 그들은 결과뿐 아니라 과정까지도 평가하게 될 것이다. 때때로 가장 높은 팀의 성적이 너무나 월등해서 사람들은 그룹이 함께 획득한 것을 개인이 혼자서는(혹은 두세 명은) 결코 획득할 수 없다는 사실을 곧바로 보게 되기도 한다.

종종 그룹원들은 교사가 제시한 정답에 이의를 제기할 수도 있다. 그러나 문제될 것은 없다. 그런 토의는 권위를 내세우지 않는 방법으로 해결되어야 하며 그 누구도 그 답안이 그대로 받아들여져야 한다고 주장해서는 안 된다. 협동 학습 그룹의 정답과 그 논리성은 고안자가 그 특정한 도구를 활용하는 최선의 논증이었을 것이라 생각한다.³

랜디와 경쟁적인 학습에서 협동적인 학습으로 옮겨가기를 원하는 독자들을 위한 마지막 제안은 훨씬 더 시간이 많이 걸린다는 사실이다. 강의에 비교되는 그룹 교수 방법에 대해 이미 알고 있을 것이다. 그리고 많은 교사들이 그 이유 때문만으로 그룹을 사용하지는 않을 거라고 말할 것이다. 그러나 랜디는 학습의 양보다는 학습의 질에 보다 관심이 있기 때문에 그리고 결과뿐 아니라 과정도 중요하다고 생각하기 때문에, 또는 사람들이 순수한 코이노니아('교제')의 정신으로 함께 일하게 되는 것을 배우기 바라기 때문에 협동 학습이 그에게는 최선의 선택이 될 수 있다.

| 제 23 장 |

식탁 차리기

성인들이 지식과 지혜에서 자라갈 뿐 아니라 효과적으로 주님을 섬길 수 있도록
돕기 위해 형식을 갖춘 교육과 비형식적인 학습을 최대한 활용할 수 있는
성인 목회 프로그램을 어떻게 고안할 수 있을 것인가?

● 잰은 교회 사역의 새로운 국면을 맞이하게 되었다. 그녀는 교회의 성인 목회 위원회에서 섬겨달라는 제안을 받았다. 가까운 대학에서 영어를 가르치는 그녀는 그 중요한 위원회에서 흥미로운 의견들을 제시하게 될 것이다. 그녀는 34세로 결혼을 하지 않은 독신이며, 박사 학위 과정을 마쳤다. 비록 성인 교육에 관한 공식적인 훈련을 받은 적은 없지만 그녀의 생활은 온통 성인 교육으로 둘러싸여 있었다.

잰은 교회와 나라가 안고 있는 교육적인 문제들을 누구보다 잘 인식하고 있다. 그녀가 가르치는 대학에서 그녀는 기본적인 독서 기술도 습득하지 못한 학생들을 다루어야 한다. 미국 대학 신입생들의 30퍼센트 이상이 중학교 1학년 정도의 독서 수준이고, 수많은 학생들이 초등학교 4학년 수준에 머무르고 있기 때문이다. 그녀가 다니는 교회는 대부분의 연령층을 위한 기독교 교육 프로그램을 유지하고 있지만, 잰은 전교단적으로 주일 성경 공부 모임에 참석하는 사람들이 일반적으로 줄어들고 있으며, 미국인의 20퍼센트에 달하는 사람들은 그 어떤 종교적인 교육도 받지 않고 있다는 사실을 잘 인식하고 있다. 성인 목회 위원회가 정말로 성인 목회, 특별히 교회 내에서의 성인 교육을 발전시켜나가기 원한다면 그녀는 자신이 할 수 있는 한 최선을

다해 도울 준비가 되어 있다.

성인 교육과 지속적인 교육

잰이 곧바로 도울 수 있는 부분이 있다. 성인 교육을 처음으로 맡게 되는 대부분의 사람들처럼 사역 위원회의 많은 사람들이 교육 분야에서 일반적으로 사용되는 용어들에 혼란을 일으키고 있다. 잰은 초등학교 학생들을 모두 포함한 아이들의 수보다 교육 활동에 참여하고 있는 성인의 수가 더 많다는 내용을 자주 들어왔다. 그 교육은 교회에서의 그룹 성경 공부로부터 시작해서 잰이 가르치는 학교에서 한 달에 한 번씩 실시하는 사진반에 이르기까지 대부분이 비공식적이다. 그러나 성인 교육과 지속적인 교육에는 몇 가지 차이가 있다.

학위

지속적인 교육은 계속되는 전문적인 훈련을 의미한다. 그 한 예는 목사들을 위한 사역 프로그램 학위다. 그러나 지속적인 교육은 반드시 학점을 이수해야 할 필요는 없다. 잰이 다니는 교회의 목사는 학위 대신 지속적인 교육 단위 학점을 얻기 위해서 신학대학원에서 공부를 할 수 있다. 반대로 성인 교육은 일반적으로 사람들이 어떤 분야에서든 자신들이 원하는 정보를 얻기 위해 교육 과정에 참여하는 '평범한 사람들'을 위한 것이며 전문적인 경쟁력을 높일 필요는 없다. 이 사실은 우리에게 다음의 두번째 정의로 인도한다.

조직화된 지시

학위는 때로 사회 경제적 특권층의 영역이 되곤 한다. 그것은 그 과정에 따르는 비용뿐 아니라 추가적인 공식적 교육을 받을 수 있거나 혹은 그런 교육이 요구하는 일이기 때문이다. 조직화된 지시는 분명히 학위를 얻기 위한 프로그램을 설명하는 것이다. 그러나 그것은 지속적인 교육뿐 아니라 성인 교육을 의미하는 뜻으로 넓게 사용될 수도 있다. 여기서 중요한 관심사는 수업에 참여하기 위한 기회와 동기를 가진 사람들이다. 잰의 교회는 장래를 내다보며 계획된 일종의 학위를 이수해야 하는 성경 학교를 시작할 생각을 하고 있다. 그 정도에 이르게 되면 교회에서의 성인 교육은 공식적인 교육으로 보여질 수 있으며 사람들의 참여도는 학습자의 관심과 동기에 따라 달라진다.

최근 잰의 대학 교수회에서 학장은 켈러(J. M. Keller)와 코프(T. Kopp)가 개발한 한 연구를 소개했는데 잰은 그 연구가 교회의 사역 위원회가 성인 교육 프로그램을 계획하는 데 도움이 될 것이라는 생각을 하고 있다.[1] 학자들은 그것을 ARCS 모델이라 불렀는데 그것은 성인 학습에 없어서는 안 될 주의(attention), 관련성(relevance), 확신(confidence), 만족(satisfaction) 이 4가지 요소의 첫 글자를 따서 만든 문자이다. 사역 위원회는 그 연구로부터 유익을 얻기 위해 그 자세한 기술적인 부분들을 다 알아야 할 필요는 없다. 다음의 〈도표 5〉는 잰이 사역 위원회 첫 모임에 가지고 가서 나누어줄 자료이다.

켈러와 코프는 이 요소들 각각이 학습을 증진시키는 데 도움이 되는 것을 확인했다. 그러므로 이 전략들은 남녀 노소 모든 성인들에게 동기를 부여해 주는, 보다 관심을 끄는 지시 사항을 만드는 데 도움이 되어야 한다.[2]

만일 잰의 위원회가 켈러와 코프의 모델을 진지하게 받아들이기로 한다면 그들은 곧 성인 목회 프로그램이 형식적인 강의실의 범위를 벗어나 훨씬 확대되어야 한다는 사실을 보게 될 것이다. 자발적인 학습에는 독서와 교육적인 TV 프로그램이나 비디오 테이프의 시청과 비형식적인 토의 그룹에의 참여와 지식과 기술을 증대시켜주는 다른 많은 방법들이 포함된다. 교회는 다양한 층의 성인들을 섬기기 때문에 고등학교를 갓 졸업하고 교육 프로그램에 참여하는 사람들뿐 아니라 상당한 교육적인 전문성을 지닌 사람들도 (잰과 같이) 그 대상으로 삼아야 한다.

학위의 문제는 제쳐두고 성인 교육 위원회는 성인들이 지식과 지혜에서 자라갈 뿐 아니라 효과적으로 주님을 섬길 수 있도록 돕기 위해 형식을 갖춘 교육과 비형식적인 학습을 최대한 활용할 수 있는 성인 목회 프로그램을 어떻게 고안할 수 있을 것인가? 이 문제에 대해 이 책, 특별히 이번 장에서 알아보려고 한다.

성인 학습의 기본적인 요소들 도표 5

A. 지시 사항은 성인들의 관심과 주의를 끌 수 있도록 고안되고 전달되어야 함으로
 1. 새롭고, 예측할 수 없으며 개인적인 요소들을 사용해 호기심을 불러일으켜야 한다.
 2. 모순과 질문과 유추를 사용해 호기심을 증대시키도록 해야 한다.

B. 지시 사항은 성인들에게 관련된 내용으로 고안되고 전달되어야 함으로
 1. 학습자들이 바로 사용할 수 있어야 하고
 2. 학습의 유익을 분명하게 드러내주며
 3. 학습자의 기대와 목표를 다루어주고
 4. 높은 수준의 탁월성을 추구할 수 있는 기회를 제공해줄 수 있어야 한다.

C. 지시 사항은 성인들의 확신을 증진시킬 수 있도록 고안되고 전달되어야 함으로
 1. 위험 부담이 낮은 편안한 분위기를 유지하고
 2. 학습자들이 성공과 노력을 연결시키도록 도와줄 수 있어야 한다.

D. 지시 사항은 성인 학습자들이 만족할 수 있도록 고안되고 전달되어야 함으로
 1. 새로 습득한 지식과 기술을 실제 상황 속에서 실천해보면서 확인하고
 2. 학습자들의 프로젝트와 새로운 기술을 나누고 토의할 수 있게 하며
 3. 위협과 감시 그리고 다른 부정적인 영향들을 제거해줄 수 있어야 한다.

성인 교육을 보여주는 나무

뿌리

복음주의 교회의 성인 교육의 기초가 되는 성경적이며 신학적인 기초들이 교육 프로그램 체제의 뿌리를 형성한다. 우리는 이 내용을 앞에서 도서 2장의 분석에서뿐 아니라 교육 주기를 통해서도 이미 살펴보았다. 성인 목회 위원회는 성경의 관점으로 본 성인들의 필요를 이해해야 한다. 교회 사역을 기초로 설정된 목적들은 프로그램을 개발하고 추진하는 지침을 세우는 데 도움이 된다. 성경과 진단된 필요와 느끼는 필요 둘 다에 대한 인식에 뿌리를 견고히 박지 않은 나무는 잘 자라지 못하게 될 것이다.

도식 12 **성인 교육을 보여주는 나무**

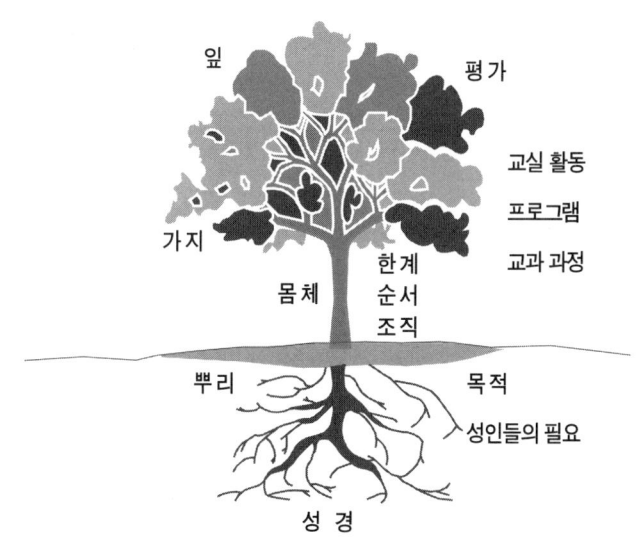

23장 식탁 차리기 · 313

몸체

모든 교육 프로그램은 일종의 조직을 필요로 한다. 지상 위로 올라간 나무의 몸체는 교과 과정(다음 장에서 다루게 될), 특히 일반적인 조직과 순서를 의미한다. 진지한 학습 분위기 속에서 목적에 대한 강조와 같은 몇 가지의 특징들이 나타난다. 성인 교육은 우연히 이루어지는 것이 아니라 의도적으로 이루어가야 한다. 순서나 프로그램은 연결성과 조직성 그리고 다양한 프로그램 요소들의 관련성 등과 관계가 있다. 어떻게 서로 잘 조합될 것인가? 어떻게 중복을 피할 것인가? 한 과는 어떤 과를 기초로 할 것인가? 연령별 그룹의 개발적 과업에 중점을 두려면 어떻게 해야 할 것인가?

그 다음은 한계를 정하는 것이 중요하다. 교육 프로그램은 처음과 끝이 있어야 한다는 뜻이다. 너무 많은 성인 목회가 성인들의 진정한 필요를 채워주기 위해 시작되었다가 그 유용성을 잃어버린 후에도 계속되고 있다. 교육 프로그램은 결혼이 아니다. 진부화를 막는 일종의 내장된 보호 장치가 있어야 한다.

가지

교과 과정은 교육 자료와 보조 자료 등과 같이 나무의 보이는 부분이지만 또한 학습의 일반적인 범위와 연결 순서가 되기도 한다. 교과 과정은 프로그램 전체에 퍼져 있지만 우리가 사용하는 용어와 같이 프로그램의 실제적인 구조를 이룬다.

구체적인 예가 도움이 될 것이다. '가족 모임 일정'은 거의 매일 밤 활동을 하는 것보다 일주일에 2-3일에 걸쳐 이루어지도록 프로그램의 범위를 좁힐 수 있다. 그 프로그램들을 주중의 다른 날이나 밤으로 옮기고 다른 연령별 그룹 사역과 나란히 병행해 쌓아가도 교회가 무너지지는 않는다. 융통성과 적응성이 가족 중심 프로그램을 개발하는 데 중요한 열쇠가 된다.

필요를 기초로 한 목표들로부터 나오는 프로그램을 개발하기 위해 교회 지도자들은 성인 목회의 가지가 어느 방향으로 뻗어나갈 것인지를 구체적으로 보는 것이 필요하다. 물론 공간이 한 요인이 된다. 그리고 성인 목회 위원회는 사역을 청소년 성경 공부, 성가대 연습, 교회의 여러 다양한 사역들과 외부 활동들과 균형을 이루도록 해야 할 것이다. 어려운 일들이 앞에 놓여 있지만 그들은 많은 교회들이 약간의 창의적인 사고로 불필요하게 많은 활동들과 모임들을 진행하고 있다는 사실을 보아왔다.

잎

프로그램이 시작될 때까지 성인 목회 위원회의 일은 끝나지 않을 것이다. 적어도 1년에 한 번씩 그들은 사역이 어떻게 증진되고, 조정되며, 또 제거될 수 있는지를 보기 위해 사역을 평가해야 할 필요가 있다. 그들의 평가는 전반적인 프로그램과 구체적인 각각의 사역 프로그램들을 위한 목표를 기초로 이루어진다. 그들은 또 처음에 프로그램을 조직하기 위해 사용했던 일반적인 설문 조사와 관련된 평가서(도표 6)를 개발했다. 평가서는 10가지 항목으로 구성되어 있으며 각 항목은 1에서 10까지의 점수로 표시된다. 두 주에 걸친 주일 예배 시간에 이 평가서를 배포했고 거의 75퍼센트의 반응을 얻었으며, 그 결과는 의미 있는 성인 교육 프로그램을 계획하는 데 상당히 좋은 기초를 제공해주었다.

성인 목회 프로그램의 기본 요소들

사역 위원회의 모임이 몇 차례 있은 후 프로그램의 평가 기준의 문제가 대두되었다. 모든 가능한 성인 목회를 추진할 수 있는 교회는 없다. 또 그 어떤 교회도 그런 시도를 해서는 안 된다. 교회의 크기가 중요한 요소가 된다. 그러나 목표보다 더 중요하지는 않다. 인력(섬길 수 있고 섬기려고 하는 사람들의 수) 역시 중요한 위치를 차지하지만 필요만큼 중요하지는 않다. 선정된 기준을 적용하면서 위원회는 다섯 가지의 성인 목회에 초점을 맞추기로 결정했다. 그리고 1년 동안 관찰한 다음 재조정하게 될 것을 기대한다. 그때 아마도 다른 요소들이 추가될 수도 있을 것이다. 그러나 지금은 이 5가지 사역을 잘 할 수 있기를 바란다.

성인 목회 평가서 [도표 6]

1. 하나님을 섬길 수 있도록 교회가 은사와 재능을 개발할 수 있도록 도와주길 바란다.
   1 2 3 4 5 6 7 8 9 10

2. 직장 생활 속에서 일어나는 갈등들을 해결할 수 있도록 교회가 도와주길 바란다.
   1 2 3 4 5 6 7 8 9 10

3. 절제와 훈련, 인내, 가족 간의 관계, 가족 시간 등을 중심으로 보다 효과적인 부모가 되기 위한 공부를 할 수 있는 기회를 갖고 싶다.
   1 2 3 4 5 6 7 8 9 10

4. 성경 공부를 보다 깊이 할 수 있는 기회들을 교회가 더 제공해주어야 한다고 생각한다.
   1 2 3 4 5 6 7 8 9 10

5. 그리스도인으로서의 자신의 현재 생활을 스스로 평가한다면 몇 점이나 된다고 생각하는가?
   1 2 3 4 5 6 7 8 9 10

6. 전도, 이웃과의 관계, 세속적인 문화에 대한 이해 등 보다 실제적인 그리스도인의 사역 이슈들을 다룰 수 있는 성경 공부반이나 그룹 활동이 활성화되도록 교회가 도와야 한다고 생각한다.
   1 2 3 4 5 6 7 8 9 10

7. 주일 예배 외에 성인 학습 그룹에 참석하기에 개인적으로 가장 좋은 시간은 언제인가?

   a. 주일 성경 공부 시간
   1 2 3 4 5 6 7 8 9 10

   b. 주일 저녁 시간
   1 2 3 4 5 6 7 8 9 10

   c. 주중 저녁 시간
   1 2 3 4 5 6 7 8 9 10

8. 성경 공부 그룹을 인도하거나 다른 사람이 인도하는 것을 기꺼이 돕기 원한다.
   1 2 3 4 5 6 7 8 9 10

9. 성인 학습 모임에서 가르치는 일을 할 수 있고 기꺼이 할 것이다.
   1 2 3 4 5 6 7 8 9 10

10. 현재 교회가 진행하고 있는 성인 교육 구조가 적절해 보이며 나의 필요를 채워주고 있다고 생각한다.
    1 2 3 4 5 6 7 8 9 10

이 평가서는 당신이 계획하는 평가서와 다를 수 있지만, 성인 목회 위원회가 계획을 추진하면서 다루어야 할 기본적인 질문들을 포함하고 있다.

성인 성경 공부반

사역 위원회는 사역의 기본적인 구조는 예전과 같겠지만 그 이름을 달리 해볼 생각을 하고 있다. 그리고 새로운 프로그램에는 성인들을 가르치는 교사들을 훈련하는 내용이 보다 많이 포함될 것이다. 교회는 전통적인 혹은 연령별 그룹으로 시작될 것이지만 성경의 실제적인 혹은 해석적인 부분이 돌아가면서 선택된 하나의 시리즈를 포함하게 될 것이다.

변화의 이유를 보게 될 때까지 위원회는 성인 성경 공부반을 성인 목회의 가장 중요한 사역으로 계속할 것이다. 해럴드 웨스팅은 "효과적인 성인 성경 공부반의 성장은 우연히 이루어지지 않으며 경건하고 역동적인 지도자를 요한다. 지도자가 이런 원리들과 조직들을 적용하고 창의적인 감독을 할 때 성인 부서는 급속하게 그 효율성을 더할 수 있다. 하나님께서 은사를 가진 사람들에게 가르치게 하시듯이 은사를 가진 사람들을 지도자로 사용하신다. 두 은사는 모두 성인 교육에 적용될 수 있다. 영적인 성장이 성인 성경 공부 반을 통해 일어날 수 있다. 성인 성경 공부반은 교회가 할 수 있는 모든 노력과 시간을 기울일 가치가 있는 사역이다."[3]

소그룹

잰은 목사가 가르치는 성경 공부를 통해 상당히 성숙할 수 있었을 뿐 아니라 교회의 독신 그룹을 통해 많은 유익을 얻을 수 있었다. 그녀는 대학에 다닐 때부터 참석하기 시작했고 지금은 독신 그룹의 대표로 섬기고 있다. 그녀의 관점으로 볼 때 공식적인 소그룹은 성인 교육 사역의 초석이 될 수 있다. 성인 교육에 있어서 교제는 너무 중요하기 때문에 성경을 연구하고 관계를 개발할 수 있는 자리를 마련해주는 일이 기본적인 요소가 된다.

주일 저녁 예배는 완전히 재구성되었고 전에 하던 것과 비교하면 아주 자유스러워졌지만 참석하는 사람들의 수는 계속 줄고 있다. 장로들은 성인 목회 위원회에게 내년 안에 저녁 예배를 대신할 소그룹 모임 체제를 제안해달라는 요청을 했다. 위원회는 또 아침 식사 시간이나 점심 시간을 중심으로 남자들의 모임과 여자들의 모임을 각각 구성하는 일을 고려하고 있다. 또 다시 목적과 필요들이 중심이 된다. 그들은 각각의 소그룹을 통해 어떤 일들이 이루어지기 원하는지를 정확하게 규정해야 할 것이다. 성인 목회 프로그램의 모든 면이 다 성경 공부를 중심으로 해야 하는 것은 아니다. 고려해야 할 다른 요소들도 있다.

존이 다니는 교회는 몇 년 동안 지역적으로 구분된 소그룹을 주일 저녁 프로그램으로 진행해왔다. 교회는 주일 오전에 교제와 관계를 세우는 활동을 하기에 너무 컸기 때문에 저녁 그룹 모임들이 그런 필요들에 초점을 맞추어 진행되기를 바랐다. 이 경우 교회의 크기가 중요한 요소가 되었다. 작은 교회들은 교회 자체가 관계적인 역동성을 가지고 있기 때문이다.

교제를 위한 활동들

'다른 필요들'을 이야기하다 보면 거의 대부분의 교회들이 교제의 필요를 가장 크게 떠올린다. 사도행전 앞부분을 읽으면서 우리는 초대 교회가 자주 모였던 것이 얼마나 중요한 일이었는지를 볼 수 있다. 스탄 올슨(Stan Olsen)은 "훌륭한 성인 프로그램은 레크리에이션과 세대 간의 상호 교류, 문화적 경험, 가정 프로그램 등을 할 수 있는 다양한 활동을 제시해줄 수 있도록 계획된다"라고 말했다. 그는 또 교회들이 적어도 "200명의 성인을 단위로 하나의 교제 활동이 이루어지도록 해야 한다. 이것은 200명이 늘어날 때마다 추가적인 교제 활동을 하나씩 더해야 한다는 것을 의미한다. 모든 성인 프로그램은 해마다 두 개의 모든 성도들이 참여하는 교제 활동을 해야 한다"라고 제안했다.[4]

영적 멘토링

어떤 사람들은 제자 훈련이란 용어를 대신 사용할 수도 있을 것이다. 그러나 나는 성인 성경 공부반이나 소그룹에서 제자 훈련이 상당히 규칙적으로 이루어지고 있다고 본다. 사실상 신약 성경이 말하는 제자 훈련의 개념은 일대일 방식보다는 소그룹을 계속해서 강조하고 있다. 교회의 장로들과 함께 성인 목회 위원회는 성숙한 그리스도인과 어린 그리스도인을 연결시켜 주려 노력하고 있다. 그들은 이 일이 멘토가 될 사람이 멘토의 역할을 원하고 그 과정을 감당할 수 있을 때 그리고 멘토의 도움을 받게 될 사람이 참여하기를 원할 때만이 가능하다는 것을 알고 있다.

교회는 이 프로그램의 초기 단계를 위한 구체적인 목표들을 설정했다. 그것은 새로운 지도자들과 교사들을 선발하고 훈련하는 일이었다. 교회는 장로들과 집사들의 모임이 있다. 그리고 종종 지도자층이 상당히 얇게 펼쳐져 있다. 더 나아가 많은 젊은 남자들은 30-40년 전에는 상당히 일반적이었던 것처럼 보이는 그런 강한 기독교적 배경을 가지고 있지 않다. 새로운 장로 훈련 프로그램은 미래의 장로회를 내다보며 개발하는 데 초점을 두게 될 것이다.

정보 자료들

앞에서 다룬 자발적인 학습은 사람들이 원하는 정보들을 구할 수 있는 곳을 요구한다. 아마도 가장 분명하게 자료를 구할 수 있는 곳은 교회 도서관이 될 것이다. 자발적인 학습은 성인 교육에 속하기 때문에 장로들은 도서관의 장비와 소유물들이 성인 교육 프로그램의 다른 요소들과 서로 보완될 수 있도록 성인 목회 위원회의 감독 하에 교회 사서를 두기로 결정했다. 이 부분 역시 잰이 곧바로 도움을 줄 수 있는 영역이다. 대학 교수로서의 그녀의 일은 책의 분량이 중요한 문제가 아니라는 사실을 거듭 보여주었다. 책의 질과 구하기 손쉬운 정도가 훨씬 더 중요하다. 위원회는 도서관이 어떻게 하면 사용자들에게 친근감을 주고 성인들의 필요와 관심과 잘 조화를 이룰 수 있는지를 알아내야 했다.

사역의 전기

누가는 초대 교회의 관용을 보여주고 싶어하면서 먼저 나눔이 이루어지는 교회의 사역을 묘사하고 나서 바나바를 그 한 예로 들었다(행·4장). 사역 프로그램을 위해 그 패턴을 따르도록 해보자. 앞에서 언급한 멘토링 프로그램을 예로 들어 많은 교회 사역들에서 일반적으로 나타나는 다양한 주기들을 따라가볼 수 있다. 로렌트 달로즈(Laurent Daloz)는 성인 목회에서 섬겨주기를 바라는 사람들에 대해 다음과 같이 묘사했다. "전통적인 학생들과는 달리 이 사람들은 미래의 지도자가 될 사람들이다. 그들은 지금 이곳의 실제 세상 속에 밀접하게 관련되어 있다. 그들은 말 그대로 우리의 이웃이다. 그들은 가정과 일터와 학교에서 우리에게 오고 그리고 다시 돌아간다. 그들이 배우는 것은 그들의 가정과 이웃과 사회와 직접적인 관계를 맺게 되고 적용하게 된다. 더구나 그들 중 많은 사람들은 오늘날의 노동력과 산업계와 학계와 군대에서 중요한 의사 결정을 내리는 위치를 차지하고 있다. 그들과 함께 우리는 기다릴 필요가 없다. 우리는 지금 시작할 수 있다."[5] 달로즈는 고학력자들에 대해 이야기하고 있기는 하지만 그 내용은 잰의 교회가 멘토링 프로그램을 통해 하고자 하는 일들을 적절하게 묘사해주고 있다. 그 내용을 따라가보도록 하자.

이상

대부분의 목사들은 멘토링에 대해 많이 생각하고 또 많은 사람들이 실제로 공식적으로 그리고 많은 경우 비공식적으로 행하고 있다. 이 특별한 경우 기독교 교육을 위한 부목사인 스티븐이 구체적인 지도자 멘토링 프로그램을 제안했다. 그 이유는 그 자신이 자주 지도자를 바꾸려 하며 지도자층이 희박하다는 사실을 거듭 보게 되기 때문이었다. 그의 교회는 새로 시작되는 사역을 맡거나 다양한 이유 때문에 자리를 옮긴 지도자들을 대신 해야 할 지도자들이 - 장로, 집사, 주일학교 교사, 소그룹 리더, 위원회 회원 등 - 한 해에 10-20명이 필요했다. 그의 생각을 담임 목사와 상의한 후 스티븐은 그 내용을 성인 목회 위원회에 제시했다.

목표

모든 사역은 그 사역을 통해 무엇을 얻고자 하는지를 분명히 알고 있어야 한다. 이 예에서 그것은 분명해 보인다. 영적으로 성숙하고 유능하며 교회의 다양한 사역에 기꺼이 참여하려는 지도자를 배출하는 것이다. 멘토링 상황은 다양할 것이다. 장로가 되기 위해 준비하는 일은 주일 학교 교사가 되기 위해 준비하는 일과는 다를 것이다. 그러나 일반적인 목표는 같다.

실행 가능성

어느 교회나 내년에 20명의 새로운 지도자를 배출하게 될 것이다라고 말할 수는 있다. 그러나 아마도 어떤 교회들은 짚 없이 벽돌을 구우려고 하는 것과 다름없다는 사실을 발견하게 될 것이다. 실행 가능성은 많은 중요한 세부 사항들을 고려할 것을 요구한다. 자원은 있는가? 그 일을 할 수 있을 것인가? 그 일을 하려는 사람들이 있는가? 그들은 그 일을 꿰뚫어볼 수 있는 능력을 지니고 있는가? 현재의 장로와 집사들 중 몇 사람이나 실제로 한 해 동안 좋은 결과를 가져올 잠재력을 지닌 장래의 지도자를 돕는 멘토의 역할을 할 수 있는가?

인력

실행 가능성 속에 인력의 문제를 포함시킬 수 있을 것이다. 그러나 너무나 중요한 문제이기 때문에 나는 개별적으로 다루고 싶다. 이상을 가지고 목표를 설정하고 가능성을 내다보게 되면 우리는 누가 그 일을 할 것인지를 묻지 않을 수 없다. 교사가 될 사람들을 멘토링하는 경우 본을 보여주는 일이 전프로그램의 효율성을 결정하는 가장 중요한 요소가 될 수 있다. 브래드 스티크(Brad Stych)는 우리에게 "많은 성인 교육자들이 교육 과정의 방법들을 다른 요소들과 격리시키는 경향이 있다. 이런 경향은 특정한 방법을 사용하는 것이 다른 방법을 사용하는 것보다 유익하다는 것을 말해주는 목표들을 가지고 있을 때 특히 해롭다. 따라서 학습 진보를 향상시키기 위해 방법과 목표가 잘 맞는 짝을 이루어야 한다."[6]

일정

전국적으로 이야기되는 가장 심각한 질문 중의 하나가 교회에서의 지도자 훈련을 위한 최선의 일정과 관계된 것이다. 공식적인 수업을 통해서가 아니라 멘토링을 통해 지도자를 훈련할 경우 좀 더 문제가 복잡해지는데 그 이유는 전자의 경우 양편의 일정 조정만이 요구되기 때문이다. 그러나 성인 목회 위원회는 그 어느 것도 그저 운수에 맡기려 하지 않는다. 새로운 멘토링 프로그램을 발표할 때 그들은 모든 계획이 잘 정렬되어 있기를 바랐다. 더 나아가 일정 조정은 그 외에 다른 사역 면에서는 더 중요한 문제가 된다.

실행

새로운 사역이 언제 시작될 것인가? 지금까지 열거한 모든 것들은 무대 뒤에서 계속될 수 있다. 그러나 수업이 시작되는 날 혹은 새로운 교제 그룹이 시작되는 날이 온다. 시기가 중요하다. 어떤 프로그램들은 적절하지 않은 때에 - 너무 늦었거나 너무 빨리 - 시작되었기 때문에 어려움을 겪다가 흐지부지 없어져버리기도 한다. 그러나 시기만이 실행에 따르는 문제가 되는 것은 아니다. 새로운 프로그램을 주도하는 방식 역시 프로그램의 건강에 영향을 미칠 수 있다.

통합

젠의 성인 목회 위원회는 성인 목회의 모든 국면에 대해 "이 부분은 전체 그림과 어떻게 조화를 이루는가?"라는 질문을 해야 할 것이다. 각 학습 활동은 주어진 그룹 혹은 반 안에서 이루어지는 다른 학습 활동들과 관계를 맺고 있다. 그리고 각 그룹 혹은 반은 전체적인 성인 목회의 틀과 조화를 이루어야 한다. 위원회는 각 조각들을 적절하게 연결해야 하며 그렇지 않으면 의도한 그림이 찌그러지는 퀼트를 꿰매고 있는 것이다. 젠과 그녀의 친구들은 개인적인 멘토링으로부터 도서관 감독에 이르기까지 모든 활동이 성인 목회에 관련된 전체적인 그림과 조화를 이루게 할 책임을 안고 있다. 조정과 상호 관계가 전체적인 프로그램 속에 들어 있어야 하며 그렇지 않으면 관계없는 항목들과 조각난 제시들로 구성된 한 세트에 불과하게 보일 것이다. 교회들이 다른 프로그램 지도자들이 무슨 일을 하고 있는지 알지 못하고, 다른 그룹과 일정이 겹쳐지는 상황이 벌어지고 있는 것을 모를 때 교육의 통합이 이루어지지 않아 고통을 당한다.

평가

앞에서 살펴본 대로 젠과 그녀의 동료들은 새로운 프로그램이 시작될 때까지는 결코 일을 마친 것이 아니다. 그들은 그 활동을 지켜보고 진행해나가는 동안 필요한 조정을 해야 한다. 성경 공부반의 교육의 질과 진행되는 멘토링 프로그램을 하고 있는 사람들의 관계의 효율성을 평가해야 한다. 그리고 각기 다른 연령층의 그룹들이 잘 이루어지고 있는지 그리고 소그룹과 교제 활동 속에서의 순수한 관계가 생명력을 얻고 있는지를 평가해야 한다.

위원회의 효율성에 많은 것들이 집중된다. 매달 모이는 그들의 모임에서 보고를 받고 변화를 제안하면서 열심히 일하는 모습을 그려보기는 어렵지 않다. 위원회의 구성원 중에는 잰이 독신 그룹을 인도하듯이 성인 목회 그룹을 인도하고 있는 사람들도 있을 것이다. 다른 사람들도 인도자는 아니지만 사역 그룹에 참여하고 있을 것이다. 그러나 모든 위원들은 성인이며 따라서 그들은 자신들이 이해하고 있는 이슈들을 다루고 있다. 잰은 그들이 깊이 헌신된 사람들임을 보게 된다. 그들이 서로를 알아가면서 그리고 보다 효과적으로 함께 일하게 되면서 교회에서의 성인 목회는 하나님의 영광을 위해 중요한 발걸음을 앞으로 내딛게 될 것이다.

| 제 24 장 |

신발 맞추기

발에 잘 맞지 않는 신은 불편하다. 또 고통을 느끼게도 한다. 그런 신을 신고 너무 오래 걸으면 발에 상처가 나고 심지어는 영구적인 손상을 입기도 한다. 모든 교회의 교육을 담당하고 있는 지도자들은 성인 목회를 위해 신발을 맞추어야 하는 커다란 도전에 직면하고 있다.

● 이 장을 준비하면서 베티와 나는 여러 주일 동안 조사했고, 그 조사는 지금도 계속되고 있다. 한 도시에 15년을 산 후 은퇴를 하고 거처를 옮긴 다음 새로운 친구들을 사귀었다. 또 새로운 의사를 찾아가고 달라진 집과 사회에 적응하며 새로운 교회를 찾는 변화들을 거쳐야 했다.

40년 동안 우리는 교회가 우리의 필요를 채워주는 것에 상관하지 않고 우리가 섬길 수 있었던 교회에 속해 있었다. 대부분의 경우 하나님께서 둘 다 허락해주셨으며 교회 생활이 우리 삶의 정점의 대부분을 차지했다. 그러나 이제 우리는 하나님께서 우리에게 주신 은사와 경험을 살려 섬길 수 있을 뿐 아니라 우리도 사역의 대상이 될 수 있는 교회를 찾기 위한 노력을 하고 있다. 대부분의 성인들이 이 두 문제를 모두 생각할 것이다. 자녀들이 있는 경우는 문제가 보다 더 복잡해진다.

그래서 프로그램과 일정이 함께 고려되어야 한다. 앞 장에서 살펴본 바와 같이 일정은 모든 성인 목회 프로그램의 중요한 구성 요소이다. 너무나 많은 교회들이 아이들과 청소년들의 교과 과정에는 많은 시간과 돈을 투자하지만 성인 교과 과정의 세부 사항은 별로 고려하지 않는다. 이런 부주의는 열등한 교육 방식을 낳게 한다. 그것에 대해 제임스 갤빈(James Galvin)과

데이비드 비어맨(David Veerman)은 다음과 같이 분명하게 표현했다.

> 불행하게도 교사들은 잘못된 교육 모델을 따라 성인들을 위한 교육 프로그램을 계획한다. 그것은 성인 교육의 치명적인 실수가 될 수 있다. 이런 교사들은 다음과 같은 프로그램을 짜서 운영한다.
>
> - 아이들을 위한 교육 프로그램과 흡사한 프로그램(일방적 지시 모델)
> - 신학대학의 연장과도 비슷한 프로그램(학문적 모델)
> - 학생들의 머리 속에 지식을 축적시켜주는 곳과 같은 프로그램(은행 모델)
> - 논쟁 혹은 다툼을 일으키는 프로그램(적대적 모델)
>
> 이 적절하지 못한 모델들은 학생들인 '소비자들'에게 맞지 않는다. 이런 방식들은 특정한 청중에게 매우 효과적인 방법이 될 수는 있다. 그러나 한 교실에 잘 맞는 방식이라고 해서 성인들에게도 일반적으로 사용할 수 있다고 말할 수는 없다. 효과적인 교과 과정의 계획은 대상 학생들을 잘 분석하는 일로부터 시작되어야 한다.[1]

발에 잘 맞지 않는 신은 불편하다. 또 고통을 느끼게도 한다. 그런 신을 신고 너무 오래 걸으면 발에 상처가 나고 심지어는 영구적인 손상을 입기도 한다. 모든 교회의 교육을 담당하고 있는 지도자들은 성인 목회를 위해 신발을 맞추어야 하는 커다란 도전에 직면하고 있다.

교과 과정의 가치

프로그램과 교과 과정이라는 두 용어는 기독교 교육계에서 큰 대접받지 못했다. 이 둘은 마치 오늘날의 보다 융통성 있는 학습 체계에서는 받아들일 수 없는 과거의 형식적인 제약처럼 여겨지고 있다. 그러나 이 두 용어는 시대적인 상황 속에서 이해되어야 할 필요가 있는 아주 훌륭한 단어들이다. 교과 과정은 프로젝트를 마치기 위해 주어진 범위 내에서 다루어져야 할 일정 거리를 뜻하는 '경주 구간' 이라는 뜻을 가진 라틴어에서 파생된 말이다. 모든 교회 교육 프로그램은 교과 과정을 사용한다. 그 교과 과정들은 전문적으로 만들어진 것이거나 혹은 자체적으로 고안한 것, 계획된 것이거나 혹은 별 계획 없이 만들어진 것, 통합된 것이거나 아니면 산발적인 것이 될 수 있다. 이 장은 교과 과정의 자료들(책, 지침서)에 대해 이야기하겠지만 큰 그림은 분명한 목표를 이루기 위해 잘 고안된 학습 패턴과 관계가 있다.

균형 잡히고 조정 가능한 교과 과정을 제공하라

성인들을 가르치는 대부분의 교사들은 평신도 지도자들이기 때문에 그들이 각자의 반을 위해 교과 과정의 원리들을 주도하리라는 기대를 할 수는 없다. 잘 고안된 교과 과정은 성인들의 필요를 채워주는 데 필요한 균형과 조정을 가할 수 있도록 교사들에게 도움을 줄 수 있다. 어떤 교사들은 성경에서 특별히 좋아하는 부분이나 잘 알고 있는 주제를 가지고 있다. 교회는 '선지서' 들을 다루고 종말론에 대해 충분히 공부할 수 있게 함으로 이런 부분에서도 균형이 이루어지게 하는 것이 중요할 수 있다. 혹은 많은 교사들에게 구약이 보다 어렵기 때문에 어떤 반은 몇 년 동안 신약 성경만을 다루고 있을 수 있다. 좋은 교과 과정은 이렇게 문제가 될 수 있는 결핍들을 경감시키는 데 도움을 줄 수 있다.

좋은 교과 과정은 또 내용을 다루는 일과 교재를 가르치는 일 사이에서 일어나는 끊임없는 긴장을 줄이는 데 도움이 된다. 이에 대해 메리엘렌 웨이

머(Maryellen Weimer)는 "교재를 가르치지 않고도 내용을 다룰 수 있다. 정보를 전달하는 것을 교사가 해야 할 모든 책임이라고 생각할 때 교사들은 교재를 모두 전해야 한다는 갈등 속에 자신들을 몰아넣게 된다. 그런 교사들은 꽉 찬 그릇이며 빈 그릇에 지식을 쏟아 붓는 것을 그들이 할 일로 여긴다. 그러나 빈 그릇이 너무 작거나 잘못 놓였거나 혹은 흘러 넘쳐도 그것은 교사들이 관여할 문제가 아니라고 생각한다"[2]라고 지적했다.

이것은 대학에서 가르칠 때 일어나는 긴장을 다루고 있지만 같은 갈등이 교회 내에서, 특히 성인 목회 안에서도 존재한다. 성인반 학습과 하나님의 말씀을 실제 생활에 적용하는 일과의 관계는 건전한 교과 과정 구성에 달려 있다.

학습 계획을 미리 결정하라

많은 자원을 가진 큰 교회들은 자신들의 교과 과정을 만드는 것이 효과적이라는 사실을 발견한다. 그러나 우리들 대부분은 정해진 학습 계획을 제공해주는 전문적으로 구성된 교과 과정 자료들에 의존하고 있다. 우리는 신학적으로 올바르고 교육적으로 건전한 교과 과정 자료를 원한다. 성인 목회를 위한 자료들은 성인 교육을 잘 알고 있는 사람들에 의해 만들어지고 편집되어야 하며 복음적인 신학과 교회와 교단의 교리적인 특성들을 뒷받침해주는 것이어야 한다.

교사들을 준비시키라

궁극적으로 교과 과정은 학생들을 돕기 위한 것이다. 그러나 그와 함께 교사들을 준비시키는 중요한 일에도 공헌할 수 있어야 한다. 신발의 비유를 좀더 적용시켜본다면 교과 과정 제작자들을 제조 공장이라 생각할 수 있다. 그리고 성인 목회 위원회는 판매 유통 업체라 할 수 있으며 교사들은 구둣주걱을 들고 신이 잘 맞는지를 알아보려고 발가락 부분을 눌러보는 판매 사원과 같으며 학생들은 구매자라 할 수 있다. 좋은 생산과 분배는 판매사원이 각 소비자에게 적절한 신발을 제시하는 데 도움이 된다.

인력 개발을 증진하라

잘 계획된 교과 과정을 어떻게 활용하고 조정해야 하는지를 배운 사람들은 시간이 지나면서 그들의 능력과 지도자로서의 기술이 증진된다. 어떤 의미에서 교과 자료 담당자들이 교과 과정의 자료들을 선정하는 데 도움을 주지만, 장기적으로는 교과 과정이 그 담당자들을 형성하고 그들의 효율성을 결정하게 된다. 교과 자료의 범위와 순서와 내용은 그 자료를 사용하는 사람들에게 그 발자국을 남긴다. 처음 교사가 된 사람이 개인적인 연구 시간을 투자하고 적절한 훈련을 받으면서 잘 고안된 자료를 1년 간 사용하고 나면 보다 훌륭한 교사가 될 것이라 기대할 수 있다.

교과 과정 자료에 관한 중요한 질문들

교회에서 교과 과정에 대한 이야기를 나누어보면 아주 많은 이슈들이 대두된다. 교과 과정의 형태, 다루어야 할 과목, 개발적 과업과 교실에서의 활동에 관한 문제 등등 많은 문제들에 대한 토의를 할 수 있다. 그러나 성인 목회 위원회 모임에 국한시켜 그들이 성인들을 위한 잘 구성된 교과 과정을 계획하면서 반드시 생각해보아야 할 질문 5가지를 살펴보도록 하자.

누가 사용할 것인가?

우리는 학생들에 관한 질문으로부터 시작한다. 신발은 사람의 발에 맞아야 한다. 사람들이 신발에 발을 맞추는 것이 아니다. 이런 면에서 우리는 한

출판사가 위치한 도시에서 한 교단에 맞도록 제작된 교과 자료를 다른 도시로, 다른 나라로, 다른 대륙으로, 심지어는 온 세계로 배포하는 일에 따르는 단점을 쉽게 볼 수 있다. 마치 모든 사람이 같은 사이즈의 신발을 신을 수 있을 것으로 기대하는 것과 같다. 이런 일은 우리에게 침대가 하나밖에 없는 고대 여관에 관한 이야기를 기억나게 해준다. 손님이 그 침대보다 키가 너무 작을 경우 그 여관 주인은 그 손님을 늘리려고 잡아 당겼다. 그리고 너무 키가 큰 손님의 경우에는 침대에 맞추어 그의 다리를 잘랐다.

누가 교과 과정의 자료를 사용할 것인가라는 질문은 즉각적으로 프로그램에 관한 이슈들을 불러일으킨다. 성인 목회 위원회가 성인 성경 공부 모임의 교과 과정을 주관하게 될 것이다. 그러나 그 일은 남자들의 모임, 여자들의 모임 그리고 그 밖의 다른 성경 공부 그룹 그리고 전반적인 주일 설교 계획과의 관계를 고려해 조정되어야 한다. 우리 교회는 독신들을 위한 사역을 할 것인가? 대학생 모임과 직장인 모임의 교과 과정이 필요한 것인가? 노인들을 어떻게 섬길 것인가? 간단히 말해서 우리에게는 얼마나 다른 크기와 스타일과 색깔의 신들이 필요하며 그 신들을 어떻게 우리 발에 맞도록 만들 것인가라는 문제다.

누가 가르칠 것인가?

좋은 교과 과정 자료의 사용이 앞에서도 살펴본 바와 같이 교사들의 기술을 증진시켜주리라고 생각하는 것은 잘못이 아니다. 그러나 현재의 인력에 대한 현실적인 관점이 필요하다. 날개 모양의 코를 가진 구두를 파는데 전문적인 기술을 가진 사람은 테니스화와 등산화를 구분하지 못할 수도 있다. 평생 아이들의 신발만을 취급해온 사람은 어른들이 구두를 선택하는 일을 어떻게 도와야 하는지는 전혀 모를 수도 있다. 우리는 한 과정을 선택하고는 그 과정을 운영할 사람이 있는지를 그저 막연하게 생각할 수는 없다. 교사에 관한 질문은 계획 과정의 한 부분을 이루어야 한다.

어떤 내용을 가르쳐야 할 것인가?

내용에 관한 문제는 너무나 분명하기 때문에 이 질문을 먼저 하는 교회들도 있을 것이다. 내용에 대한 결정은 이 장의 앞부분에서 언급한 균형과 조정의 문제를 다시 들추어내게 한다. 독단적으로 말하는 것은 아니지만 성인들을 가르치는 교사에게 그들이 다룰 주제를 선택하게 하는 것은 그리 좋은 방법이 아니라고 나는 분명하게 말하고 싶다. 그들이 제안을 할 수는 있지만 보다 넓은 시야를 가진 성인 목회 위원회가 최종적인 결정의 권위를 가지고 있어야 한다. 그리고 특별히 자신이 선호하는 과목만을 가르치려고 고집하는 교사에게 그런 제안을 하도록 해서는 안 될 것이다. 내용 문제에 대한 대답은 진단된 필요(다른 연령층과 인생의 경험을 가진 성인들이 알아야 할 것)와 느끼는 필요(성인들이 알고 싶어하는 것)를 정확하게 이해하고 둘의 균형을 이룰 때 찾아질 수 있다.

성취하기 원하는 것은 무엇인가?

교육을 담당하는 지도자들이 모여 무언가를 계획할 때마다 목표에 관한 질문들이 즉각적으로 나오게 된다. 목표와 내용은 사실상 교과 과정이라는 결혼을 이루는 쌍방이라 할 수 있지만 실제로 전문 교육자들은 내용을 결정하기 전에 먼저 목표의 문제를 다루고 싶어할 것이다. 워렌 벤슨(Warren Benson)은 다음과 같이 말했다. "교육의 변화를 일으키는 촉매가 되고자 한다면 보다 정확하게 우리의 기능을 발휘해야 하며 우연에 맡겨두려 해서는 안 된다. 과정과 결과를 모두 주시하라. 내용에만 휩싸이지 말고 균형을 유지하라. 중요한 목적들은 학생들의 관심과 그들의 성숙과 성취를 반영해준다. 내가 보다 분명한 목적을 가지고 있으면 내가 가르치고, 강조하고, 준비한 내용을 주어진 시간 안에 소화하는 일에 성령님께서 변화를 가하시고 맛을 내시도록 할 수 있는 자유를 보다 더 갖게 된다는 사실을 깨닫게 된다. 그렇다고 해서 철저한 연구와 잘 다듬어진 목표들을 설정해야 하는 절대적인 요소를 무시해서는 안 된다."[3]

목표들은 성인 목회의 전체적인 프로그램(그 자체의 과업 목표를 가진) 단계, 중년층을 위한 성경 공부 모임과 같은 개별적인 사역 단계, 각 교육/학습 과정 단계의 적어도 세 단계에서 그 역할을 수행한다는 사실을 기억하도록 하라.

어떻게 전달할 것인가?

이 질문은 프로그램에 관한 질문이다. 앞 장에서 이 문제를 다루었기 때문에 여기서는 간단하게 다룰 것이다. 학생들을 이해하고, 가르침의 은사들을 사용하며, 결과를 결정하고 가르쳐야 할 기본적인 내용을 규정하고 나서도 여전히 우리는 필요한 신발을 사람들이 찾을 수 있도록 상점에 잘 배치하는 일을 어떻게 가장 잘 할 수 있는지를 생각해야 한다. 오늘날 대학과 대학원 교육자들은 전통적인 강의식 교육이 모듈 방식의 학습, 비디오 회견, 주말 세미나, 컴퓨터 상에서 이루어지는 과정 등의 다양한 방법들에 의해 확장되어야 하는 것을 의미하는 '전달 체제'에 대해 자주 이야기하고 있다.

성인 학습은 교사의 연기를 보는 것을 통해서가 아니라 정보를 다루고 적용하면서 이루어진다는 사실을 기억하라. 더 나아가 분주한 현대 사회 속에서 자유롭고 지역 중심으로 이루어진 성경 공부 모임들이 과거의 전통적인 방식보다 훨씬 더 좋은 학습 환경을 만들어줄 수 있다는 사실을 발견하게 된다. 전에는 신발 가게가 대부분의 다른 가게들과 함께 도시 중심에 있었다. 그러나 지금은 쇼핑 센터에서 찾기가 훨씬 쉽다.

지난 20-30년 간 성인 성경 공부반이 어떻게 이루어져왔는지를 생각해보라. 전에는 예외를 두지 않고 연령층으로 구분되었다. 그러나 요즘은 선택적인 모임이 훨씬 더 많다. 어느 날 나는 얼마나 많은 자료들이 있는지를 학생들에게 보여주기 위해 학습 자료들을 대학원 강의실로 가져갔다. 적어도 50종의 각기 다른 자료들이 교실 앞의 책상을 뒤덮었다. 그 자료들은 약 10여 개의 출판사들에 의해 제작되었고, 대부분은 주일 성경 공부 모임으로부터 남자들의 새벽 성경 공부 등 몇몇의 각기 다른 상황에서 사용될 수 있는 것들이었다.

어떤 교과 과정에서든 선택적인 모임은 장기적인 계획을 요한다는 사실은 너무나 중요한 지침이기 때문에 거의 격언과도 같다. 한 주제에서 다른 주제로 떠돌기 시작하면 급작스럽게 교과 과정의 조정이 불가능해진다. 그리고 사람들의 인기와 교사와 잘 알고 있는 주제들을 의존하게 된다. 장기적인 계획이 없는 성인들의 선택적인 모임은 무질서하게 흩어진 지뢰밭이 된다. 아래의 도표 7은 100-150명의 성인들을 섬기기 위해 고안되었고, 4개의 주일 성경 공부반이 동시에 이루어지는 3년 간의 선택적인 모임을 위한 첫 해의 교과 과정을 보여준다.

1년 간의 선택적인 모임의 한 패턴을 보여주는 예   도표 7

	A반	B반	C반	D반
가을	성서 개요 I 모세오경과 역사서	우정과 전도	자녀를 위한 학교 선택	담임 목사가 인도하는 새신자반
겨울	성서 개요 II 시편, 선지서	세계적인 그리스도인	창조적인 가정 예배	담임 목사가 인도하는 새신자반
봄	성서 개요 III 4복음서와 사도행전	시편 묵상 I	TV와 컴퓨터	담임 목사가 인도하는 새신자반
여름	성서 개요 IV 서신서와 계시록	시편 II 신앙 연구	자녀 양육과 훈계	담임 목사가 인도하는 새신자반

평가는 어떻게 할 것인가?

곧 우리는 평가에 관한 질문을 하게 될 것이다. 가장 좁은 의미에서 교과 과정의 평가는 그 과정의 학습 활동을 통해 우리가 설정한 목표를 이룰 수 있었는가의 문제로 모아진다. 그리고 보다 넓게는 지시 사항의 질, 학생들의 지식과 성숙의 정도, 내용의 만족할 만한 적용 범위, 전달 체제의 효율성 등을 평가하게 된다. 이 면에서도 갤빈과 비어맨은 다음과 같은 도움을 주고 있다.

학습 결과의 다섯 단계는 성인 교육 프로그램의 효율성을 결정하는 데 도움이 된다. 어느 단계에서나 발생한 실패는 어느 부분을 추가적으로 재조정해야 하는지를 보여준다.

- 사람들이 참여하지 않을 경우는 과정을 시작하면서 그들의 필요와 관심과 흥미에 보다 주의를 기울일 필요가 있다.
- 사람들이 내용을 탐구하려 하지 않을 경우는 그 내용의 전달 방법보다는 학습자들에게 적절한 내용이 전달되고 있는지에 보다 주의를 기울일 필요가 있다.
- 학습자가 이해하지 못할 경우는 정보에 대해 생각하고 토의하는 시간이 더 필요하다.
- 학습자가 수업 현장에서 적절하게 기술을 발휘하지 못할 경우는 연습 시간이 더 필요하다.
- 짧은 시간이 경과한 후 기술의 사용이 저하될 경우는 학습 전달 방식과 학습장에서의 장애물 제거에 보다 주의를 기울일 필요가 있다.

평가 정보의 가장 중요한 목적은 진행해나가는 도중 수정을 가함으로 학습에 진보가 있게 하거나 다음에 다시 가르치게 될 때 그 과정이 보다 나아질 수 있게 하는 것이다. 이런 피드백은 교사와 학생들의 지속적인 발전에도 사용될 수 있다. 교과 과정 자체에 대한 평가는 요약 학습 훈련용으로서도 사용될 수 있다.[4]

필요한 조정

신발이 맞지 않을 경우는 어떻게 하는가? 때로는 신발 밑창을 덧붙여주기도 하고 구두골을 넣어 가죽을 좀 늘릴 수도 있다. 때로는 구두가 너무 낡아서 버려야 할 필요도 있다.

교과 과정도 그와 같다. 때때로 약간의 땜질로 학습 활동에 상당한 진보가 나타날 수도 있다. 또 때로는 머리를 흔들고 너무 진부한 프로그램이 되어버렸기 때문에 제거해버려야 할 때도 있다. 그러나 교실과 같은 주어진 학습 상황 속에서 교사들이나 지도자들은 효과가 없는 것처럼 보이는 교과 과정에 조정을 가하기 위한 교정을 가할 수도 있다. 경험 있는 교육가들은 교과 과정 지침서를 가지고 와서 신학적인 잘못이나 교단의 신조와 상반되는 문구들을 지적하는 교사들을 만나게 된다. 때때로 이런 상황들은 적극적인 학습으로 전환될 수 있다. 교사들이 교실에서 어떻게 실제로 교과 과정을 조정할 수 있을 것인가?

문제를 일으키는 잘못된 개념들에 대한 질문을 하라

문제를 일으키는 잘못된 개념은 거의 모든 나이층의 학습 현장에서 발견될 수 있다. 실제로 교과서나 심지어는 강의안에서도 나타날 수 있는 잘못을 인식하는 일은 교육적인 통합의 중요한 한 부분이다. 그 때 교사는 "저자가 우리 교단의 독특성을 이해하지 못한 것이 분명하니까 137쪽의 마지막 문단은 지워버리세요"라고 말하기보다는 학생들에게 "지난 주 교재를 읽으며 좀 이상하다고 생각되는 부분이 없었나요?"라고 물어야 할 것이다. 그런 질문에 아무런 응답이 나오지 않으면 효과적인 성인 교육으로 우리가 이미 알고 있듯이 토의를 시작하고 학생들이 참여하는 학습 패턴으로 이끌어갈 수 있다.

성경을 귀납적으로 토의하라

기독교 교육에서 성경은 가장 중요한 교과 과정의 요소이다. 따라서 주석(해석학)은 모든 성경 교사들이 해야 할 과제의 한 부분이 된다. 훌륭한 교사들은 학생들이 본문의 상황을 관찰하고 연역적인 성경 공부에 사용되는 세 가지 질문에 대해 대답하게 한다. 본문의 내용은 무엇인가? 그 내용이 의미하는 바는 무엇인가? 나는 어떻게 할 것인가?

너무 자주 우리는 성인들이 본문을 피상적으로 넘어가도록 허용해왔으며 그 결과 본문에 대한 오해와 이상야릇한 해석을 하게 된다. 나는 루이즈 아가시즈(Louis Agassiz)가 생물학 첫 강의 시간을 묘사한 오래된 이야기를 기억하고 있다. 교수가 그를 실험실 한 쪽 구석에 서게 한 다음 죽은 물고기를 주면서 "물고기를 관찰하라"고 말했다. 그래서 그는 그 물고기를 잠시 동안 바라보다가 이 물고기에는 비늘과 지느러미와 입과 이빨과 꼬리가 있다고 기록했다. 그리고 물고기를 교수에게 가져다주며 몇 가지 질문을 했다. 그러자 교수가 또다시 "물고기를 관찰하라"고 말했다. 그 날 하루 종일 아가시즈가 혹은 다른 학생들이 질문을 가지고 교수에게로 다가갈 때마다 그들은 "물고기를 관찰하라"는 말만 들어야 했다.

아마도 성경 공부에도 그와 비슷한 방법을 도입해야 할 필요가 있을지도 모른다. 성인 성경 공부반에서 사람들이 "음, 나는 … 생각해요" "우리 목사님은 …라고 말씀하곤 하셨어요" "제가 보기에 바울의 말은 … 뜻인 것 같은데요"라고 말하는 것을 자주 듣게 된다. 사업에 관련된 결정을 꼼꼼하게 하기 원하며 의사들이 정확하게 시술해주는 것을 바라는 사람들이 성경에 대해서는 엉뚱한 의견을 말하곤 한다. 성인들을 가르치는 교사들은 "참 재미있는 생각이군요. 성경의 어느 부분이 그런 의견을 뒷받침해주고 있지요?"라고 반복해서 말하도록 훈련되어져야 한다.

올바른 성경적 증거들을 제시하라

학생들의 잘못된 의견을 교사의 의견으로 저지하려는 것은 너무나 무익한 일이다. 한 주제를 다루는 분야에서는 그렇게 하는 것이 교사가 할 수 있는 전부일 수도 있다. 그러나 성경 공부에서는 그렇지 않다. 분명한 성경적인 증거들을 가지고 학생들의 잘못된 견해에 도전하고 그들의 반응을 요구할 수 있다. 예수님께서 제자들과 예수님을 거쳐간 많은 사람들을 그렇게 대하시며 우리에게 본이 되어주셨다. 어떤 율법사에게 "율법에 무엇이라 기록되었으며 네가 어떻게 읽느냐"(눅 10:26)라고 물으셨던 예수님의 말씀을 잊어버릴 수 있는 사람이 누가 있겠는가? 학생들의 의견에 대한 질문은 우리 주님의 사역의 근간을 이루고 있었다.

실용적인 질문들을 하라

교사들이 성경적인 개념들을 학생들의 입장에서 이해할 수 있는 방법으로 설명할 때 성인들은 그 진리를 자신들의 삶에서 실천할 수 있게 된다. 성경에 대한 잘못된 이해를 수정해줄 때와 같이 여기서도 질문을 통한 방식이 선포하는 방식보다 낫다. 훌륭한 적용을 가능케 하는 가르침은 시간이 필요하다는 사실을 기억하라. 사람들은 하나님의 말씀에 어떻게 반응해야 하는지를 생각할 시간이 필요하다. 교사들은 학생들이 진리를 어떻게 자신들에게 적용할 것인지를 적어보도록 격려해주어야 한다. "이 시편 공부를 통해 우리가 어떤 일을 하도록 하나님께서 인도하신다고 생각하는가?" "어떻게 성령님께서 이런 행동이 우리 속에서 일어나게 하실 수 있는가?" "이 본문 중 직장에서 비그리스도인들을 대하는 방식에 영향을 미치게 하는 내용은 어떤 것인가?"

내 아내가 젊은 여성들을 가르쳤던 전도를 위한 성경 공부 모임에 대해 이야기한 적이 있다. 그 그룹의 열쇠는 그리스도인들이 항상 소수이고 비그리스도인들이 다수를 차지한다는 점이었다. 그 그룹의 목적은 성경 공부를 통한 전도였다.

어느 날 한 여성이 마가복음에 나오는 한 구절을 읽고 그 구절에 대한 의견을 말하자 새로 나온 어떤 사람이 선뜻 일어나 잠시 멈춰서 위를 바라보더니 "이 구절을 제가 생각하는 대로 본다면 저는 그리스도인이 아니에요"라고 말했다. 말씀과 성령의 사역으로 하나님의 일이 이루어지는 놀라운 예다. 이런 것이 바로 우리 성인 학습 그룹을 통해 우리가 볼 수 있게 되기를 원하는 일이다.

가치관에 따라 행동하게 된다는 사실을 설명해주라

지식은 믿음을 갖게 하고, 믿음은 가치관을 형성해주며, 가치관은 행동을 낳게 한다. 많은 교회들에서 성인들을 가르치는 교사들은 지식에서 행동으로 바로 이어지는 직선이 없다는 사실을 이해하지 못하고 있다. 성경은 우리가 사람들에게 진리를 자주 이야기해주면 그들의 삶이 변화될 것이라는 사실을 보장해주지 않는다.

다음의 〈도식 13〉은 지식과 행동이 연결되는 모습을 보여주고 있다.

도식 13 지식에서 행동까지

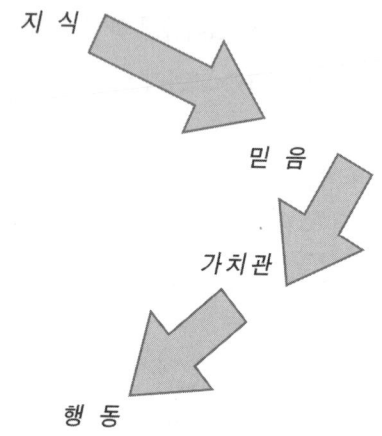

성숙한 그리스도인 성인은 성경이 우리에게 기도하라고 명령하고 있다는 사실을 알고 있다. 그것은 지식이다. 하나님께 우리의 기도가 필요한 것은 아니다. 우리에게 기도할 필요가 있다. 다음 단계는 기도가 중요하다는 믿음을 개발하는 것이다. 기도가 변화를 가져오는 것이 아니라 하나님께서 기도를 통해 변화를 일으키신다. 기도에 대한 성경적인 진리를 알고 믿으면 우리는 기도를 중요하게 여겨야 한다. 개인적으로, 가족들과 함께 그리고 교회에서 기도할 시간을 내야 한다. 이미 우리는 앞의 세 가지 요소로부터 나오게 되는 행동에 대해 설명했다. 행동은 우리가 소중하게 생각하는 것을 반영해준다. 우리의 가치관은 우리가 믿고 있는 것을 반영해주며 우리의 믿음은 우리의 지식을 기초로 한다.

이 관계를 교과 과정에 적용해보자. 교과 과정은 지식이 믿음으로, 가치관으로 그리고 행동으로 바뀔 때만이 그 의미를 갖게 된다.

세대 간 교과 과정

세대 간 학습은 대가족이 함께 모여 살며 이동이 심하지 않은 사회에서 보다 더 잘 받아들여질 수 있다. 그러나 많은 교회들이 여러 세대가 함께 교육을 받을 수 있는 기회들을 만들어 경험하고 있으며 때로는 상당한 성공을 거두기도 한다. '세대 간' 이란 용어는 학습을 위해 다양한 연령층의 사람들이 함께 모여 그룹을 형성한 학습 현장을 설명하기 위해 사용된 것이다.

20년 전 마가렛 스와인(Margaret Swain)은 '가정 집단'에 대해 이야기했는데 그것은 '가정 생활과 가족들 간의 관계에 관한 경험들을 나누기 위해 상당 기간 동안 규칙적으로 만나기로 협정을 맺은 넷 혹은 다섯 가정으로 이루어진 그룹'5을 말하는 것이었다. 그녀의 책에서 스와인은 독자들에게 가정 집단 학습이 가능한 것은 성장과 변화를 위해 가정들이 가장 강렬한 틀을 제공해주기 때문이라는 사실을 상기시켜주었다.

세대 간 학습에 대한 내 경험은 주로 긍정적이었다. 그리고 효율성을 위한 두 가지 기준이 중요하게 기억된다. 첫째, 세대 간 학습은 강요에 의해서보다는 전적으로 자발적으로 이루어질 때 보다 효과적이다. 다양한 삶의 경험을 하고 있는 여러 연령층의 사람들이 함께 모이는 그룹은 연령층별로 혹은 주제별로 모이는 몇몇 개의 전통적인 그룹들과 함께 성인 교육의 풍성한 성장 패턴을 제시해줄 수 있다.

둘째, 내가 참여했던 가장 효과적인 세대 간 그룹은 좁게 집중되어 있었다. 그룹 내의 어떤 사람이라도 제기할 수 있는 폭넓은 주제들을 다루기보다는 그룹 구성원들이 도달해야 할 구체적인 목표를 정하고 그룹원들의 경험과 능력을 활용하는 것이다.

다양한 종류의 성인 학습 활동을 통해 당신의 교회가 얻고자 하는 결과는 무엇인가? 사람들이 믿음의 발걸음을 옮기는 데 사용할 수 있도록 돕기 위해 어떤 신발들을 만들고 있는가? 당신의 교회가 원하는 일들의 목록은 나의 것과는 다르겠지만, 섬기던 교회를 생각해보며 내가 가장 먼저 꼽을 수 있는 세 가지 요소가 있다.

그 첫째는 복음적인 신학이다. 성경을 연구한 결과 우리는 사람들이 그들의 삶을 인도해줄 수 있는 성경적인 교리와 신학을 다룰 수 있게 되기를 바란다. 모든 연령층에서 그 결과를 기대하지만 성인들에게 신학적 정확성을 풍성한 양으로 감염시키면 그들이 젊은이들과 어린아이들에게 그 바이러스를 퍼뜨리게 될 것이다.

그러나 신학적인 정확성은 교회의 연합이 이루어지지 않고는 아무런 소용이 없다. 어떤 교회라도 빌립보서 2장의 첫 다섯 구절을 잘 따르기만 한다면 거창하고 화려한 행사나 돈이나 추가적으로 모이는 공식적인 회합 같은 것 없이도 몇 주 안에 교회의 갱신이 이루어질 것이다.

셋째, 성인 교과 과정을 위한 또 하나의 중요한 목표는 세계적인 비전을 개발하는 것이다. 복음의 배타적인 특징을 확인하면서 데니얼 클렌데논(Daniel Clendenon)은 다음과 같은 글을 썼다.

> 지금까지 살아온 그리고 현재 살고 있는 사람들의 대다수는 그리스도인이 아니다. 따라서 하나님께서 그리스도만을 통해 사람들을 구원하기 원하신다는 사실을 믿는 것이 이치에 맞는 일이라고 생각하는가? 정확한 숫자는 알기 어렵지만 대충 어림잡을 수 있는 숫자만으로도 마음이 불편해진다. 주후 100년경에는 세계 인구의 약 반 가량이 그리스도인이었고 주후 1000년에는 19퍼센트가 그리스도인이었다. 그리고 2000년 동안의 선교 노력이 계속되어온 지금 세계 인구의 30퍼센트가 자신들을 그리스인이라고 말한다. 그리스도의 이름을 들어보지 못한 이 많은 사람들의 영원한 운명에 대해 우리는 무슨 말을 할 수 있겠는가? 이런 사실들은 아주 오래된 도전을 새롭게 인식하는 데 도움을 준다. 세계 종교의 방대한 다양성은 경쟁적인 주장들에 대한 투표를 실시하고 그리스도만이 구세

주이시며 주님이시라는 복음이 아니라 다른 '복음'을 제시한다.[6]

설교와 가르침과 성경 공부 그룹과 교제 활동과 성인 목회 프로그램과 교과 과정을 형성하는 모든 일들을 통해 우리는 사람들이 예수 그리스도와의 관계 속에 자라가게 되기를 원한다. 성인 교과 과정의 초석은 바울이 에베소 교회에 보낸 잘 알려진 편지 속에서 찾을 수 있다.

그가 혹은 사도로, 혹은 선지자로, 혹은 복음 전하는 자로, 혹은 목사와 교사로 주셨으니 이는 성도를 온전케 하며 봉사의 일을 하게 하며 그리스도의 몸을 세우려 하심이라 우리가 다 하나님의 아들을 믿는 것과 아는 일에 하나가 되어 온전한 사람을 이루어 그리스도의 장성한 분량이 충만한 데까지 이르리니 이는 우리가 이제부터 어린아이가 되지 아니하여 사람의 궤술과 간사한 유혹에 빠져 모든 교훈의 풍조에 밀려 요동치 않게 하려 함이라 오직 사랑 안에서 참된 것을 하여 범사에 그에게까지 자랄지라 그는 머리니 곧 그리스도라 그에게서 온 몸이 각 마디를 통하여 도움을 입음으로 연락하고 상합하여 각 지체의 분량대로 역사하여 그 몸을 자라게 하며 사랑 안에서 스스로 세우느니라(엡 4:11-16).

| 제 25 장 |

실행하라

성경적인 교회의 건강은 개인적인 생활 속에서, 가정에서 그리고 공동 생활 속에서 정확하게 하나님께서 그분의 백성들에게 원하시는 대로 그리스도와 성경을 중심으로 하는 교회가 되기로 결단하는 일로부터 시작된다.

● 사도행전에서 누가는 초대 교회의 사역과 선교를 다채롭게 묘사했다. 그 성도들은 성경 공부와 기도와 교제와 찬양과 예배에 헌신했다. 특별한 프로그램이나 슬로건 없이 "주께서 구원받는 사람을 날마다 더하게"(행 2:47) 하셨다. 사도행전에서 우리는 예배와 교제와 배움과 섬김이 하나님께서 영적인 공동체를 만들기 위해 그분의 백성들을 통해 일하실 수 있게 해주었음을 볼 수 있다. 이 모든 일들은 그리스도의 몸을 이루는 지체로서의 자신들의 역할과 영적 은사에 대한 이해와 적용에 달려 있었다(롬 12:6-8). 예배를 드리는 사람들이 섬기고, 섬기는 사람들이 예배를 드리고, 더 나아가 그 두 가지 일이 교육을 통해 가능해질 때 교회의 연합과 다양성과 상호 관계가 풍성해진다.

교회의 건강은 외부적인 전도와 선교로부터 시작되지 않는다. 물론 그 둘이 따라주어야 한다. 그러나 성경적인 교회의 건강은 개인적인 생활 속에서, 가정에서 그리고 공동 생활 속에서 정확하게 하나님께서 그분의 백성들에게 원하시는 대로 그리스도와 성경을 중심으로 하는 교회가 되기로 결단하는 일로부터 시작된다. 숫자는 문제가 되지 않는다. 복음이 언제나 문화를 넘어서기는 했지만 그리스도인들은 종종 그들 주변의 문화적인 환경을 너무나 극적으로 수용해 세상의 무대 속으로 사라지고 결국은 보이지 않게 될 수도 있다. 이런 일은 물론 복음을 상황에 맞게 혹은 '시대에 맞게' 전하려는 순수하고 진지한 동기를 가지고 시작되기는 하지만 미래파, 운동, 단체, 슬로건 등의 혹을 달게 된다.

초대 교회는 달랐다. 프로그램이나 슬로건보다 그들은 연합과 관용으로 특징지어졌다. "믿는 무리가 한 마음과 한 뜻이 되어 모든 물건을 서로 통용하고 제 재물을 조금이라도 제 것이라 하는 이가 하나도 없더라 사도들이 큰 권능으로 주 예수의 부활을 증거하니 무리가 큰 은혜를 얻어 그 중에 핍절한 사람이 없으니 이는 밭과 집 있는 자는 팔아 그 판 것의 값을 가져다가 사도들의 발 앞에 두매 저희가 각 사람의 필요를 따라 나눠 줌이러라"(행 4:32-35).

세상이 그들에게 관심을 보였던 것도 무리가 아니다. 성도들은 하나님의 말씀을 담대히 말했고 어디를 가든지 예수님의 이름과 부활을 주장했다. 그리고 그들이 모일 때 유지했던 그들의 관계를 사람들이 알았기 때문에 그들의 메시지는 의미 있게 전달되었다. 레이 오트런드(Ray Ortlund)는 "서신서는 성도들에게 그리스도 안에서 이루어진 새로운 가족 관계를 기초로 연합하라고 명하고 있다. 그리고 그 명령은 거듭거듭 나타난다. 함께 고통을 받고(고전 12:26), 함께 기뻐하고(롬 12:15), 서로의 짐을 지고(갈 6:2), 서로를 세워주고(갈 6:1), 서로를 위해 기도하고(롬 15:30), 서로 위로하고(롬 1:12), 서로 용서하고(엡 4:32), 착한 일을 서로 권하고(히 10:24), 서로 주라고(빌 4:14-15) 말하고 있다"[1]라고 우리에게 상기시켜주었다.

성경을 공부하는 대부분의 학생들은 에베소서가 교회를 위한 성경적인 목적을 제시해주고 있으며 어떻게 그 목적이 이루어질 수 있는지를 설명하고 있다는 사실에 동의한다. 그 편지에서 바울은 잘못이나 이단의 문제를 다루지 않고 있다. 그 대신 그는 특별히 그리스도의 몸을 이루는 지체들의 관계에 대한 독자들의 영적인 시야를 확장시켜주기 위해 편지를 썼다. 에베소는 건강한 교회였다. 에베소서에서 그 어떤 프로그램이나 통계 숫자를 찾아볼 수 있는가? 바울이 성장이나 정체에 대해 이야기하고 있는 부분이 있는가? 새 천년에 들어선 이 때에 '건강한 교회'의 특징이 되고 있는 건축과 자금에 대해서는 어떤가?

물론 그런 것들은 하나도 찾아볼 수 없다. 대신 사도는 하나님과 서로를 향한 영적인 진보를 보이는 겸손한 사람들을 묘사하고 있으며 그리 길지 않은 기간 안에 병든 교회를 건강한 교회로 변화시킬 수 있는 공식을 제시해 주고 있다. "모든 겸손과 온유로 하고 오래 참음으로 사랑 가운데서 서로 용납하고 평안의 매는 줄로 성령의 하나 되게 하신 것을 힘써 지키라 몸이 하나이요 성령이 하나이니 이와 같이 너희가 부르심의 한 소망 안에서 부르심을 입었느니라 주도 하나이요 믿음도 하나이요 세례도 하나이요 하나님도 하나이시니 곧 만유의 아버지시라 만유 위에 계시고 만유를 통일하시고 만유 가운데 계시도다"(엡 4:2-6).

그러나 "그런 이상적인 일은 신약 시대 교회를 특징지어줄 수는 있지만 2000년 간의 영적 전쟁을 치른 후 영적인 적군들은 하나님의 사람들을 대항해 더 험악하게 전투 대형을 취하고 있는 것 같다"라고 말할 사람도 있을 것이다.

그렇게 보일 수도 있지만 현대의 세속주의는 로마의 이교도보다 더 큰 위협도 더 약한 위협도 아니다. 실제로 그 유사성은 놀랄 만큼 흡사하다. 더 나아가 우리는 여기서 희생자 중심의 생존에 대한 이야기를 하고 있는 것이 아니라 건강에 대해 이야기하고 있다. 이 마지막 장에서 우리는 성인 목회를 요약하고 21세기의 건강한 교회에서 그 사역이 어떻게 이루어질 수 있는지를 알아보고자 한다.

사역 환경의 구상

개개의 그룹들 속에서 그리고 효과적인 성인 목회를 가능하게 해주는 교회 전체 내에서 우리가 개발해야 할 공동체를 가장 잘 묘사해줄 수 있는 형용사는 어떤 단어인가?

돌아보는 환경

돌아보는 공동체는 외로움과 소외감을 느끼게 하는 사회에서 절실하게 요구되는 환경을 제공해준다. 20세기의 첫 상반부 혹은 첫 삼분의 이 기간 동안 그리스도인 성인들은 가정과 교회에서 이런 피난처를 찾아왔다. 그러나 가정이 파괴되고 교회가 점차로 제도화되면서 사도행전에 묘사된 것과 같은 공동체를 만드는 일이 또다시 중요한 과업이 되었다.

그리스도를 증거하기 위해서는 먼저 신자들이 양육되고 훈련되어야 한다. 교회에 모이는 그리스도인들이 하나님의 말씀과 성령님에 의해 건강한 가정을 이루고 상호 부조하는 모습을 보이며 관대한 삶을 살게 될 때까지는 그 어떤 일도 중요하지 않다. 믿지 않는 사람들을 불평과 불만과 비난과 가식으로 상처 많은 교회에 초대하는 일보다 지상 대명령을 이루어가는 데 비효율적인 일도 없을 것이다.

성숙해가는 환경

일단 연합이 이루어지면 성도들은 영적으로 성장할 수 있다. 섬김의 범위를 넓히고 사역의 근육을 유연하게 할 수 있다. 성인들은 역할과 목표 사이에 일어날 수 있는 갈등을 최소화할 필요가 있다. 그들의 생활이 기대에 부합해야 함을 경험하게 된다. 그리고 다른 사람들이 그들에게 요구하는 사람이 되어야 하는 일 때문에 지속적인 갈등 없이 독자적인 사람들이 될 수 있다. 미국 사회에서는 목표를 추구하는 일과 역할을 감당하는 일이 중요하게 여겨지고 있다. 영적인 연합과 개인적인 성장을 증진하기 위해 경쟁을 최소화하는 것이 성인 목회의 한 부분이 되어야 한다. 베드로가 성도들은 "구주 예수 그리스도의 은혜와 저를 아는 지식에서 자라 가야 한다"고 썼던 것과 같다(벧후 3:18).

필요에 민감한 내용

과거와 전통의 유산을 버리지 않으면서도 사람들이 현재 일어나고 있는 일들을 준비하는 데 필요한 성인 교육 프로그램이 계속되어지기를 바란다. 필요에 대한 측정과 필요를 채워주는 내용에 대해서는 이미 상당히 다루었기 때문에 더 강조할 필요는 없을 것이다. 그리스도인 교육자들은 다양한 성인 연령층 그룹을 위한 새롭거나 혹은 다른 방법들을 찾으려고 애쓸 필요는 없다. 각 연령층의 특성들을 이해하게 되면 그 차이가 과정 속에서가 아니라 내용 속에서 드러난다.

주인 의식

'김 목사님네 교회' 혹은 '김 집사님네 성경 공부반' 등과 같은 말을 우리는 자주 듣는다. 이런 표현들은 그저 아무런 악의 없이 사용되기는 하지만 우리가 얻고자 노력하는 사람들의 참여와 동참을 약화시킬 수 있다. 교회 내의 모든 사람들이 그들이 참여하고 있는 사역을 자신들의 것으로, 다시 말하자면 '우리 교회, 우리 성경 공부반, 우리 사역'으로 여길 수 있기를 바란다.

성인 학습 프로그램의 모델

이 책 전체를 통해 우리는 성인 교육을 보여주는 몇 개의 모델들을 살펴보았다. 거의 모든 모델들이 성인 목회에 채택되어야 하거나 채택되어서는 안 되는 것들이다. 여기서는 효과적인 성인 목회 프로그램을 특징지어주는 다섯 가지의 중요한 요소들을 살펴보도록 하자.

성경적인 내용

책 전체를 통해 과정과 실행을 강조하기는 했지만 성경적인 내용의 중요성을 감소시키지 않으면서 올바른 균형을 갖게 하는 것이 내가 의도했던 바이다. 이에 대해 에드 하예스(Ed Hayes)는 다음과 같이 잘 설명했다. "성경에 대한 우리의 신학적이고 교육학적인 헌신에 가장 중요한 자원은 바로 성경이다. 복음주의자들은 영감으로 기록된 말씀에 비추어 믿음과 실천에 대한 모든 의견들을 점검해야 한다. 생각과 행동의 갱신을 위해 성경 외에 우리가 찾아야 할 자원이 또 무엇인가?라고 로이스 르바(Lois LeBar)는 물었다 … 권위 있는 성경에 기초를 둔 그리스도인 성인 학습은 학습의 풍자화나 치밀한 세뇌 공작이나 혹은 똑같은 모양으로 조형된 마음을 찍어내는 진부한 지성의 틀이 될 필요가 없다."[2]

영적 성향

성인 목회 프로그램은 건전한 교육적 논리만을 기초로 형성되어서는 결코 안 된다. 성인 목회 위원회는 기도하는 시간을 상당히 가져야 하며 성령님의 역할이 실제적인 학습 현장에만 국한되지 않는다는 사실을 인식해야 한다. 성령님께서는 전 프로그램에 생명력을 불어넣어주신다. 우리는 기획한 것들을 다 계획하고나서 하나님께서 축복해주시기를 구할 때가 많다.

효과적인 성인 목회 프로그램은 필요의 측정으로부터 평가에 이르기까지 우리가 하는 모든 일 속에서 성령님의 인도하심을 구하면서 시작되어야 한다.

성령님의 역할은 분명히 가르치는 과정 속에서 크게 드러난다. 로이 주크(Roy Zuck)는 "바울이 보여준 영적 생활의 힘은 내주하시는 성령님께 대한 그의 의뢰로부터 나온다 … 사도는 성령을 좇아 행하고(갈 5:16), 성령으로 충만한(엡 5:18) 삶을 살 것을 성도들에게 권하며 성령님에 대한 언급을 반복해서 하고 있다. 성도의 삶에서 행하시는 성령님의 중심 역할은 그분의 많은 사역 속에서 보여진다"[3]라고 말했다.

역동적인 적용

중요한 학습에는 언제나 변화가 따른다. 정보의 추가에 의해 변화가 일어날 수도 있지만 그보다는 지적인 면에서뿐 아니라 정서적인 면에서의 변화가 일어나게 될 것이다. 이 부분에 대해서는 앞 부분에서 다루었다. 정서적인 학습은 태도와 감정을 다룬다. 진지한 성인 교육은 생활 방식과 인간 관계에 대한 생각에 변화를 가져다주어야 한다. 성인 교육에서 우리가 가르치는 많은 것들은 즉각적으로 그 결과를 측정할 수 없으며 아마도 전혀 할 수 없을 수도 있다. 그럼에도 불구하고 우리가 그들을 가르치고 그들의 영적인 삶을 개발하기 위해 프로그램들을 개발했기 때문에, 성령님에 의해 변화된 그들의 삶이 개인 생활 속에서 혹은 가정 생활 속에서 반영되어 나타나기 때문에 매우 중요하다.

실제적인 전도

사도행전 8장의 앞 부분에서 누가는 스데반이 돌에 맞아 숨을 거둔 후 성도들이(아마도 헬라인들로 알려진 헬라어를 사용하는 사람들) 예루살렘으로부터 흩어져나가게 된 사실을 기록했다. "그 흩어진 사람들이 두루 다니며 복음의 말씀을 전할새"라고 한 4절은 신약 성경에 나타난 전도에 대한 가장 강력한 지침 중의 하나이다. 이 증거하는 사람들의 노력은 안디옥에서 진정한 신약 시대의 모교회가 생기게 되는 열매를 거두었다(행 11:19-30). 그 곳에서 바나바의 격려에 용기를 얻었고, 사울의 가르침으로 자라게 된 제자들이 먼저 '그리스도인'이라는 그들을 특징지어주는 이름을 얻게 되었다. 이름이 알려지지 않은 평범한 사람들의 증거로 시작된 이 활기찬 교회는 첫 선교사를 파송했고, 거의 20년 동안 선교 팀을 위한 기지 역할을 했다.

우리는 교회에서 가르침과 증거를 다시 연결시킬 필요가 있다. 교육 프로그램들은 종종 정보를 전달하는 일에 초점을 맞추는 한편, 다른 사람들이 담당하는 다른 사역부는 전도에 초점을 맞추고 있다. 구조 자체는 중요하지 않지만 하나님의 진리를 배우는 일과 그 진리를 다른 사람들과 나누는 일은 뗄 수 없는 관계다.

기본적인 융통성

성인들을 위한 교회의 사역은 끊임없이 변화하는 환경에 대응할 수 있어야 한다. 다양한 모델들을 진지하게 평가한다면 유동성을 필요로 하는 패턴을 받아들이는 일이 보다 수월할 것이다. 그러나 신발을 사람들의 발에 맞추려 하지 않고 '하나의 크기로 모든 사람들에게 맞출 수 있을 것'이라는 잘못된 생각을 고집한다면 융통성을 찾기는 어려울 것이다.

교육 모델의 실행

수많은 성인 교육의 모델들이 있으며 어떤 것들은 상당히 복잡하다. 이 책에서 나는 독자들이 특정한 상황에서 채택할 수 있는 기본적인 모델들을 선택할 수 있도록 노력했다. 여기서는 성인 교육 프로그램을 고안하는데 고려해야 할 목적, 지시, 평가의 세 부분에 대한 제안을 하고자 한다. 계획하고 실행하고 평가하는 것이다.

목적의 설정

구체적이고 분명한 목적이 중요한 만큼이나 교육 프로그램에 있어서도 몇 가지는 매우 중요하다. 나는 요한복음을 교회뿐 아니라 신학대학과 대학원에서도 가르쳐왔다. 요한복음은 그리스도인들이 잘 알고 있다고 생각하는 책이기 때문에 나는 50개의 문항으로 된 시험 문제를 가지고 수업을 시작한다. 내 목적은 필요를 강조해주고 "잘 오셨어요. 이제 우리가 배워야 할 것들을 결정하기로 합시다"라고 말할 수 있게 되는 것이다. 참석한 사람들의 능력을 평가하는 일은 목적과 필요를 연결시키는 한 방법이 된다. 주어진 학습 내용에 대해 학생들이 무엇을 모르고 있는지를 알게 되면 그들이 알아야 할 필요가 있는 것들이 무엇인지가 보다 확실해진다.

지시 사항의 고안

드디어 이 장의 앞 부분에서는 그 중요성을 별로 강조하지 않았던 방법에 관한 문제에 도달하게 되었다. 성인들을 가르치는 교사들은 기본적으로 학습 활동을 계획하고, 학생들이 주역을 맡도록 조직하는 편의 제공자이다. 성인들을 위한 지시 사항을 고안하는 일은 학생들에게 적절한 선택 사항들을 제시하고 학습이 이루어질 수 있는 시간과 공간을 정해주는 것을 말한다.

성인 학습 그룹을 위한 방법의 선택은 성인들이 독립적인 학습자가 되도록 돕기 위해 노력하고 강조해주는 일 외에는 다른 그룹들을 대상으로 할 때와 유사하다. 실제로 방법이란 단어는 단순히 진리를 학생들에게 전달하면서 교사가 사용하는 기술과 과정을 묘사해주는 말이다. 각 반의 관심과 지능과 집중할 수 있는 능력이 다 다르기 때문에 교사들은 그룹에 적절한 방법을 선택해 가르쳐야 한다.

성인 교육에서 교사와 학생 간의 의사 교환 방식이 가장 효과적이다. 이 방식은 진리에 대한 쌍방의 상호 탐색을 강조해준다. 성인 교육 전문가인 브레드 스티크(Brad Stych)는 '교육 방법을 선택하는 것의 미세한 중요성'에 대해 다음과 같이 이야기했다.

> 교육 방법을 선택하는 데는 많은 요인들이 따른다. 그 요인들은 본질상 사람과 상황에 관련되어 있다. 실제로 대부분의 교사들이 방법을 선택하는 일에 주도적인 의사 결정을 내린다. 그러나 의사 결정 과정이 보다 의도적으로 이루어질 경우 선택의 결정은 보다 포괄적이 된다. 성인들을 가르치는 교사들이 자신들이 편안하게 느끼는 방법만을 선택해서 사용하는 것은 애석한 일이다. 제거될 수도 있는 두려움과 불안이 가르치는 일에 엄청난 영향을 미친다. 성장을 위해 겁이 많은 교사들에게 새로운 방법을 경험해보도록 권한다. 그렇지 않으면 그들은 세월이 흘러도 자신들의 전문성을 높이기 어렵게 될 것이다.[4]

평가

한때 큰 도시 교회의 부목사로 일하면서 나는 젊은 성인층을 가르쳤다. 한 학기를 마치며 학생들에게 그동안 공부한 내용에 대한 필기 시험을 보게 했다. 그 반응은 믿을 수 없다는 듯한 표정으로부터 약간의 신경질까지 다양하게 나타났다. 시험은 자발적으로 이루어졌으며 약 30명 학생 중 3명만이 답안지를 제출했고 나머지 사람들은 집에 가서 버릴 때까지 얌전하게 자기들의 성경책 속에 끼워두었다. 다음 학기에도 같은 일을 했고 제출된 답안지는 두 배 혹은 세 배 정도 되었다. 내가 교회를 떠날 때 그들은 다른 교사를 선택했고 그에게 학기가 끝날 때마다 시험을 보게 해달라고 요청했다.

사람들은 달라질 수 있다. 가르치는 과정과 교실 환경 그리고 전반적인 성인 교육 프로그램의 발전을 위한 우리의 목적을 달성하는 데 도움을 되는 교육 방법을 받아들일 수 있다. 평가가 교정이나 판단으로 보여지는 한 사람들은 평가를 거부할 것이다. 그러나 성인 목회 프로그램을 발전시켜나가려는 우리의 진지한 모습을 볼 수 있게 하면 참여도는 높아질 것이다.

성인 교육의 활성화

이 책의 마지막 부분을 두 사람의 뛰어난 전문 교육자들을 위해 할애하기로 했다. 그 첫번째는 스테판 브룩필드(Stephen Brookfield)이다. 그의 저서 '성인 교육의 활성화와 이해(Understanding and Facilitating Adult Learning)'는 1986년에 출간된 이래로 고전이 되어 왔다. 성인 학습을 설명하면서 그 과정이 어떻게 보여야 하는지를 이해하는데 도움이 되는 몇 개의 용어들을 사용했다.[5]

과정에 대한 원리들

여기서 중요한 단어는 편의 제공이며 이는 성인 목회 위원회와 교사들이 성인들이 학습 목표를 이룰 수 있도록 어떻게 도와야 하는지를 묘사해주는 용어이다. 그렇게 하기 위해 브룩필드는 성인 학습은 순응적이어야 한다고 말한다. 학습에 참여하는 일이 자발적으로 이루어져야 한다는 뜻이다. 성인 학습은 자발적이어야 하며 강요를 하거나 위협적이어서는 안 된다. 또 성인 학습은 인정(認定)적이어야 한다. 즉 자존심과 지속적인 인정에 깊은 관심을 가진 참여자들 가운데 서로에 대한 존경을 세워주는 그런 분위기여야 한다. 성인 학습은 또 협력적이어야 한다. 교사와 학생은 진리와 생활 속에서의 진리의 적용에 대한 팀 접근을 목표로 하는 협동적인 모험에 함께 참여한다.

성인 교육은 또 연습과 활용이 효과적인 편의 제공의 중심에 자리잡고 있기 때문에 능동적이다. 인지적이고 효과적인 면이 능동적인 면보다 앞서겠지만 학습자들은 어느 반에서 혹은 어느 그룹에서나 그들이 이미 배운 것들을 어떻게 실행에 옮길 수 있을지를 분명하게 이해해야 한다. 성인 학습은 또 묵상과 자기 성찰을 불러일으켜줄 수 있어야 한다. 그리스도인 성인들은 자신들이 누구이며 21세기에 하나님께서 자신들을 어느 곳에 있게 하셨는지를 알 필요가 있다. 그런 다음 그들은 하나님께서 그들에게 무엇을 기대하시며 그들이 어떻게 살아가기를 하나님께서 원하시는가라는 이슈를 다룰 준비가 된다.

성인 교육은 또한 지속적이다. 성인들은 평생 학습에 관심을 두어야 한다. 성인 학습은 피동적이기보다는 적극적으로 이루어져야 한다. 우리는 사람들에게 물을 주는 것이 아니라 어떻게 우물을 파야 하는지를 보여준다. 학습자들에게 어떻게 스스로 성경을 공부할 수 있는지를 보여주는 것이다.

프로그램을 위한 과정

두번째 교육자는 마이클 라우슨(Michael Lawson)이다. 그는 성인 교육에 관한 「기독교 교육자 핸드북(The Christian Educator's Handbook on Adult Education)」에 실은 그의 글을 준비하면서 23개의 교회를 조사했다. 조사 결과를 일람표로 만들고 해석한 다음 그는 "성인 교육을 위해 보다 철저한 방법을 취하려는 교회들은 다음의 과정들을 고려하고자 할 것이다"라고 말했다. 다음의 내용은 성인 교육 분야에서의 거의 30년에 걸친 그의 경험과 조

화된 조사 결과를 분석한 것이다.⁶
1. 교회 내에서 성인들을 위해 주어진 사역의 종류와 그 구체적인 내용들의 목록을 만들라.
2. 각 사역이 강조하는 부분을 하나 혹은 두 개 규정하라. 예를 들어 주일 성경 공부반의 경우 교육/ 교제 부분이 될 수 있을 것이다.
3. 각각의 분야가 성인 목회의 전체적인 그림과 어떻게 조화를 이루고 있는지를 정확하게 파악하라.
4. 지도자의 관점과 성인 학생들의 관점을 둘 다 열거하라. 내용과 교제와 정서적인 지지와 영적인 사역 그리고 인격적인 풍요 등에 관한 관점들이 이 곳에서 다루어져야 한다.
5. 언제나 사용할 수 있도록 다양한 출판사들로부터 제작된 성인 교과 과정 자료의 목록을 구비하라. 그리고 그런 자료들을 일정 기간에 걸쳐 비용을 분산해 구입하라.
6. 해마다 실제로 가르치는 시간과 각 프로그램의 일반적인 참여도를 살펴보라.
7. 성인들이 읽고 연구하고 참석하고 들을 수 있는 모든 일정을 아는 데 도움이 되는 평가 방법들을 열거해두라.
8. 교과 과정이 변화와 필요에 따라 변화될 수 있는 융통성을 가질 수 있도록 성인 프로그램의 창구들을 열어놓으라.
9. 전반적인 계획이 정상적인 궤도를 유지할 수 있도록 자주 상의하라.
10. 성인들을 훈련하는데 드는 비용을 교회에 이해시키고 교육하라.

현재의 사상계는 모든 지도자들이 철학적으로 '같은 페이지 상에' 있지 않고는 교회에 변화가 일어나지 않는다는 사실을 우리에게 말해주고 있다. 그럴 수도 있을 것이다. 그러나 나는 건강한 성인 목회는 단순히 변화나 철학적인 연합을 통해 일어나지는 않을 것이라고 감히 말한다. 교회와 지도자와 교단 책임자들 각각이 먼저 하나님의 우선 순위를 따르려는 성경적인 헌신을 하고 하나님께서 우리 교회에서 원하시는 일을 안으로부터 밖으로 이루시도록 해드려야 한다.

이 방법은 지상 대명령을 성취하는 데 결코 방해가 되지 않는다. 그것은 이 방법이 성경적이기 때문에 예수 그리스도를 알고, 하나님의 말씀을 이해하며, 다른 사람들을 그리스도께로 인도하고, 그들을 영적으로 세워주는 우리 각 개인의 집합적인 사역을 증진시켜주기 때문이다. 그렇다. 하나님께서 우리에게 하나님의 교회 안에서 하나님의 능력으로 성인들을 섬기고 가르치고 훈련하기를 원하신다. 방법과 운동과 전통적인 교육 혹은 현대 문화적인 기독교의 교묘한 조작이 이 일에 끼어들지 못하도록 해야 할 것이다.

■ 각주

2장

1. Malcolm S. Knowles, "Contributions of Malcolm Knowles," in The Christian Educator's Handbook on Adult Education, ed. Kenneth O. Gangel and James C. Wilhoit (Wheaton, Ill.: Victor, 1993; reprint, Grand Rapids: Baker, 1996), 96-98.
2. 같은 책, 97.

3장

1. 이 3장은 저자가 쓴 "Biblical Fundations for Adult Education," in The Christian Educator's Handbook on Adult Education을 개작함.
2. Roy B, Zuck, Teaching as Jesus Taught (Grand Rapids: Baker, 1996, '예수님의 티칭스타일', 도서출판 디모데), and Teaching as Paul Taught (Grand Rapids: Baker, 1998, '바울의 티칭스타일', 도서출판 디모데 근간).
3. D. Edmond Hiebert, "Titus," in The Expositor's Bible Commentary (Grand Rapids: Zondervan, 1978), 11:437.
4. 같은 책, 11:438.
5. Daniel J. Levinson, The Seasons of a Man's Life (New York: Ballantine, 1978), 40-68.
6. Lawrence O. Richards, "Developing a Family-Centered Educational Program," in Adult Education in the Church, ed. Roy B. Zuck and Gene A. Getz (Chicago: Moody, 1970), 372.

4장

1. Kenneth O. Gangel, Leadership for Church Education (Chicago: Moody, 1970), 45.

5장

1. Malcolm S. Knowles, The Adult Learner: A Neglected Species (Houston: Gulf, 1978), 288.
2. James C. Whilhoit, "Christian Adults and Spiritual Formation," in The Christian Educator's Handbook on Adult Education, 58.

7장
1. David A. Kolb, Experiential Learning (Englewood Cliffs, N.J.: Prentice-Hall, 1984); Bernice McCarthy, The 4 Mat System(Barrington, Ill.: Excel, 1980); and Harvey F. Silver and Jocelyn Chu, Teaching Sytles and Strategies (Moorestown, N.J.: Hanson Silver and Associates, 1986).
2. Roberta Hestenes, "Teaching So Adults Listen," Leadership (1996, 봄): 102.

8장
1. Wendy Murray Zorba, "The Class of '00" Christianity Today, 3 Feb. 1997, 20.
2. Dennis W. Hiebert, "Toward Adult Cross-Sex Friendship," Journal of Psychology and Theology 24(1996): 281.

9장
1. Laura Zinn et al., "Move Over, Boomers," Business Week, 14 December 1992, 77.
2. Kenneth L. Woodward, "A Grandparent's Role," Newsweek, spring/summer, 1997, 82.
3. 같은 책.

10장
1. Melinda Beck, "The New Middle Age." Newseek, 7 Dec. 1992, 52.
2. Jordan Bonfate et al., "The Generation That Forgot God," Times, 5 April 1993, 46.
3. Jim Conway, Men in Midlife Crisis(Colorado Springs: Chariot Victor, 1997), 158 (italics his).
4. Robert J. Samuelson, "Middle-Aged America," Newsweek, 27 July 1987, 45.

11장
1. Tom Morganthau, "The Face of the Future," Newsweek, 27 January 1997, 60.
2. Conway, Men in Midlife Crisis, 176.
3. Jim Conway and Sally Conway, Women in Midlife Crisis (Wheaton, Ill.: Tyndale, 1983),

178 (italics theirs).
4. 같은 책, 182.
5. Melinda Deck, "The New Middle Age," Newsweek, 7 December 1992, 53.
6. Reuel Howe, The Creative Years (New York: Seabury, 1959), 198-208.
7. Wesley R. Willis, "Teaching Middle Adults," in The Christian Educator's Handbook on Adult Education, 218.
8. Conway, Men in Midlife Crisis, 248.
9. Catherine M. Stonehouse, "Larning from Gender Differences," in The Christian Educator's Handbook on Adult Education, 111.
10. Conway, Men in Midlife Crisis, 80-81.
11. 같은 책, 81.
12. Stonehouse, "Learning from Gender Differences," 118.

12장

1. Melinda Beck, "Attention, Willard Scott," Newsweek, 4 May 1992, 75.
2. John Nesbitt, Megatrends (New York: Warner, 1982).
3. Bureau of the Census, Sixty-five Plus in America (Washington, D.C.: U.S. Government Printing Office, 1992).
4. Morgenthau, "The Face of the Future." 58.
5. Martin Marty, "Cultural Antecedents to Aging" (출처 불명).
6. J.B. Priestley, quoted in Tim Stafford, "How Does It Feel to Grow Old?" Evangelical Beacon (Feburary 1991): 4.

13장

1. David R. Enlow, How to Grow Older without Getting Old(Toccoa Falls, Ga.:TFC, 1994), 6.
2. 같은 책, 6-7.
3. Kenneth O. Gangel, "Nurturing Grandparents in the Church." in The Christian Educator's Handbook on Family Life Education, ed. Kenneth A. Gangel and James C. Wilhoit(Grand rapids : Baker, 1996), 225.

14장
1. Charles J. Hanley, "Have We Reached the Limit?" Anderson (S.C.) Independent Mail, 28 Dec. 1997, 14A.
2. Hazel Ruth Bell, "Trends among American Singles," Search Magazine(summer 1992): 15.
3. Patricia A. Chapman, "Single Adults and Single Parents," in The Christian Educator's Handbook on Adult Education, 235.
4. 같은 책.
5. Carol King, "Viewpoint," Baptist Bulletin (Feb. 1994): 15.
6. Bell, "Trends among American Singles," 12.
7. 같은 책, 12-15.

15장
1. "Assets of Youth Who Thrive in Single-Parent Families," Source (June 1993):3.
2. Ann Li Puma, "Why Are We Afraid to Be Single?" McCalls (November 1984): 208.

16장
1. Laura Shapiro, "Taking Care of Fmaily Business," Newsweek, 12 May 1997, 62.
2. Charles M. Sell, "Family Ministry Is Church Ministry," Family Matters, 2d ed. (Grand Rapids: zondervan, 1995), 1.
3. 같은 책, 7.
4. Nacy Leffert, Peter Benson, and Jolene Roehlkepartain, "Starting Out Right," Source 13 (Feb. 1997): 6.
5. John H. Westerhoff, The Church and the Family," Religious Education 78 (spring 1983): 260.
6. 같은 책, 263.
7. 같은 책, 264.
8. Sell, Family Matters, 7.

17장

1. Thornton Wilder, The Skin of Our Teeth, in Best Plays of 1942-46, comp. Mantle Burns (New York: Dodd, Meade, 1943), 129.

20장

1. Jerry W. McCant, "The Best Interest of the Child," Christian Education Journal 6 (1985): 45.

22장

1. Harold J. Westing, "Adult Sunday School," in The Christian Educator's Handbook on Adult Education, 293.
2. Kenneth O. Gangel, Team Leadership in Christian Ministry(Chicago: Moody, 1997).
3. Jane S. Mouton and Robert R. Blake, Synergogy (San Francisco: Jossey-Bass, 1984), 33-35.

23장

1. J. M. Keller and T. Kopp, "Applications of the ARCS Model in Courseware Design," in Instructional Designs for Computer Courseware, ed D. H. Jonassen(New York: Lawrence Erlbaum, 1988).
2. Karen S. Viechnicki, Roy M. Bohlin, and William D. Milheim, "Instructional Motivation of Adult Learners," Journal of Adult training 4(1991): 7-8.
3. Westing, "Adult Sunday School," 298.
4. Stanley S. Olsen, "Programming Adult Education in the Local Church," in The Christian Educator's Handbook on Adult Education, 307-8.
5. Laurent A. Parks Daloz, "Slouching toward Bethlehem," Journal of Adult Training 3 (1991): 25.
6. Brad E. Stych, "The Finer Points of Choosing Instructional Methods," Journal of Adult Training (spring 1996): 19-20.

24장

1. James C. Galvin and David R. Veerman, "Curriculum for Adult Education," in The Christian Educator's Handbook on Adult Education, 178-79.
2. Maryellen Weimer, "Teaching Tensions-Confronting Opposing Forces in Today's Classrooms," Journal of Adult Training 3 (1990): 22.
3. Warren S. Benson "Setting and Achieving Objectives for Adult Learning," in The Christian Educator's Handbook on Adult Education, 173.
4. Galvin and Veerman, "Curriculum for Adult Education," 185-86.
5. Margaret M. Swain, Family Enrichment with Family Clusters (Valley Forge, Pa.: Judson, 1979).
6. Daniel B. Clendenon, "The Only Way," Christianity Today, 12 Jan. 1998, 34-40.

25장

1. Ray Ortlund, "Priorities for th Local Church," in Vital Ministry Issues, ed. Roy B. Zuck (Grand Rapids: Baker, 1994), 91
2. Edward L. Hayes, "Theological Foundations for Adult Education," in The Christian Educator's Handbook on Adult Education, 36-37.
3. Zuck, Teaching as Paul Taught, 65-66('바울의 티칭스타일', 도서출판 디모데 근간).
4. Stych, "The Finer Points of Choosing Instructional Mehods," 22.
5. Brookfield, Understainding and Facilitating Adult Learning, 36-37.
6. Michael Lawson, "Illustrations of Effective Education with Adults," in The Christian Educator's Handbook on Adult Education, 352.

■ 추천 도서

Atkinson, Harley, ed. *Handbook of Young Adult Religious Education.* Birmingham, Ala.: Religious Education Press, 1995.

Brookfield, Stephen D. *The Skillful Teacher.* San Francisco: Jossey-Bass Publishers, 1990.

Cherlin, Andrew J., and Frank F. Furtstenberg, Jr. *The New American Grandparent.* Cambridge, Mass: Harvard University Press, 1992.

Cross, K. Patricia. *Adults as Learners.* San Francisco: Jossey-Bass Publishers, 1981.

Edge, Findley B. *Teaching for Results.* Rev. ed. Nashville: Broadman and Holman Publishers, 1995.

Fagerstrom, Douglas L., ed. *Baker Handbook of Single Adult Ministry.* Grand Rapids: Baker Book House, 1997.

Foltz, Nancy T. *Handbook of Adult Religious Education.* Birmingham, Ala.: Religious Education Press, 1986.

―――. *Religious Education in the Small Membership Church.* Birmingham, Ala.: Religious Education Press, 1990.

Fowler, J. W. *Becoming Adult, Becoming Christian: Adult Development and Christian Faith.* San Francisco: Harper & Row, 1984.

Gangel, Kenneth O., and Betty Gangel. *Your Family.* Gresham, Oreg.: Vision House, 1995.

Gangel, Kenneth O., and James C. Wilhoit., eds. *The Christian Educator's Handbook on Adult Education.* Wheaton, Ill.: Victor Books, 1993; reprint, Grand Rapids: Baker Books, 1993.

―――. eds. *The Christian Educator's Handbook on Family Life Education.* Grand Rapids: Baker Books, 1996.

Gorman, Julie A. *Community That Is Christian: A Handbook on Small Groups.* Wheaton, Ill.: Victor Books, 1993.

Hull, John M. *What Prevents Christian Adults from Learning?* Philadelphia: Trinity Press International, 1991.

Kesler, Jay. *Grandparenting.* Ann Arbor, Mich.: Servant Publications, 1993.

Knowles, Malcolm. *The Adult Learner: A Neglected Species.* Houston: Gulf Publishing Co., 1973.

Lawson, Michael S., and Robert J. Choun, Jr. *Directing Christian Education.* Chicago: Moody Press, 1992.

LeBar, Lois E. *Education That Is Christian.* Rev. ed. Wheaton, Ill.: Victor Books, 1995.

McBride, Neal F. *How to Build a Small Groups Ministry.* Colorado Springs: NavPress, 1995.

Mouton, Jane Srygley, and Robert R. Blake. *Synergogy.* San Francisco: Jossey-Bass Publishers, 1984.

Parks, Sharon. *The Critical Years.* San Francisco: Harper & Row, 1986.

Peters, John M., et. al. *Adult Education.* San Francisco: Jossey-Bass Publishers, 1991.

Reed, Bobbie, ed. *Baker's Handbook of Single Parent Ministry.* Grand Rapids: Baker Books, 1998.

Sell, Charles M. *Family Matters.* 2d ed. Grand Rapids: Zondervan Publishing House, 1995.

―――. *Transitions through Adult Life.* Grand Rapids: Zondervan Publishing House, 1991.

Stubblefield, Jerry, ed. *A Church Ministering to Adults*. Nashville: Broadman Press, 1986.

White, James W. *Intergenerational Religious Education*. Birmingham, Ala.: Religious Education Press, 1988.

Wickett, R. E. Y. *Models of Adult Religious Education Practice*. Birmingham, Ala.: Religious Education Press, 1991.

Wilbert, Warren N. *Strategies for Teaching Christian Adults*. Grand Rapids: Baker Book House, 1984.

Williams, Dennis, and Kenneth O. Gangel. *Volunteers for Today's Church*. Grand Rapids: Baker Book House, 1993.

Wlodkowski, Raymond J. *Enhancing Adult Motivation to Learn*. San Francisco: Jossey-Bass Publishers, 1985.

Zuck, Roy B. *Precious in His Sight: Childhood and Children in the Bible*. Grand Rapids: Baker Book House, 1996. ('하나님의 눈으로 자녀를 바라보라' , 도서출판 디모데)

──────. *Spirit-Filled Teaching: The Power of the Holy Spirit in Your Ministry*. Swindoll Leadership Library. Nashville: Word Publishing, 1998. ('성령 충만한 가르침' , 도서출판 디모데)

──────. *Teaching as Jesus Taught*. Grand Rapids: Baker Book House, 1995. ('예수님의 티칭 스타일' , 도서출판 디모데)

──────. *Teaching as Paul Taught*. Grand Rapids: Baker Book House, 1998. ('바울의 티칭 스타일' (가제), 도서출판 디모데 근간)

21세기 교회의 성인 목회

1쇄 인쇄 • 2002년 8월 28일
1쇄 발행 • 2002년 8월 30일

지 은 이 • 케네스 O. 갱글
옮 긴 이 • 마 영 례
발 행 인 • 양 승 헌

발 행 처 • 도서출판 디모데 / 파이디온 선교회 출판사역기관
등   록 • 1998년 1월 22일 제108-90-29597호
주   소 • 서울 동작구 사당동 1045-10
            전화 586-0872~4 팩스 522-0875

Copyright ⓒ 도서출판 디모데 1998

값 12,000원